北京市科研项目
现代农业产业技术体系北京市创新团队系列成果

信息传播位能原理与转化策略

Potential Energy Theory of Information Communication and its Applicative Strategies in Rural China

谭 英 著

中国农业大学出版社
· 北京 ·

内 容 简 介

本书基于10余年的乡村传播实践研究，针对当前对农信息传播低效，即“自下而上”的信息流迟迟无法快速向上流动等问题，将物理学中的“位能”概念移植传播学中，建立了一种新的理论即信息传播位能理论。该理论依据信息流动的自然规律和信息传者与受者因所在的位置不同而具有的潜在能量现象，从理论的层面探讨了信息传播位能转化的原理，并通过可量化的数据和实地研究，以不同地区典型的“自下而上”的农村基层信息传播范式的实例验证信息传播位能理论的效果，回答如何提升脆弱群体信息传播主体地位，挖掘“自下而上”的信息传播驱动力等问题。分析了影响“自下而上”的信息传播内在关键因素；提出了信息传播下位转为信息传播上位传者的策略和途径，提出了完善多元化农村基层信息服务组织的建议。对促进城乡信息传播与沟通，增强话语权，农民增收，健全城乡一体化发展机制提供了决策参考。同时创新地提出信息分量值、信息传播速率值、信息收发信息平台影响值的计算方法，为衡量单条或多条信息传播潜在影响力的评估方法提供了借鉴，丰富和填补了我国信息传播理论。

图书在版编目(CIP)数据

信息传播位能原理与转化策略/谭英著. —北京：中国农业大学出版社，2014.9

ISBN 978-7-5655-1013-7

Ⅰ.①信…　Ⅱ.①谭…　Ⅲ.①农村-传播媒介-研究-中国　Ⅳ.①G206.2

中国版本图书馆CIP数据核字(2014)第147901号

书　　名　信息传播位能原理与转化策略
作　　者　谭　英　著

策划编辑	张秀环	**责任编辑**	张秀环
封面设计	郑　川	**责任校对**	陈　莹　王晓凤
出版发行	中国农业大学出版社		
社　　址	北京市海淀区圆明园西路2号	**邮政编码**	100193
电　　话	发行部 010-62818525,8625		读者服务部 010-62732336
	编辑部 010-62732617,2618		出　版　部 010-62733440
网　　址	http://www.cau.edu.cn/caup	**e-mail**	cbsszs @ cau.edu.cn
经　　销	新华书店		
印　　刷	涿州市星河印刷有限公司		
版　　次	2014年9月第1版　2014年9月第1次印刷		
规　　格	787×1 092　16开本　18.25印张　226千字		
定　　价	39.00元		

前言

在我国长期发展目标中，构建和谐社会、城乡统筹协调稳定的发展是头等重要的大事，农民作为乡村建设的主体，其声音的响亮程度和参与社区经济发展的热度是衡量一个国家繁荣富强的一个重要指标。

多年来，传播学界与乡村发展学者较为一致地认为，处于信息传播下位的被称为脆弱或弱势群体的农民受者，面对处于信息传播上位的精英群体传者集体失语，导致信息不对称或信息流通不畅现象的主要原因是信息传者不了解农民的需求，信息服务没能以“农民为中心”，“最后一公里”信息服务不到位等，为此，很多学者针对农村信息服务的“最后一公里”调整为“第一公里”进行了诸多探讨，提出尊重农民的主体地位和聪明智慧，发挥民间多重力量的作用等对策，取得了很多的显著的成果。然而，关于对农民信息传播为何低效，为什么“自下而上”的信息流与“自上而下”的信息流迟迟无法快速环形流动？“自下而上”信息传播的动力理论研究，即从理论的层面对乡村“自下而上”的信息传播驱动力方面的研究，信息传播受者（下位）转为信息传播传者（上位）的途径，农民信息传播主体内在潜能的挖掘等研究一直是个空白。

该书基于10余年的乡村传播理论与实践研究，将物理学中的“位能”（指因物体所在的位置不同而具有的能量，又称作势能）概念移植到传播学中，建立了一种新理论即信息传播位能理论。在信息流动过程中，作为信息的传受者也像物体一样具有重力势能，即传者与受者因所处的位置不同而具有的潜在能量，其产生能量的大小取决于所采掘的信息分量、信息传播速率、信息收发平台三者的乘积，乘积数值越大其位能量越大；它与三要素之间的关系呈正相关关系。也就是说，信息传播主体潜在位能量的大小，是由信源所在的位置及其内在潜能量决定的，成为传者的机会越大，其所采掘和编发的信息分量越重，有价值的信息数量越多，信息传播速率越高，信息收发平台的影响值越大，影响的范围越广，其信息传播主体的位能就越大；反之，其信息传播位能就越小。

本书研究发现，信息价值开采得如何是信息传播位能可否充分发挥的基础要素；传者综合素质越高，对信息的选择、判断和挖掘力越强；传者意愿是信息传播位能的“导火线”。信息传者的意愿主要来自两方面：一方面，人的社会价值是否愿意实现，即人所拥有的隐性知识与显性知识是否愿意让众人共享；另一方面，人的个人价值是否愿意体现。如果此人没有信息传播意愿，或者空有意愿而没有采挖信息的能力，也没有求助他人帮助的能力，其信息传播位能就趋等于零。

研究显示，信息传播下位者转为信息传播上位者一般需要的条件有：①有成为传者的意愿，有代表弱势群体利益表达的愿望；②有较强的信息需求意识，有一定的判断信息、采写信息的能力或借助他人和媒体发布信息的能力；③有较高层次的精神需求，有尊重的需求；④有一定的学习能力和创新精神。

案例应用信息传播位能理论的发现，组织化的信息传播主体有助于提升信息传播位能。组织化程度比较强的农民信息传播主体诸如村委会、农民专业合作社、农民田间学校等，能够比较好地满足农民的信息需求和培训需求，能够聚合分散农户的力量，统一加工、处理和分发信息，并保证信息分量的开掘和信息传播的影响力，对个体农民有较强的带动和辐射作用，对增强农民自信心，提高农民自身建设的能力有重要的促进作用。

组织化的信息传播主体的潜在位能很大;组织化的信息传播主体如果所发布的信息,其有价值的信息较多,所选择的信息平台的种类和级别高,该村信息传播主体的总位能量就会高。反之,其所发布的信息再多,如果有分量的信息不多,所选择的信息平台的种类和级别不高,其信息传播主体的总位能量也不会高。同样,组织化的信息传播主体如果所挖掘的信息数量少,但信息分量重,所选择的信息平台的种类和级别高,其信息传播主体的总位能量也不会小。有组织的信息传播主体依托信息技术打造产品品牌,可加快信息传播频率,增加信息传播位能量,对促进农民增收有较大的推动作用。同时也有助于增强农民的话语权。

研究发现,影响信息传播下位者转为信息传播上位者的因素除了自然环境、经济环境、政治环境、社会文化环境和信息小环境等外部因素外,关键的因素来自内部主观因素的影响。

这些主观因素诸如信息意识、带头人的观念,自信、利益表达意愿、自我认知、基本需求、主动学习、创新精神均直接影响着信息传播位能的提升。

为此,本书提出了"自下而上"信息传播位能提升的策略,如依靠外界干预而采取的他助式信息传播位能转化策略;依托自主学习的自助式信息传播位能转化等,并提出加强人文科学素质培养和增强创新精神的具体方法。

总之,本书基于理论分析和调查实证,提出可通过提高信息位能的方式改进城乡信息互动效应,对促进农民增收、城乡和谐发展有重要的理论价值和实用价值。

本书是在本人博士论文的基础上不断修缮而成。本书能够顺利完成首先要感谢我的博士研究生导师王德海教授,在我开始本研究和撰写的过程中,王德海老师给我提出了很多有见地的意见和建议。在王老师担任"现代农业产业技术体系北京市创新团队"推广评估课题主持人期间又提出许多建设性意见,王老师严谨的科学态度和不厌其烦的耐心指导给我留下了深刻的印象。我还要特别地感谢中国农业大学人文与发展学院的叶敬忠教授、左停教授老师多年来对我从事乡村传播工作的大力支持！还要感谢朱启臻教授、奉公教授、齐顾波教授等老师对本书提出的宝贵建议和意见！还要感谢我的研究生凌莲莲、王悠悠、张铮、杨小兰、万丽等同学参与本调研付出的艰辛劳动！还要感谢调研试点村的刘建银、冯贻才、小周、大刘、张大爷、陆大婶等领导和农民朋友，没有他们的积极配合和无私奉献，我的研究工作不会顺利开展！

当然，还要特别地感谢我的丈夫潘学标和父母亲一向对我研究工作的默默奉献和支持！父亲经常告诫我："你们搞传媒工作的，要始终关注农民的生计和需求，发挥信息的作用，为三农服务"，或许是父亲的叮咛和期望，从事媒体传播、乡村传播和农村发展的研究成了我的责任和事业；回想多年来的教学和研究工作，每取得一点点进步都离不开身边相助的亲友、老师、同事和同学们，是他们使我感受善良，是他们使我信心倍增，是他们编织了我的梦想，是他们托起了我的希望。在此，我衷心地说一声，感恩大家！

谭　英

2014 年 3 月

目录

图目录

表目录

第一章

绪　论

1.1　研究背景和意义

1.1.1　研究的缘起

农民作为我国最大的受众群体，在城乡信息传播中颇受关注，自2002年以来国内一些专家和学者就对农民需求、媒介接触、乡村传播模式等方面开展了研究。诸多学者认为，对农信息传播低效的问题主要是线性的“自上而下”的大众传播和组织传播模式带来的传者与受者的分离，媒体工作人员作为精英群体被视为传播的起点，而农民是被动接受信息的脆弱群体被视为传播的终点，导致对农信息服务不对位，农民信息需求不能满足等问题。为此，有学者针对农村信息服务的“最后一公里”进行了诸多探讨，提出“发挥民间多重力量的作用”（郭作玉，2006）。也有学者提出“在未来农村信息传播中急需将农民从传播链条中的‘最后一公里’调整为‘第一公里’，以便农村信息传播者能够从内在的传播理念上更多地强调以农民为中心，尊重农民的主体地位和聪明智慧”（左 停、旷宗仁，2009）。这些提法都很好，特别是对于在被动接受信息的农民来说，提出重视农民的地位，对进一步搞好“三农”信息服务有重要的促进作用。

然而，“以受者为中心”的理论自 20 世纪 60 年代提出后至今已有 50 多年，特别是进入 21 世纪以来，在对农科技信息服务迅猛发展日程中，无论是“自上而下”的大众传播媒体的对农信息服务，还是政府主导型、科研机构主导型、协会主导型和企业主导型的“自上而下”的传统农业技术推广信息服务，或是政府主导型的技术下行与需求上行创新技术推广服务，均是“以农民受者为中心”的传播理念作为自己的工作目标，想尽各种办法调动农民参与信息媒介，但是人们仍然感觉作为农民的受者主动参与表达意愿的意识比较薄弱，等靠他方信息服务的心理占优势。众多乡村传播研究数据表明，多年的乡村传播实践研究也发现，农民主动参与信息传播的意识一直非常薄弱，甚至是零。主动发布和传播信息的积极性很低，农民对大众媒介中相关的对农服务节目或相关部门机构的农村服务信息反馈很少，即大多数农民对这些“自上而下”的信息服务内容不闻不问、不理不睬。

为什么会出现这样的情况？为什么“自上而下”的信息流与“自下而上”的信息流迟迟无法快速环形流动？为什么对农信息传播低效？一个偶然的机会，从电视中看到一段介绍水力发电的过程，水力发电的效率取决于水的落差，水的落差越大，其发电的能力就越大；这是由于物体在地球重力场中处于一定的位置而具有的能量，叫势能。它是储存于一个系统内的能量，由于各物体间存在相互作用而具有的、由各物体间相对位置决定的能，又称作位能。

物理学的势能原理是否能解释信息传播中的语流现象。美国农村社会学家罗杰斯认为，大众媒介发出信息并直接“流”向传播对象的社会过程称为信息流（郭庆光，1999）。在大众传播与组织传播中，一般将信息传播者称为“上”（信源），信息受者称为“下”（信宿），信息的流动取决于传者，传者常常拥有的信息资源多，主动发布信息的数量也多，而信息受者常常处于被动的地位，或者选择倾听和沉默，传者与受者之间的落差越大，传者的传播力越强，话语权越大；相反，受者的传播力越弱，甚至话语权丧失。

在传播学领域，传者与受者之间是否存在着信息位能差？如果存在，信息传播位能的内涵是什么，其内涵由哪些组分构成，他与信息质量、数量、关注率、点击率、转载率、信息影响力等有什么关系？其位能量增加的原理或理论依据是什么？在物理学中，可以通过改变物体的位置增强其位能，在传播学中，是否可以通过改变“受”或“下位”的位置，提高其信息传播位能，促进“自下而上”的信息流动？影响信息传播下位者转为上位者的因素有哪些？信息传播过程中的“上”与“下”和现实生活中的“上、下”之位有什么区别？人际传播中的“上”与“下”如何区分？“自下而上”的信息传播的含义是什么，“自下而上”的信息传播的驱动力究竟是什么？长期处于受者地位的农民，如何提高自身的信息位能，信息传播下位转化至信息传播上位有哪些策略等一系列问题均成为本研究关注的焦点。

1.1.2 研究的现实意义

2008 年的“中央一号文件”明确提出积极推进农村信息化的问题。按照求实效、重服务、广覆盖、多模式的要求，整合资源，共建平台，健全农村信息服务体系。2010 年“中央一号文件”在进一步强调，加大统筹城乡发展力度，进一步夯实农业农村发展基础的同时，专门强调了建立健全农业社会化服务的基层体系。这一基层服务体系即为“自上而下”信息传播体系中的最后一站，也是“自下而上”信息传播体系的始发站，其建设与完善的情况如何不仅关系到信息能否迅速地、通畅地传给农民的问题，也关系到农民是否能够积极反馈信息和主动向外发布信息。2014 年“中央一号文件”关于全面深化农村改革加快推进农业现代化的若干意见更加具体，目标更加明确，加快推进农业现代化，就是要健全城乡一体化发展体制，赋予农民更多的财产权利，推进城乡要素平等交换和公共资源均衡配置，让农民平等参与现代化进程、共同分享现代化成果。

因此，从农村基层信息服务组织的建设入手，认识和把握信息流动的规律——信息传播位能现象，探讨“自下而上”信息传播过程中关键要素内涵及要素间的内在联系，有助于明确基层信息传播主体的建设条件，真正达到城乡信息统筹共享、农民供求信息对位、“上情下达”“下情上传”平等和谐互动的目的，对促进城乡统筹和谐发展有着重要的现实意义。

1.1.3 研究的理论意义

理论来源于实践。本研究结合目前我国农村信息服务的现状及国外相关研究的经验，在多年从事乡村信息传播研究的基础上，将物理学中位能的概念引用到传播学中，提出信息传播位能理论，提高和激发信息传播下位转为信息传播上位传者的途径，挖掘“自下而上”信息传播的驱动力，对促进城乡信息传播与沟通，实现农村信息化有重要的实用价值和理论意义。另外采用实地研究法，通过对不同地区典型的“自下而上”的农村基层信息传播范式的实例验证该理论的效果，不仅有助于发现导引“自下而上”信息传播的源动力，也有助于深化农村发展主体的研究，为积极发展多元化农村基层信息服务组织提供理论依据，为丰富乡村传播理论提供理论参考。

1.2 研究设计

1.2.1 研究目标

以人文主义方法论为指导，依托多年乡村传播研究的基础，引用物理学中的“位能”概念，从社会学、传播学和发展学的视角，探讨信息传播位能理论的内涵；通过实地调研的一手资料验证“自下而上”信息传播位能理论的应用，发掘“自下而上”信息传播的驱动力，弥补我国乡村传播理论及农村发展理论的不足，促进我国城乡一体化进程。

1.2.2 研究问题

信息传播位能提升研究是基于社会学、传播学和发展学视角对信息传播下位者转为信息传播上位者的信息流动力的探讨。当前，学界未对此进行理论上的探讨和具体案例分析。为此，本研究的内容主要包括以下几个问题。

①信息传者与受者之间是否存在着位能差？如果存在，引用物理学的位能概念，能否说明信息传播位能变化的原理。

②信息传播位能理论的内涵是什么？构成信息传播位能理论的关键要素有哪些？其要素特征及各个要素之间的关系是什么？

③信息传播下位者转为信息传播上位者一般需要什么条件？信息传播下位者特别是农民在信息传播位能转化的不同阶段有哪些异同表现？

④提高信息传播位能的一般途径有哪些？信息传播下位者转为信息传播上位者的途径和策略有哪些？

⑤有没有典型的案例验证“自下而上”信息传播位能的效果？信息传播下位者转为信息传播上位者的过程中主要受到哪些因素的影响？

通过对以上 5 个问题的阐释，提出乡村“自下而上”信息传播位能提升的策略，以期为促进城乡和谐发展提供重要参考。

1.2.3 研究内容

①厘清本研究中相关概念的内涵：如信息传播位能的含义；“自下而上”

语言符号的本义，及其在乡村信息传播中的话语意义；信息传播上位与信息传播下位；“自下而上”的信息传播体系等。

②以相关传播学、发展学和社会学的理论为基础，以当前相关文献研究进展中存在的问题为出发点，提出信息传播位能理论构建必要性与可行性。

③阐述信息传播位能理论的内涵及其构成要素的特征，并说明信息传播位能与各个要素诸如信息分量（信息价值和信息数量）、信息传播速率（关注率、点击率、转载率）、信息收发平台（信息扩散力，媒介影响范围）之间的关系。引用物理学中位能演算公式，推演出的信息传播位能演算公式。提出“自下而上”的信息传播位能理论假说。

④探讨信息传播下位者转至信息传播上位者的一般条件，并分析信息传播下位转至信息传播上位的影响因素。

⑤通过我国中、东部“自下而上”的信息传播范式的典型案例检证，信息传播位能理论的应用效果；如分析中部以村委会为主体的信息传播位能提高效果，分析以东部农民专业合作社为主体的信息传播位能提高效果，找出“自下而上”的信息传播的规律和动力因素。

⑥探讨农民信息传播位能提升的途径及信息位能转化策略，如探讨在外界干预下的他助式位能转化措施，在自主学习下的自助式位能转化措施等。

1.2.4 研究方法

本研究以人文主义方法论为指导，主要采用定性的研究方法，即对研究对象进行“质”的方面的分析，如通过文献研究方法分析信息传播位能理论提出的依据和重要性；对试点村进行实地调研，对研究的内容进行定性探索—检验与分析—解读，并结合参与式观察、个案访谈、小组访谈等工具收集的资料，同时结合可定量的数据进行统计和演算，循环往复地验证和分析，最终达到认识事物本质进而揭示其内在规律的方法。

本研究主要收集资料方式有：主要采用文献研究、案例分析、参与式小组访谈、知情人访谈等社会学、发展学领域的研究方法收集资料。

(1)文献分析法

在论文设计的准备阶段，本研究通过对现有相关文献进行系统性的分析，形成对所研究对象的科学认识，找到研究所需的数据和科学性的规律。如明确“自下而上”语言符号的本义、引申义、话语意义，了解将物理学中的位能等概念引入传播学中，进而确定信息传播位能的概念，同时，查阅国内外相关理论著作、文献、相关研究报告等实践案例，为探讨信息传播位能的规律奠定基础，为推演出信息传播位能演算公式提供依据。

(2)案例分析法

案例分析法是指针对某个典型个案进行深入剖析的方法，也称为案例研究法。它是整体事实的具体化表现，是支持论点的重要事实依据。具体包括社会界面分析、社会情境分析、公共社会事务分析、比较分析、话语分析等。

本研究将以信息传播位能理论为论点，以中西部有代表性的“自下而上”信息传播范式（以村委会为信息传播主体的信息传播范式），以东部有代表性的“自下而上”信息传播范式（以农民合作社为信息传播主体的信息传播范式）为个案论据，探索信息传播位能与信息分量（信息质量、数量）、信息传播速率（观看点击率、转载率）、信息收发平台（信息传播范围）之间的内在联系，并适当采用的参与式评估工具（以小组访谈、知情人访谈、大事记等）方法，了解信息传播位能产生的效果，探讨“自下而上”信息传播的驱动力。

(3)参与式观察法

此方法主要用于了解不同地区信息传播环境对当地政治、经济、文化、个人、环境等方面的影响，以及“自下而上”的信息传播主体的信息需求意识和信息传播意愿等。

2007—2009 年，笔者曾组织课题组成员先后两次到山西应县龙泉村和浙江临海市涌泉镇“忘不了”柑橘专业合作社实地调研，调研期间与农民吃住在一起，并参与其信息传播基地建设，观察和了解村民或社员对信息需求意识和信息发布意愿，获取了大量的一手资料，为本研究提供了详实的数据。

同时，为监测调查地点信息传播的状况，2010 年至今笔者通过 QQ 方式一直与应县龙泉村党委书记刘建银，“忘不了”柑橘专业合作社办公室的信息员小周保持联系，并随时关注两地的网站或网页上的信息，监测评估“自下而上”的信息传播状况，实时获取网络信息数据。

(4)信息传播潜力定量化方法

通过信息传播位能指数来反映信息传播的潜力和程度：

$$E_I = E_c / E_{\max} \times 100$$

式中：E_I 为信息传播位能指数，为 0～100 的无量纲数值；E_c 为信息传播位能值，$E_{\max}$为设定的信息传播位能值的最大值，其计算方法借鉴物理学的重力势能公式（$E=MGH$）来表达：

$$E_c = M \times G \times H$$

式中：M 为信息分量分值，G 为信息传播速率分值，H 为信息收发平台位置分值，分别对应势能公式的质量、重力系数数（加速度）和高度；$E_{\max}$为各分项为最大值时计算所得到的信息传播位能值。具体计算方法见第三章。

(5)统计工具

本研究对于收集的一手资料主要采用 SPSS、EXCEL 分析软件统计分析。主要选用 Frequencies 过程进行频次统计。

1.2.5 技术路线与研究框架

(1)技术路线

第一步:确定研究主题。在阅读相关文献的基础上,确定研究问题的核心所在,明确研究的主要创新点和难点。

第二步:针对研究问题的理论要求,查找相关文献研究成果,形成文献综述,以此为下一步研究提供理论依据和参考。

第三步:提出"自下而上"信息传播位能理论假说,推演信息传播位能演算公式。

第四步:选择典型案例,并实地考察、验证和分析该理论假说的可行性和实用性。

第五步:探讨该理论形成的条件(信息传播位能提升)以及相关影响因素,探究"自下而上"信息传播位能提升的策略。

第六步:根据调研材料和理论知识储备,具体分析和处理实地调研材料,形成该文初稿。

第七步:听取相关专家的评审意见,总结文稿存在的主要问题并制订完善计划,对文稿进行补缺补漏,确保文稿顺利完成。

第八步:继续听取专家意见,最终完成书稿。

(2)研究框架

本研究框架主要由三部分构成,即信息传播位能理论的提出、形成和应用。第一部分主要采用文献研究法将本研究所涉及的基本概念、理论依据、研究进展、存在的问题等进行梳理,将物理学中的位能(势能)概念引导传播学中,探讨信息传播位能的含义,提出构建信息传播位能理论的必要性,以及探讨"自下而上"信息传播位能或驱动力的重要性。

第二部分主要探讨信息传播位能理论形成的过程，包括信息传播位能理论的内涵，在信息传播中信息传播位能的演算公式；信息传播位能的构成、特征及其相关的各个要素特征；信息传播下位者转为信息传播上位者应具备的条件，不同类型信息传播下位者位能转化阶段的表现；提高信息传播位能的一般途径。

第三部分主要通过两个“自下而上”信息传播典型范例对该理论进行考察与验证，了解信息传播下位转至信息传播上位过程中信息传播位能提升的效果是否符合理论假说；通过案例分析找出信息传播位能转化过程中所受到的影响因素，进而得出“自下而上”信息传播位能转化的策略，如外界干预下的他助式位能转化措施，自我完善的自助式位能转化措施等。

三部分环环相扣紧密相连，最后得出研究结论，并讨论未来相关研究的方向（图 1-1）。

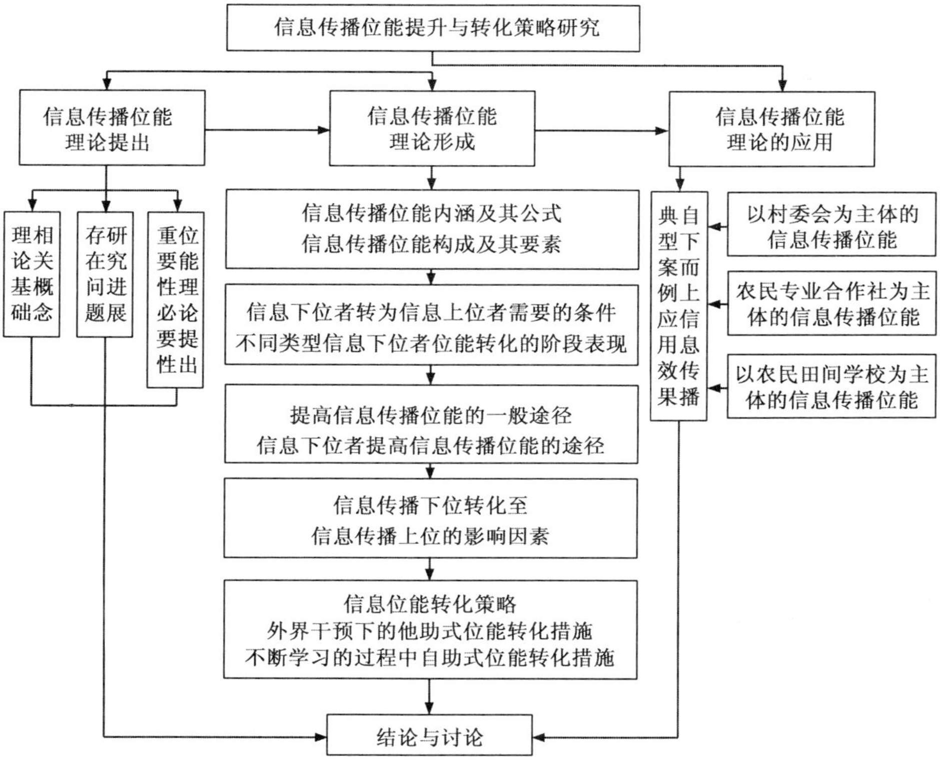
信息传播位能提升与转化策略研究
信息传播位能理论提出
信息传播位能理论形成
信息传播位能理论的应用
理论基础
相关概念
存在问题
研究进展
重要性必要性
位能理论提出
信息传播位能内涵及其公式
信息传播位能构成及其要素
信息下位者转为信息上位者需要的条件
不同类型信息下位者位能转化的阶段表现
提高信息传播位能的一般途径
信息下位者提高信息传播位能的途径
信息传播下位转化至
信息传播上位的影响因素
信息位能转化策略
外界干预下的他助式位能转化措施
不断学习的过程中自助式位能转化措施
典型案例应用效果
自下而上信息传播
以村委会为主体的信息传播位能
农民专业合作社为主体的信息传播位能
以农民田间学校为主体的信息传播位能
结论与讨论

图 1-1　本研究框架

第二章

概念界定与理论基础

2.1 相关概念

2.1.1 “自下而上”语言符号的含义

(1)“自下而上”的本义

语言学家苏珊·朗格认为，表意是指符号的意思；或者说是一种简单的刺激因素，它宣告了某种事物的存在，是符号与事物之间简单的、一一对应的关系。本义是符号和其所指代的事物之间的关系(斯蒂芬·李特约翰，2004)。“自下而上”符号的本义是指事物上下方位的变化，也就是用来描述自然界事物上下方位关系的词语。

(2)“自下而上”的引申义

符号的引申义是指符号与概念之间的直接关系。引申义包括语言使用者一切与该符号有关的个人情感和联想。“自下而上”的引申义有多种，一般包括对组织关系中的地位高低、上下级职位、话语权力强弱等的描述。

本研究中的“上、下”之位的内涵随语境变动而变动，有时采用的是本义，如信息流动的方位，传者为上位，受者为下位；有时采用的是引申义，如“下”主要指那些在社会上处在不利地位的、缺少话语权的、脆弱或弱势群体。与之相对应的“上”主要指那些拥有话语权的、在社会上处于优势地位的人群。

在传播学研究中，所谓的弱势阶层是“指那些缺乏参与传播活动的机会和手段，缺乏接近媒介的条件和能力，主要是被动地无条件地接受来自大众传播媒介的信息的人群和那些几乎无法得到与自身利益相关的各种信息，也无法发出自己的声音的群体”（段京肃，2004）。俞虹在《当代社会阶层变迁与电视传播价值取向》一文的划分，弱势群体指的是“由仅仅拥有很少量的或基本没有三种资源（组织资源、经济资源和文化资源）的商业服务业员工、产业工人、农业劳动者、城乡无业、失业、半失业者构成”（俞虹，2002）。

2.1.2 信息传播上位与信息传播下位

在信息传播过程中至少存在四个环节：传者、信息、媒介、受者。无论是组织传播、大众传播，还是人际传播，其传播过程都少不了这四个环节，这就是说，信息的传播过程是有顺序的，传者在先为“上”，受者在后为“下”，发布信息者为“上”，接受信息者为“下”。由于大众传播与组织传播具有明显的单项传播特点，一般将信息传播主体（信源）称为信息传播上位者，信息传播受体（信宿）称为信息传播下位者。但在人际传播中，因其具有双向的互动的传播特点，一般发布信息时为传者，接受信息时为受者，所以有时“传与受”或“上与下”可以交换。

需要说明的是，本研究中的“上、下”之位，主要指的是信息传播过程中信息流动的方位，与社会阶层中所指的“上、下”地位是不同的含义。社会阶层中的“上、下”之地位，上、下级职位等含义是社会和历史原因造成的约定成俗的所指语言符号，是自然形成的差序，这里的“上位”与“下位”一般是不能互换的。但是现实中的弱势群体能否通过改变“受传”的位置增强自身的话语权力或促进自身地位的改变，还需学者们进行深入的探讨。本研究的重点是，处于信息传播下位的弱势群体如何通过挖掘自身的潜在能量，将“受”的话语位置转为“传”的话语位置，以促进“自下而上”的信息流动，更好地进行利益表达，或与强势群体平等友好互动。

2.1.3 “自下而上”的信息传播

“自下而上”的信息传播是相对于大众传播或组织传播中“自上而下”信息传播而言。在当前的大众传播或组织传播中，对农传播的信息，多是以精英主流为信源，通过“自上而下”的信息传播方式，将信息传递给农民，农民处在被动接受信息的局面。而“自下而上”的信息传播过程，主张处于信息传播下位的受者与信息传播上位者间的平等互动，即农民个体或代表农民利益的信息组织可根据农民的需要或社会外界相关信息组织的需要将采集和编发的信息通过相应的媒介传给接受者(媒介从业人员)。

在现行的“自上而下”的信息服务体系中，“自下而上”的传播是指作为信源的农民或以农民为主体的个人或组织，将其内部筛选、加工、处理后的信息，通过某种媒介或渠道(大众、组织、人际)向上一级相关信息服务组织或向外界大众(个体或群体)发布和传送信息的过程。主要强调的是“自下而上”的以农民为主体的信息发布体系功能(谭英，2010)。

2.1.4 位能、信息传播位能

(1)位能(potential energy)

位能是一个物理学概念，是指因物体所在的位置不同而具有的能量，又称作势能。物体质量越大、位置越高、做功本领越大，其位能潜能量越大。位能的公式：$E_p=MGH$（E_p 为重力势能，M 为质量，G 为重力系数，H 为高度）。

(2)信息传播位能

所谓“传播流”（communication flow）指的是“由大众传媒发出的信息，经过各种中间环节，‘流’向传播对象的社会过程”（郭庆光，1999）。美国农村社会学家罗杰斯把大众传播过程区分为两个方面，一是作为信息传递过程的“信息流”，二是作为效果或影响的产生和波及过程的“影响流”。

“信息流”，指的是由大众媒介发出信息，并直接“流”向传播对象的社会过程。在大众传播或组织传播中，一般将信息传者比喻为“上”，将信息受者比喻为“下”。在这种单项信息传播的模式中，传者与受者的位置不能互换。当双方对某一话题进行谈论时，形成信息流动的环型模式，传者与受者的位置可以互换。为此，借用物理学位能的概念，信息传播位能应指传者与受者因所在的位置不同而具有的能量。谁发出的信息分量重、影响范围大，其信息传播位能量就越大。它是储存在信息传播系统内的“蓄势待发”的能量，其能量的大小取决于信息分量、信息传播速率、信息收发平台三者的乘积，乘积数值越大其位能量越大。信息传播位能的公式为 $Ec=MGH$（Ec 为信息传播位能；M 为信息分量；G 信息传播速率；H 为信息收发平台）。

2.1.5 信息传播位能指数

是指根据信息分量指数、信息传播速率指数和信息收发平台指数的乘积计算出来的统计数据，用来衡量信息传播的影响力状况或信息传播综合影响潜在能力状况。

2.1.6 信息分量

美国数学博士克劳德·香农认为，信息是用来消除随机不确定性的东西。他明确地把信息分量定义为随机不定性程度的减少或消除。这就表明了他对信息的理解，信息是确定性的增加。可见信息的分量与信息的质量和信息数量有关。也可以说新闻是信息，新闻事实的确定性越多其价值越大。

学者艾丰认为，"新闻价值是新近发生的事实的一种社会属性，是指这个事实可能给社会人们带来的新的信息的分量。新的信息的分量包括两层意思：①数量方面。新的事实中包含的新的信息数量越大，这一事实的新闻价值越高。②质量方面。新的事实中包含的新的信息的质量越高，这一事实的新闻价值越大。"（艾丰，1999）

余家宏等（1988）主编的《新闻学简明辞典》关于新闻价值的解释是："新闻价值是选择和衡量新闻事实的客观标准，即事实本身所具有的足以构成新闻的特殊素质的总和。素质的级数越丰富越高，价值就越大。"这些因素包括真实性、时新性等不变要素和重要性、显著性、接近性、趣味性等可变要素。新闻事实所包含的价值要素越丰富，级数越高，新闻价值就越大。

2.1.7 信息收发平台

信息收发平台是指以计算机技术或无线通信技术为支撑的为传者与受者提供的信息交流媒介。传者与受者借助这个平台可以"一对一"或"一对众"地进行信息交流。如网站、电视台、广播电台、电话服务等。

2.2 理论基础

2.2.1 传播学效果理论

(1)单向传播模式与双向传播模式

1)单向传播模式

单向传播模式也称为线性传播模式，即谁（Who）？说什么（Say what）？

通过什么渠道(Through which Channel)? 对谁(To whom)? 取得什么效果(With what effect)? 这个模式是传播学者拉斯韦尔(Lasswell,Harold)最先在《传播的社会职能与结构》(1948)一文中提出的。“5 个 W 模式”,对传播学研究产生了深远的影响。但是也有学者认为此模式过于简单,不能说明传播与沟通的过程的全部内容。后来布雷多克在《拉斯韦尔公式的扩展》(1958)一文中又增加了 2 个 W,即谁? 说什么? 通过哪种渠道? 对谁? 在什么情况或背景下? 为了什么目的? 取得什么效果? 从这些单向传播模式中可以看出,这种基于大众传播媒介所特有的线性传输的特点,是一种具有自上而下传播特点的模式,传者控制着信息的内容,无论传播什么信息,受者只能被动地接受。传者具有话语权,而受者却被剥夺了话语权。因为这里没有受者的反馈。由于没有反馈,导致信息传受双方信息不对称。

2)双向传播模式

双向传播模式也称为循环传播模式,他不同于单向传播,强调每个人既是信息发送者又是接收者,既编码又译码,都具有双重行为。这一模式最早是由传播学威尔伯·施拉姆(Wilbur Schramm)提出的,但他也承认自己的许多观点是建立在奥斯古德首创的基础上,受奥斯古德的启发得来的。该模式强调在信源与信宿之间,只有在共同经验范围之内才真正发生所谓的沟通。因为只有这个范围内的信号才能为信源的发出者与信宿的接收者所共享。直线模式的兴趣点放在传者、受者之间的渠道上,而环型模式则注重于沟通过程,而且传者与受者之间是一种平等的,等量的沟通,双方均受各种因素的影响。该理论适合于人际传播,对组织化的乡村信息传播主体的内部沟通有一定借鉴作用。

3)信息选择或然率

美国传播学者施拉姆在 20 世纪 50 年代就影响受众对大众传播节目选择的决定性因素而提出的一个公式。该公式为:选择的或然率=报偿的保证/费力的程度。公式中"报偿的保证"指传播内容满足选择者的需要的程度。而"费力的程度"则指得到这则内容和使用传播途径(信息渠道)的难易状况或个人接触媒介的偏好。

受众选择不同的传播途径,与自身媒介使用偏好有关,一般情况受众是根据传播媒介及传播的信息内容等因素进行的。选择能够最方便而迅速满足其需要的途径,满足程度越高,而费力程度越低,则或然率就越大。该理论对于本研究的信息传播主体将采掘的信息投放在何种媒介能满足其需要有重要的启示。

4)中介模式:韦斯特利-麦克莱恩模式

这是一个试图既能反映情况复杂的大众传播过程,又保留了"纽科姆模式"中关于两个个体之间动态的传播关系的扩展模式。韦斯特利和麦克莱恩在 1957 年将当时的各种研究成果加以整理,提供了一个特别适合大众传播研究的系统的模式。此模式根源于社会心理学家海德的早期"平衡及互相理论"和费斯廷格"认知平衡"(戴元光、金冠军,2000)。韦斯特利和麦克莱恩分两步修正了"纽科姆模式",修正后的模式(图 2-1)中增加了一个要素——大众传播者 C。这个增加的角色充当在信息源 A 与受众 B 之间传递有关外界环境讯息 X 的"看门人"(也可以称作"把关人")。

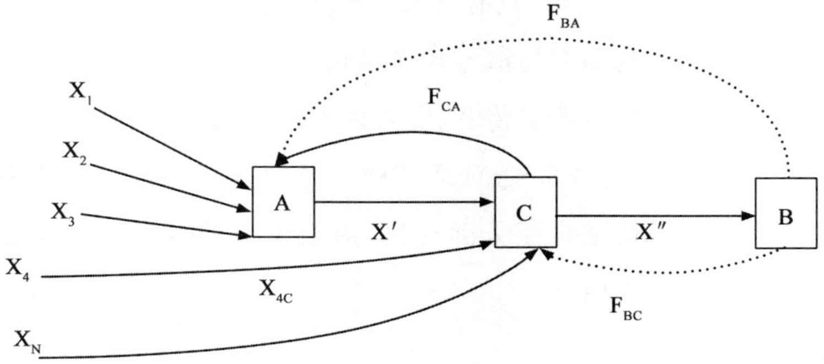

图 2-1　韦斯特利-麦克莱恩模式(李彬,2003)

这个模式应用有极强的现实意义，它可以帮助研究大众传播者或媒介组织自身的问题。但是还存在着一定的问题。一是它假定三个主要参与者（鼓吹者 A、传播者 C 和受众 B）之间的关系是平衡的。如果在自由运行的条件下，它可以使发送者和接受者的利益保持均衡，而这在现实中几乎是不可能的。二是它夸大了大众传播的一体化程度，夸大了三个主要参与者对这个过程看法的一致性，而实际上三者都有各自的独立性。三是此模式过分强调了传播者 C 对社会（尤其是在政治方面）的独立性。而现实中情况并非都是如此，尤其是在集权统治较强的国家，传播者 C 通常受国家政权的影响（黄晓钟、杨效宏等，2005）。本研究认为虽然这个模式在创建时是针对大众传播的，但是在组织传播和人际传播中也可以找到扮演中介角色的 C，因此，此模式也能应用于对组织传播的研究。并且，组织运行中的一些机制恰恰能在一定程度上弥补这个模式的缺陷，达到更加理想的传播效果。因此，该理论对于在“自下而上”的信息传播体系中，信息传播主体作为代表农民利益的传者承担着上传下达的中介 C 的角色。

5)组织传播

组织是指人们有计划、有目的、有系统地建立起来的一种社会结构。在这个结构内部有领导、有目标、有一整套的工作制度，成员之间有明确的分工和职责范围。一般来说，辨认一个群体是否属于组织，主要看这个群体中是否有一个统一的指挥或管理系统，用马克斯·韦伯的话来说，即是否存在着一个“管理主体”。组织传播即组织内部成员之间、组织与外部社会之间的信息交流活动。简而言之，组织传播就是以组织为主体的信息传播活动。组织传播的过程，也就是组织形成与发展的过程。

组织传播包括组织内传播和组织外传播两个方面，这两个方面都是组织生存和发展必不可少的保障。根据信息的流向，组织内传播可以分为上行传播、下行传播和横向传播；组织外传播可以分为组织的信息输入活动和组织的信息输出活动（郭庆光，1999）。农民基层信息传播组织属于传播学所说的组织传播的范畴。通过实例对“自下而上”信息传播位能理论的应用进行检验，从组织传播的视角，从组织内部和外部两个方面研究其信息传播环境，内部信息的下行传播和上行传播，外部传播的输出传播和输入传播。

6)组织传播的“人类关系学”理论

该理论从组织结构的“职位论”(组织中的等级系统)和“人际关系论”两个角度的综合来探讨组织传播对管理效果的影响(利克特，1961，1967)。该理论认为从管理角度而言，组织中“专权独裁式”的管理系统只强调下行的命令式传播，几乎不存在上行传播，即使有了上行信息往往也会被上行曲解，上、下级之间距离感较大，管理效果差。而“参与式管理”同时包括了较强的上行传播和下行传播，信息准确、清晰，管理者和员工之间距离较近，能够很好地相互理解，管理效果好(凯瑟琳·米勒，2000)。

根据这一理论，农民出于共同利益组成的各种信息服务组织，如农民专业合作社、村文化网络中心、田间学校等，其管理者和员工都是成员本身，因此这样的组织在内部传播中的沟通障碍很小，能够实现很好的传播效果。

7)二级传播与多级传播

二级传播的含义是，来自媒介的消息首先抵达意见领袖(opinion leaders)，接着，意见领袖将其所见所闻传递给同事或接收其影响的追随者(followers)。这一过程被称作两极流动传播(two-step flow of Communication)。意见领袖不是集中于人们的上层阶层，而是几乎比例平均地散布于每一社会群体和阶层。意见领袖不仅更多地接触大众传媒，而且在他们自己作决定中，受到了大众传媒更多的影响(Parl F. Lazarsfeld. Bemald Berelson & Hazel Gaudet，1948)。两极传播模式使人们认识到大众媒介渠道和人际传播渠道在人们信息获取和决策(态度形成和转变其具体行动)中的不同角色和作用。即大众传播在人们的知识阶段具有重要作用，而在说服和决策阶段人际传播的影响力则凸显(Richardson，D.，1997)。

信息的扩散并非简单的“二级”过程，随着传播学者的研究，二极传播理论逐渐发展成为一个多级传播模式(multistep flow Model)。如，对于一项新技术，有的人可能是直接从媒介信源中获得，而有的人则经过了多级传播才获得。

这个理论在农村信息传播中具有重要意义，所提出的意见领袖现象在农村信息传递过程中很明显，例如农村能人、村委会领导干部、农民经纪人、农民种养殖大户等常常关注大众传播媒介的信息并自然充当信息的发布者，普通农民也习惯跟从或模仿这些意见领袖的行为。

2.2.2 发展学与社会学理论

(1)人的全面发展理论

“任何发展活动都是对一定发展目标的追求。发展目标经历了从经济增长—社会发展—综合发展—以人的全面发展为中心的可持续发展四个阶段。其变化轨迹反映了对于发展的认识由点到面、逐渐深化、不断全面的过程。”(李小云等，2005)

20 世纪 60 年代中期以后，经济增长提高了人们的物质生活水平，统治阶层中贪污腐败的风气日益增强，道德沦丧日趋严重，生态环境逐日恶化，人们开始对发展实践反思，以人为中心的发展观逐渐取代了现代化发展观，并相继提出了基本需求发展理论、以人为中心的社会发展理论、可持续发展理论等。

以人为中心的发展观强调“人”是发展理论的制定与完善者，人既是发展的动力，又是发展的目的。一切发展都要围绕“人”这个中心来进行。社会和经济得以发展是人的实践创造和精神发挥的结果，因而，人的全面发展是发展理论与实践追求的最终目标。这也是社会发展的本质和社会发展的最高和最终目标。人的全面发展既包括人的体力、智力、文化素养、道德操守、价值观和思维方式的发展与提升，也包括生态、社会、政治、民主、法制、艺术、伦理等自然、社会、文化生存环境的改善与提高，以及国与国、人与人之间和人类代际之间的公平与和谐发展。发展思想演变的过程正是人对社会主体意识觉醒的过程，人对发展的探索与追求使自然和社会更加深刻而全面地满足人类自身全面发展的需求。（李小云等，2005）

罗马俱乐部总裁奥雷列奥·佩西（1988）在他的《未来一百年》报告中说“无论从哪个角度去提示未来，有一点必须首肯，即未来是以个人素质全面发展为基础的社会”。党的十六届四中全会确立了以人为本的发展观，这是党在全面建设小康社会进程中实现人与社会、人与自然全面协调发展的全新理念。这是建设有中国特色社会主义历史时期促进人的全面发展的正确途径，也是我党对马克思主义“异化理论”的正确诊释和全面发展。在我国的科学发展观中，社会全面发展的最终目的和社会全面发展得以实现的终极条件都必须要有人的全面发展做基础，在当今社会也只有人具备了全面发展的素质和能力，才能使我国构建全面发展的现代化社会，同时最终实现人自身的全面发展。

在强调人的发展中，人的素质往往被提高到最重要的内容。人的素质包含人的政治观点、政治信念、价值观念、思想道德、社会责任感、科学文化素质和能力素质等方面（李小云等，2005）。而这 6 个素质中，人文素质占了 4 个方面，新知识新技能占了 2 个方面，这就是说，在人的全面发展中，加强人文素质的培养是关键。

(2)内生式发展理论

内生式发展理论是相对于外源型发展而存在的一种社区发展模式。外源型发展模式主要以追求经济增长为目标，由外来企业或委托政府开发援助谋求发展的一种发展方式。而内生式发展理论则认为，发展是个人成长或社区自身发展或可持续发展的根本动力。它注重个体自身综合素质的挖掘，注重社区内部的发展潜力，不仅是一种哲学理念，也是一种行动的原则。

内生式发展模式是一种“自我导向”(self-oriented)的发展过程，透过这种过程，一方面使乡村达到自己想要的发展形式，另一方面把利用乡土资源所创造出来的总价值重新分配在该地区内。概括而言，乡村的内生式发展策略包括三项内容：由乡村参与和推动、建构地方认同及乡土资源的利用(李承嘉，2005)。它不仅仅是为了地区经济的增长，同时也是为了社区生态、环境、福利、教育和卫生的可持续全面发展。

对于内生式发展的解释，Garofoli认为，内生式发展意味着一种转换社会经济系统的能力；反应外界挑战的能力；促进社会学习，引进符合本地层次的社会规则的特定形式。我国学者张环宙、黄超超等(2007)认为，内生式发展主要包括三个方面：其一，地区开发的最终目的是培养地方基于内部的生长能力，摆脱地方发展对于外界资本的依赖，使本地人重新回归到主导自身发展的地位。换句话说，就是激发源自地方内部的生长能力，如怎样积极应对各种挑战的能力、学习能力、创新的能力等。其二，以当地人作为地区开发主体，使当地人成为地区开发的主要参与者和受益者。其三，应该建立一个能够体现当地人意志，并且有权干涉地区发展决策制定的有效基层组织。由于内生式发展是一种“自下而上”的、依靠基层力量推动的发展模式，而不是“自上而下”依靠行政命令推行的发展模式。

在本研究中，该理论的指导意义在于如何激发乡村社会中个体或群体信息传播参与意识，如何提高个人的综合素质，如何聚合农民个体的力量，建立和完善一个有力的基层信息传播组织，促进个人的发展，乃至促进整个社区的发展。

(3)基本需求发展理论

马斯洛需求层次理论(Maslow's Hierarchy of Needs)，也称为“基本需求发展理论”，是行为科学的理论之一，由美国心理学家亚伯拉罕·马斯洛于 1943 年在《人类激励理论》论文中所提出。

该理论认为，每个人都有多种需求，马斯洛理论把需求分成生理需求、安全需求、归属与爱的需求、尊重需求和自我实现需求五类，其中生理上的需求、安全上的需求和感情上的需求都属于低一级的需求，这些需求通过外部条件就可以满足；而尊重的需求和自我实现的需求是高级需求，他们是通过内部因素才能满足的，而且一个人对尊重和自我实现的需求是无止境的。这五层需求依次由较低层次到较高层次排列，并分别提出激励措施，其理论的一个基本假设就是“人是一种追求完全需求的动物”（Denhardt，Robert B.，2001）。

一般来说，某一层次的需求相对满足了，就会向高一层次发展，追求更高一层次的需求就成为驱使行为的动力。当一组需求得到满足时，这组需求就不再成为激励因素了。为此，该理论也被解释为动机的重要理论。其提出个体成长的内在动力是动机。而动机是由多种不同层次与性质的需求所组成的，而各种需求间有高低层次与顺序之分，每个层次的需求与满足的程度，将决定个体的人格发展境界，该理论也是解释人格的重要理论。

马斯洛也提出，需求各层次，并没有截然的界限，层次与层次之间是相互叠合，互相交叉的，随着某一项需求的强度逐渐降低，另一项需求将逐渐上升。此外，可能有些人的需求始终维持在较低的层次上，而没有向上一层次发展的机会。同一时期，一个人可能有几种需求，但每一时期总有一种需求占支配地位，对行为起决定作用。任何一种需求都不会因为更高层次需求的发展而消失。当然各项需求的先后顺序，不一定适合于每一个人，即使两个行业相同的人，也并不见得有同样的需求。各层次的需求相互依赖和重叠，高层次的需求发展后，低层次的需求仍然存在，只是对行为影响的程度大大减小。

另外，马斯洛和其他的行为心理学家都认为，一个国家多数人的需求层次结构，是同这个国家的经济发展水平、科技发展水平、文化和人民受教育的程度直接相关的。在不发达国家，生理需求和安全需求占主导的人数比例较大，而高级需求占主导的人数比例较小；在发达国家，则刚好相反。

该理论虽然对人的潜意识没有进行深入的探讨，也没有估计某些需求实现中的受挫也可能激起某种人创造的动机，但该理论因指出了每个人都有不同层次的需求，并说明需求与动机的关系，得到了广大学者的认同。该理论同样为本研究提供了重要的理论依据。各种研究数据也表明，我国农村居民经济生活水平提高了，基本生理需求诸如温饱问题解决了，对精神上的需求也加大了。而且本研究的内容主要探讨的就是农民的精神需求与发展动力问题。用该理论分析农民人文素质教育的现状与乡村发展的关系有一定的说服力。

(4)学习型社会理论

学习型社会是 20 世纪 60 年代由美国学者罗伯特·哈琴斯(RM. Hutchis)在其《学习社会》一书中首次提出。20 世纪 70 年代，联合国教科文组织提出：人类要向着学习化社会前进。“处在今天逐渐复杂纷乱的世界，每个人及所有的社区都必须能够持续发展与使用各种不同的知识架构、价值体系、智力结构和技能。学习不再是一种仪式，也不仅是关联于职业需要而已。”①

所谓学习型社会，就是有相应的机制和手段促进和保障全民学习和终身学习的社会，其基本特征是善于不断学习，形成全民学习、终身学习、积极向上的社会风气。其核心内涵是全民学习、终生学习。党的十六大报告在阐述全面建设小康社会的宏伟目标时，明确提出要“形成全民学习、终身学习的学习型社会，促进人的全面发展。”

学习型社会背景是对现代社会发展特征的一种理论描述，是指在信息

① 联合国教科文组织.学会生存.上海译文出版社，1979.

社会中，随着科学技术的迅速发展，信息与知识的急剧增长，知识更新的周期缩短，创新的频率加快，对人的素质的要求提高，人力资源的重要性增加，学习就成为个人、组织，以及社会的迫切需要。

该理论对本研究的启示是，学会学习固然重要，但重要的是学什么才能提高自己的学习能力。欧盟执委会于 2002 年 6 月发表了《欧洲终身学习品质指标报告书》，为适应当代信息社会的诸多挑战，概括了当代人需要具备的基本能力或关键能力：①算术与识字能力；②数学、科学与技术的基本能力；③外语；④信息与计算机技术应用能力；⑤学习如何学习的能力；⑥社会能力；⑦创业精神；⑧大众文化。从这些基本能力中可以看出，比较重视外在生存知识和技能的学习，而忽视了内在的、价值取向上的、塑造人格的人文科学素质教育的内容，这恰恰是一个人全面发展的驱动力。

本研究在第六章的信息传播下位者转为信息传播上位者的策略中探讨农民人文科学培训的问题，以促进信息传播主体的综合素质，成为学习型社会的一员，进而促进个人的全面发展。

2.2.3 信息经济理论

信息经济学认为，市场信息是在搜寻中获得的，是以付出成本为代价的。市场交易双方所掌握的信息如果在相互对应的经济个体之间呈不均匀、不对称的分布状态，就出现了信息不对称现象。信息不对称往往引起道德风险和逆向选择。道德风险主要是指来自个人道德方面的危害，通常是行为主体一种故意的，违背道德规范的行为，这种行为可能导致其他利益主体的利益受到损坏。败德行为产生根本原因在于信息不对称，败德行为的产生显然不利于了市场机制发挥作用，使市场机制的运行受到破坏。逆向选择是指交易双方在信息不对称时，买方总是优先购买质量差的商品，使质量好的商品在市场上无法存在，表现为质量差的商品总是把质量好的商品驱逐出市场，阻碍社会向健康的方向发展。

当然，信息的不对称分布是普遍的客观存在，在我国广大农村市场经济活动中，信息不对称程度尤其严重。但是如何减少信息的不对称，如何调动农民参与信息传播的活动的积极性，正是本研究要研究的问题。

2.3 研究进展

2.3.1 “自下而上”语言符号的内涵及其在不同学科领域的使用

近年来，“自下而上”语言符号在各个研究领域出现的频率越来越高，且含义各不相同，但在众多的研究中对其词语内涵的追溯和话语传播意义的研究却未见到。本研究将通过文献研究法对“自下而上”一词的内涵与应用进行梳理，探寻该语言符号在不同历史时期形成的话语意义，以期从多角度分析社会阶层的“上”与“下”的关系，话语传播体系中“上”与“下”的关系，为进一步探讨“自下而上与自上而下”平等转化、平等对话的研究开拓思路。这不仅有利于人们对该词语语义的认知，也有利于人们在相互沟通与交流中把握其话语意义，掌握话语主动权，推动社会和谐发展。

为确保研究的科学性，尽可能穷尽搜索到文献，本文以中国知网学术期刊为资料依据，以“自下而上”的语言符号的内涵及其使用作为研究对象，以“全文”为特征检索“自下而上”词语，检索结果为 345 557 篇；以关键词“自下而上”搜索结果为 6 483 篇。文献涉及的时间范围为 1915 年 1 月份至 2012 年 12 月份，搜索所搜到的文献皆在同一时间内完成。

现代结构语言学的奠基人索绪尔(Ferdinand de Saussure，1960)提出，

“包括语言在内的所有符号都带有主观性和随意性”。他认为，“语言与话语之间的区别在于其稳定性。语言以其共时性为特征，它随着时间的变化不大；另一方面，言语则以其历时性为特征，它随着情况的变化而变化。也就是说符号实质上就是受制于一定规则的惯例。”

2.3.2 “自下而上”语言符号的表意与本义、引申义

(1)“自下而上”语言符号的本义

语言学家苏珊·朗格认为，表意是指符号的意思；或者说是一种简单的刺激因素，它宣告了某种事物的存在，是符号与事物之间简单的、一一对应的关系。本义是符号和其所指代的事物之间的关系(斯蒂芬·李特约翰，2004)。研究发现，在所检索的文献中即20世纪50年代之前的文献，“自下而上”语言符号的语义最初表意是事物上下方位的变化。也就是说“自下而上”语言符号的表意和本义，与“自上而下”相对应，主要用来描述自然界事物上下方位的变化，没有学科领域之分。如：早期出现在自然科学领域文献中的“自下而上”意指：“水管近滤器时支为二，分左右入二水桶之底，以抽水机之压力甚巨，故水能自下达上(杨克念，1917)。”结合上下文这句话可以理解为水在有压力的情况下可以逆方向从下方移动到上方。再如陆鸿图的《云雾之成因》中描述沈降雾与辐射雾相似之处时说：“沈降雾，温度直接起地面，向上处增，风力弱或和，发生自下而上，有雾與无雾界限分明，雾近界面最浓……”(陆鸿图，1930)

人文社科领域最早使用“自下而上”语言符号的文献是陈文波的《中国古代跳舞史》：“再鼓，皆稍前而上揖，合手，自下而上。”(陈文波，1925)这句话意在描述一种叫做“文舞”的舞蹈动作的第三步，即跳舞时先擂鼓，然后稍微向前作揖之后合上双手后从下往上移动。这里的“自上而下”与“自下而上”相对，意为从上往下。

(2)“自下而上”语言符号的引申义

1)“自下而上”语言符号指代组织关系中的地位高低、上下级职位、权力强弱等。

符号的引申义是指符号与概念之间的直接关系。引申义包括语言使用者一切与该符号有关的个人情感和联想(斯蒂芬·李特约翰,2004)。搜索相关文献,20世纪50年代之后的文献关键词“自下而上”,发现该词语出现的频率显著增加,而且在人文科学与经济管理领域的出现日渐增加,其符号的用义也由本义对具体事物上下方位的描述引申为组织关系中的地位高低、上下级职位、权力强弱等的描述。例如,对隋朝统治时期政府大官僚与地方政府小官僚的表述,“皇帝中央政府和大贵族大官僚垄断了对外贸易,地方官小官僚他们又以公钱的经营而插足国内市场,其结果一方面使隋朝统治机构自上而下、自下而上商人化,另一方面……”(刘尧庭,1953);这种将政府部门比作上,将地方政府比作“下”的语用方式,在20世纪50～70年代使用的频率比较高。如陈国忠的《谈谈人民公社的商品流转和产品分配统计》一文中,“国家统一分配物资是自下而上地提出申请,自上而下地按国家计划逐级进行分配,为了简化手续,可不在产品分配统计内加以反映。”(陈国忠,1959)类似的文章还有王亚南的《论官僚政治与官僚主义》,顾宗枨的《试论计划经济与市场经济的结合》,吴群策、罗瑞荣的《社会主义民主的一个原则问题》,陈小勤的《浅议党内监督的双向性》等。

在组织结构中,使用“自下而上、自上而下”的符号描述这种自然形成的差序关系,即将中央机构或领导称为“上级”,将地方部门及群众称为“下级”的语用方式,自古(帝王时代)至今或者说自从有了人类,即人与人之间自然形成的五伦关系(父子关系、君臣关系、夫妻关系、兄弟关系、朋友关系)中,“上、下”一语的含义一直在生活中沿用,只是没有具体使用“自上而下、自下而上”符号而已。后有学者评论此现象时偶尔用到该词汇,如周采教授在其发表的《历史研究视角的转移与战后西方教育史学》一文中介绍说，20 世纪 60 年代，一部分西方激进史学家又明确提出“自下而上的史学”的口号，以反对那种只注重社会上层人物的“自上而下的史学”，即精英史学，要求重视下层平民群众的历史作用并撰写有关他们的历史。他认为，对于历史学的研究应“把注意力从统治者和精英人物转向普通民众的日常生活、活动和经历。”（周采，2010）

还有不少学者从社会脆弱群体的角度，呼吁社会向脆弱群体诸如妇女、农民等赋予更多的话语权。杨静慧（2007）认为，“提高妇女的参政水平有两种基本方式，一种是自上而下式，即凭借国家法规政策的力量保证妇女在政府权力机构中占有一定量的职位、享有一定程度的职权。另一种则是自下而上式，即妇女通过个人积极的政治参与来争取和扩大其权益，凭借私人领域政治化以及各种政治行动来影响甚至改变国家政策。”周海涛（2004）认为，作为“公共空间”的大众传媒，应当为弱势群体留有一席之地，让农民的声音表达出来，使“自上而下与自下而上”的双向传播成为可能，从而真正成为联系公民与政府的桥梁与纽带。

类似的文献还有吴群策，罗瑞荣的《社会主义民主的一个原则问题》，陈小勤的《浅议党内监督的双向性》，丁笑炯的《政策实施过程中的变形——西方 20 世纪 70 年代以来有关研究简介》，艾德曼-辛蔷的《在“欧洲”与“民族”之间经营——面对“基本法”与“里斯本条约”的德国新执政联盟》等。

当然，仅从所查阅的文献中看该词语语义的变化，谈及社会的发展肯定有一定的局限性，不过从文人或学者们在不同时期使用该词语的频率中，可寻觅时代发展中该符号话语传播的历史意义和社会健康发展的走向。

2）“自下而上”语言符号的指代意义成为一种理念、模式和方法

“自下而上”语言符号的指代意义成为一种理念、模式和方法，较多出现在发展学、人文社会科学及农业科学领域。

从所查的文献中了解到，20 世纪 80 年代末期，中外学者将“参与式发展

理论"引入我国农村发展领域，引起众多学者对长期处在基层劳作的农民等脆弱群体的关注和探讨。参与式发展理论的创始人罗伯特提出了著名的"农民第一位(farmer first)的论点，其立论依据是长期以来农村发展的实践中农民的作用遭到忽视，从而造成了发展效益低下等问题，因此需要重新反思常规的发展方式。李小云、叶敬忠、左停等学者主张在乡村发展中，尊重农民和妇女的决策与管理权利，以农民为中心，让农民自觉地参与到发展工作中，逐渐将"自下而上"作为一种发展理念和研究方法提了出来。"发展是过程，发展是互动，发展是参与，发展的核心动力来源于发展的主体而不是外界的干预，发展的关键点是赋权"(王国良、李小云，2003)。一些国外的学者也同意这种观点，认为"赋权"是在能力提高的基础上开展的对话和协商过程。

在农业技术推广领域，基于我国政府一直采用"自上而下"的传统模式开展农民培训活动，忽视农民自身的经验和需求。为此为充分发挥农民积极性和创造性，我国政府和诸多国际组织开始尝试将参与式培训的学习原理和模式引入农民培训活动中。"参与式培训可以充分发挥农民群众对自身和当地发展需求、问题、机会的识别能力"(李小云，1998)。

以"自下而上"的理念促进城乡统筹发展的研究至今仍然较多。崔功豪、马润潮认为，"自下而上的城市化是指发生在农村区域，由基层社区政府发动，和农民自主推动的，以农村人口在农村内就地转移，建立小城镇为中心的城市化过程。"(崔功豪、马润潮，1999)《反思"自下而上"的改革路径》一文中描述了这样一个细节："称为'全裸乡政府'的四川省巴中市白庙乡，因政府财政透明赢得广泛赞誉和高度瞩目，并已超越'网络热点'的层面，受到有关部门的关注。"(陶短房，2010)

关注我国农村的政治和经济改革的美国学者约翰·奈斯比特认为，"中国政府'自上而下'的指令与中国人民'自下而上'的参与正在形成一种新的政治模式。支撑中国新社会长治久安最重要、最微妙也是最关键的支柱，就是自上而下（top-down）与自下而上（bottom-up）力量的平衡。这是中国稳定的关键，也是理解中国独特的政治理念的关键。”（约翰·奈斯比特等，2009）

罗蕾（2007）的《自下而上——前沿科技引出的世纪新理念》认为，“自下而上”，可能是一种行为产生模式、系统演化方向，也可能是一条结果生成法则、信息传递路径；“自下而上”里的“上”和“下”，可能表征物态所占空间尺度的大小、所处空间梯度的高低，也可能表征作用者在系统中控制力的强弱差异、在进化中出现的先后顺序、在结构上复杂性程度等。在由复杂性科学开始的相关问题的探索过程中，“自下而上”逐渐从模式、法则、途径等单一概念转变成内涵丰富并能够为我们的思考、决策和行动提供方法论指导的新理念。

李保峰（2009）通过转型期的行业协会与政府关系的模式选择探讨了“自下而上与自上而下”的互动的模式及运作机制。从农村信息服务模式的角度，有很多学者针对我国“自上而下”传统农业技术推广模式中出现的信息不对称问题，提出研究思路与研究策略。比较有代表性的有：针对向乡镇村级基层延伸的信息服务站，要从传播理念上重视“以农民为中心”，将“最后一公里”调整为“第一公里”，政府官员、科技人员、专家学者、媒体工作者和农民都是知识与信息的拥有者，共同协作一起解决生产中面临的各种问题，以实现城乡经济协调发展（左停，旷宗仁等，2009）。

在农村发展传播与沟通策略方面，王德海对农村发展传播与沟通的策略分两大趋势进行介绍。一是发展支持型沟通策略，即指发展工作者对农村社区发展过程起支持作用。这些人的角色一般是中介角色，强调发展的参与性，其作用体现在对农村社区发展过程的推动。一般采用平等、合作、对话的沟通模式。重视“自下而上”的信息流对“自上而下”信息流的影响，强调农民的内源动力，使他们主动地自觉地参与到农村建设中来。二是发展启动型传播与沟通策略，该策略强调运用支配型传播与沟通策略开展工作，保持惯用"自上而下"的、以大众媒介为中心的信息沟通模式，靠外源力带动社区的发展，强调通过对农民的教育和启发，帮助农民来实现他们为当地人所设定的发展目标。（王德海，2007）

在乡村传播研究领域，谭英等比较早地从农民的视角出发，通过多年的实践研究，对我国的"自上而下"乡村传播体系中的农民需求、接触媒介偏好、对农信息传播效果等相关要素进行实证研究，提出构建"自下而上"的农村信息传播体系的重要性和必要性。（谭英，2007）同时，在其著的《新农村自下而上信息传播范式研究》一书中，提出与"自上而下"的对农传播相对应的新农村"自下而上"信息传播范式理论框架，进一步探讨了以农民为传播主体的信息传播范式，并以案例说明该范式构建和完善的效果和现实意义。如："构建以村委会为主体的公益化信息传播范式，可成为农村基层政权建设和乡村治理结构改革的重要'助手'；构建以企业为龙头的多元化科技信息传播范式，可成为城乡信息交流农民增收的重要'帮手'；构建以农民经纪人为主体的信息传播范式，可成为建设农村和谐社会的重要'抓手'。构建以农民专业合作社为主体信息传播范式，可更好地带动农村经济发展。"（谭英，2010）该书还就研究中发现的问题及制约因素，进行了详细的分析，并针对存在的问题提出了合理化建议。

在哲学、教育学、心理学领域，常常将"自下而上"语言符号指代为一种方法。如《方法论访谈——兼论一元论和多样化》一文介绍，实验方法是一种"自下而上"的方法，从局部到一般的方法，即归纳判断的方法。与纯理论思维的方法，即"自上而下"的逻辑演绎法并不矛盾，也不相互排斥（陆梅林，1986）。

更多的学者从学习方法方面论述了"自上而下"的学习和"自下而上"的学习，认为"自下而上"的学习是一种注重实践练习、注重基础知识学习的方法，它与注重逻辑思维、理论推导的训练方法一样重要（罗伯特·M·加涅，1986）。张志峰从学校管理的角度探讨了"自下而上"即"教师体验"研究的方法和思路(张志峰,2008)”。

在英语教学中常常引用“自下而上与自上而下”说明听力、阅读,口译与理解的方法。

另外,心理学家一般把“自上而下”与“自下而上”看作两种不同的认知方式,把“上”描述为“外界对大脑刺激的影响”,把“下”描述为“大脑内部注意”(Diane M. Beck,Sabine Kastner,2009)。类似的心理学研究文献还有徐晓东、刘昌的《从维度权值看自上而下和自下而上的控制》等。

2.3.3 “自下而上”语言符号成为话语的传播意义

语言的真正意义并不存在于单个的词语中,而存在于话语当中。词语为事物命名,但是“在词语被嵌入命题之前,它们没有指示任何信息,也没有排除任何可能性……。”(Susan Langer,1042)为进一步了解“自下而上”语言符号在不同历史时期使用的话语意义,本文对搜索到的文章以 10 年为一个时间段进行划分(图 2-2)。可以看出,1910—1970 年中期“自下而上”一词出现的频率少之又少,一直到 20 世纪 80 年代中期才出现了缓慢增长;随后到 20 世纪 90 年代中期增幅与前十年相比有所提升,但幅度不算太大;“自下而上”一词频繁出现在各学科各领域是从世纪之交开始,且 2001 年 12 月份至 2012 年 12 月份使用该词语的文献数量由 39 112 篇上升到 294 699 篇(图 2-2),使用频率上升了 5 倍多,至今仍有上升的态势,究其符号的话语传播意义主要体现在以下几个方面。

(1)“自下而上”语言符号的话语意义作为一种理念推动了社会发展

从历史的层面看,在不同历史时期背景下使用“自下而上”的话语有其不同的特点。1911 年至 20 世纪 70 年中期,即我国由君主制向社会主义民主集中制转变时期,所搜索到的相关文献研究非常少,且“自下而上”的语义仅限于对客观事物方位的描述。到 1950 年即我国社会主义制度的确立时

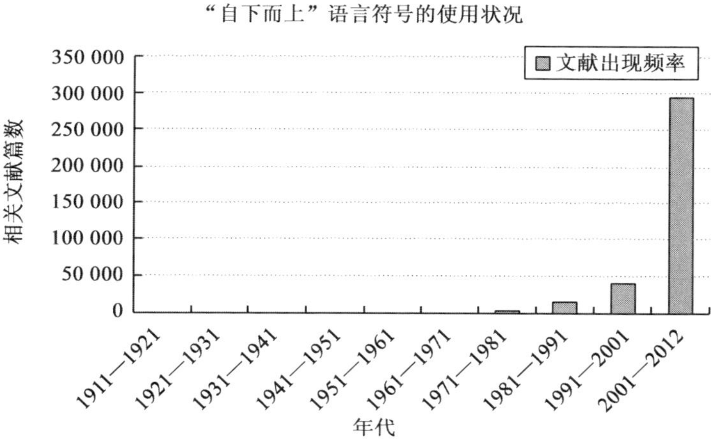

图 2-2 "自下而上"语言符号的内涵演进

期,使用"自下而上"词语的文献数量才有所增加,同时,可以看出"自下而上"的语义,由语言的本义-概念词转向引申义-象征符号,"任何一个语言符号的象征意义都是一个高度概括的主张、类型或者形式。"(Susan Langer,1942)。特别是1980年之后改革开放的30年以来,我国政治清明,经济繁荣,社会稳定,人民安居乐业,科技教育事业稳步增长,文化交流多元丰富,国家政府将民生问题、三农问题作为工作中的重中之重。"自下而上"语言符号的语义更多地从表意和本义提升到话语象征层面,其话语的传播意义更加深远。

在我国特有的政治和经济发展过程中,多数学者不断地强化"自下而上"语言符号话语体系的传播和研究,促进了我国政治经济体制改革。如《中国民主化道路:"自上而下"与"自下而上"的统一》一文认为,从"自上而下"与"自下而上"的统一中理解中国民主化进程,对建立中国的民主制度,实现"依法治国"和"以德治国"的治国方具有一定的现实意义(张云德、王希玉,2002)。深入探讨我国的民主制度,使政府官员尽快转变角色,把发言权、分析权、决策权、管理权交给当地人民,与百姓平等交流、沟通与对话;不仅能够进一步完善"自上而下"人民代表大会制度，促使百姓积极参政议政，也能使政府更好地了解民情，作出合理决策。

(2)"自下而上"语言符号的话语意义作为一种模式加快了社会的和谐发展

国家政府对"三农"工作的重视使得多学科领域的学者将研究的主题聚焦在农村和农民和妇女等脆弱群体。如在传统地对农信息服务和技术创新扩散过程中，众多学者将"自下而上"符号的话语意义作为一种模式和方式引入其中，"对长期主导着行为和决策的'自上而下'(top-down)的思维定势形成了强烈冲击"(罗蕾，2007)。同时加快了农村信息服务上下互动机制的完善。如赵迪、王德海探讨的农民受众本位的信息传播模式，提出了"受众本位论对完善参与式农业推广的四点启示：一是以受众为导向，注重受众的需求；二是提倡过程的参与式，强调受众内部参与程度的重要性；三是建立双向互动机制，使推广者能及时了解推广活动的实施情况和绩效；四是开发乡土知识，使创新与实践能更好地融合"(赵迪、王德海，2010)。

沈新艺、周勇(2011)认为"在国与国的关系发展中，中国需要民间社会组织扮演越来越重要的角色，要化被动为主动，建设好有中国特色的社会主义民间机构组织和发展模式"。

对于我国中小企业的发展进程中，陈怀芳博士对中小企业集群向创新集群演进模式进行分析，通过对从"自上而下"和"自下而上"两种演进模式的详细对比，认为"采用自上而下模式符合中小企业集群实际情况和发展的需要，有利于中小企业集群平稳地向下一阶段演进"(陈怀芳，2011)。在创新集群阶段，政府应采用"自下而上"模式，减少政府扶植和直接的行政干预，从而可实现创新集群的自我维持和自我发展。

鲁子问(2008)认为，政策实施需要政策传播，政策传播的前提是政策被理解，政策制定应该采用"自下而上"的政策话语模式，因为"自下而上"的政策话语模式制定的政策更有利于政策的理解、解释、传播，从而保证政策的效果，促进政策目标的实现。

(3)“自下而上”语言符号的话语意义作为一种方法促进了人们的自我认识和自身发展

古人云，“建国君民，教学为先”(《礼记·学记》)，教育乃社会进步和发展的基石。长期以来，为了提高劳动者素质，加速产业化现代化的进程，我国政府投入了大量的人力物力，开展农民教育。但是，长久以来，针对农民的培训一直搬用儿童学习的理论来指导成人学习。采用传统的教学方法填鸭式的学习方式开展农业生产、技术等培训，导致培训与推广效率低下。强化“自下而上”的参与式学习方法，“强调培养农民根据具体情况进行分析问题、自我解决问题的能力，使技术培训与应用、技术研究与推广紧密结合，通过组织农民参与分析、研究和解决农业生产中的实际问题，从而提高其自信心和决策能力”(石尚柏，2011)激发学习者主动参与学习过程。这种以“农民”为中心，以“田间”为课堂，注重农民主动学习的话语意义，既促进了农民对自我的认知，也对农民提高自身科技水平和综合素质，成为有文化、懂技术、会经营的新型农民具有重要的现实意义，对城乡一体化有重要的促进作用。

朱启臻等(2011)认为，发展现代农业，要重视村落的价值，尊重农民的社会氛围，并建议国家启动[农业后继者培训工程]，培养大批新型的职业农民，是农业可持续发展的战略措施。还有学者认为，“梁漱溟自下而上‘造社会’之现代化路径探索，值得珍视”(刘旺华，2011)。

综上所述，“自下而上”语言符号的话语意义作为一种传播方法促进了人们的自我认识和增强了话语权。由下位的“受”转为上位的“传”。这就是说，在传播学中，信息流动的方位，传者为上位，受者为下位，“上传、下受”之位的内涵随语境变动而变动。需要注意的是它与社会阶层中所指的“上、下”地位是不同的含义。社会阶层中的“上、下”之地位，上、下级职位等含义是社会和历史原因造成的约定成俗的所指语言符号，是自然形成的差序，这里的"上位"与"下位"一般是不能互换的。但作为一种传播方法,处于信息传播下位的弱势群体,为更好地进行利益表达,通过挖掘自身的潜在能量,将"受"的话语位置转为"传"的话语位置,是可以达到"自下而上"与"自上而下"的信息平等互动效果的。

2.3.4 "自上而下"的对农信息传播研究现状

(1)处于信息传播下位的农民受体的研究

中国社会科学院陈崇山研究员(2005)认为:受众是一个集合概念,是报刊读者、广播听众、电视观众、网络网民的统称,是指一切通过大众传播媒介接受信息的人。不论是国家元首、党政领袖、社会名流,还是工人、农民、知识分子,只要是从大众传播媒介接收信息的人,都称为受众。

自 2002 年以来关于农民受体的研究逐年有所增加,但比较系统、比较全面的可能有《中国乡村传播实证研究》一书,该书主要从农民的视角,对我国的"自上而下"的对农信息传播体系中的相关要素,诸如受者、信道、传播效果、传播模式等进行了较为系统的实证研究,包括对我国不同经济发展水平地区的不同收入型农户的信息需求特征、媒介接触偏好、信息行为习惯、不同信道传播不同种类信息的效果、"最后一公里"传播模式分析等。其研究成果主要有以下几方面(谭英,2007)。

1)关于农民的信息需求状况

不同地区不同收入类型农户对待科技信息的态度和使用满足状况有明显差异,但不同地区同一类型农户科技信息需求程度没有太大差异;欠发达地区相对贫困的农户信息需求意识较低,相对富裕的农户科技信息需求意识及使用有效信息的能力较强;欠发达地区农户科技信息的需求强度不仅与当地经济发展快慢有关,也与文化程度高低、生产规模大小、地理环境及通讯设施好坏、农户日常生活习惯等有关。

相关研究也表明，近年来农民的信息需求种类有一定变化，如农民需求的信息种类，从单一转向多元。农民不仅需要生产、科技、政策、供求、价格等信息，还需要、科技知识、法律、教育培训、劳动力转移、综艺娱乐等方面的信息；不仅需要原始信息、单项信息、静态信息，更需要综合信息、动态信息、分析预测信息。随着我国农村生活水平不断提高，农村居民不仅需要生理、生计等物质方面的信息，也开始关注精神生活方面的信息。另外，与农业生产直接或间接相关的信息种类占主导。当前农民迫切需要解决的问题是减少农业生产的盲目性，因此农民最需要的信息是准确及时的农业种植养殖技术和市场信息，通过对产前、产中、产后所有相关信息的把握，以达到极大限度地缓解农业产业链上的所有难题。与农民自身发展方面相关的信息诸如科技知识、文化娱乐等信息虽处在次要地位，但有相当的比例。（冯海英、简小鹰，2006）

2)关于农民的媒介接触偏好

不同地区不同收入型农户媒介接触偏好有较大差异。不同地区不同收入型农户获取不同种类信息的偏好也不同，但不同地区相同收入型农户接触不同种类信息的偏好差异不大。中低收入类型农户与相对富裕的农户获取信息的渠道较单一。农民获取农业政策、文化知识、市场产品等信息的主要渠道是电视。农民获取科技信息的渠道主要来自能人、领导和电视等。农户更满意从示范户或村能人或发挥职能作用的农技站获取科技信息。意见领袖对科技信息的采纳态度，仍然对一般农民获取和采纳科技信息起重要作用。

3)关于信息渠道对农民的影响

电视和报刊虽是农户获取信息的主要渠道，但人际传播媒介在科技信息传播中仍起重要作用；在科技信息传播中，电视媒体没有充分发挥其应有的作用。农民最喜欢看的电视节目是新闻、影视剧和气象预报等节目；农技推广站在农村科技信息传播中起重要作用。但所调查的多数乡镇的农技推广站已经名存实亡;大众传播媒介与组织传播渠道和人际传播媒介传播各种信息的效果有较大差异。电子媒介传播农业政策信息的效力不如组织传播渠道高。农户对农业政策类信息的赞同度和信奉度较高。电子媒介传播科技信息的效力不高,不同收入类型农户接受科技信息的程度不一;电视传播对农民的精神文化及其实际生活能力的塑造影响较大。

4)关于新媒体对农传播的效果

基于网络媒体的、有组织的远程农民技能培训效果较好,无组织的上网农户接受不同种类信息的效果总体不理想;爱学习的自觉学习网络技术的农民较早从网络产品交易中受益。

(2)关于农民自身素质的研究

根据农业的特点和农民的特征,专家学者一般将新农民的素质概括为思想道德素质(志高向远)、文化科技素质、经营管理素质、环保生态意识、心理素质、身体素质 6 个方面。(李里特,2001;梁秀才,2008);这些素质并非是相互独立的,而是相互包含、相互影响、相互制约的。农民的身体素质和心理素质是另外五个素质内容的基础,农民的思想道德素质和文化素质是科技素质与经营管理素质的前提条件和根本保证。(王春林,2006)

1)农民综合素质偏低

文化程度是衡量农民文化素质的重要指标,也是农民科学素质提高的基础。改革开放以来我国农民的文化程度有了很大提高。特别是 20 世纪 80 年代以来,已经由小学文化水平为主转变为以初中文化水平为主,这标志着我国农村劳动力的文化程度迈上了一个新台阶。同时,随着科技兴农事业的发展,农村造就和培育了一批农民科技队伍和专业技术人员,他们为农业持续稳定增长作出了应有的贡献。

但是由于我国农村生产力和经济发展水平较低,我国大多数农民存在着与现代化和市场经济不相适应的思想观念,与建设社会主义新农村所需要的有文化、懂技术、会经营的素质要求相比还存在较大差距。与发达国家相比,我国农民科学素质偏低。目前农业专业技术人员数还很少,所占比重还很低。很多数据表明,我国与荷兰、美国、加拿大、日本等国相比在农民接受教育和职业培训方面还有很大差距。由于绝大多数农民群众没有接受过系统、正规的农业技术教育和职业培训,农民的职业技术能力和知识结构都处于较低水平。农民对于农业科技的认知接受能力较弱,大多数的农民对于农业新技术、新产品表现出消极观望的态度,能够看懂农业科技书刊的人很少,农业科技要领难以掌握。(周广喜,2009)

农民科学素质偏低不仅仅由客观原因造成,更重要的还在于主观原因。“农民的思想观念状况决定着农民的社会经济行为,他们安于现状,不思进取,缺乏创新精神,追求自给自足的生活。很多贫困地区农民靠、等、要思想观念严重,成为新农村建设的最大障碍。还有部分农民对自身素质状况不能正确认识,缺乏忧患意识。他们目光短浅,只顾眼前利益,放弃了对文化知识和科学技术的学习,严重影响了农村经济发展和社会。”(邵彩菊,2007)

宋怡、王怀明(2003)将我国农民素质的现状总结为四个方面:文化素质整体水平不高、科技素质整体水平较低、经营管理素质整体水平不高和社会心理素质整体水平偏低。

2)农民人文素养贫困

随着农村贫困问题日益受到政府及学界的广泛关注,国内学者在研究农民贫困问题时,更多关注的是农民的收入贫困,并为此进行大量研究,然而却忽视了农村人文贫困甚于收入贫困这一事实。事实上,农民收入贫困只是结果不是原因,正是农村人文贫困加剧了农民收入贫困。(樊剑,2008)

农村人文贫困更甚于经济贫困。人文贫困限制了农民综合素质和自主脱贫能力的提高,使其不能充分参与社会、经济和政治生活,失去发展机会和发展空间。人文精神对贫困农民具有内在的价值功能,中国农村反贫困

应从经济转向人文。(王春林,2006)

而从“文化症候说”的角度来看,除了农村的教育状况对农民的科学素养产生了一定的影响之外,师坚毅认为(2008)在精神文化方面还有以下几个方面的表征:①农村自治进程缓慢,农民的政治认知程度普遍不高,且民主意识和参政能力很有限;②农民法律观念淡薄,道德滑坡;③农民物质生活的改善与精神生活的空虚反差较大,农村信仰多元化,迷信滋蔓,农民心灵需要终极性关怀;④农民的业余文化生活单调,缺乏健康文明的文化娱乐活动。这些表现主要受到农村匮乏的物质条件的制约和缺乏民主、法治、公平、开放的现代农村制度的影响。

人文精神是文化的硬核,是社会发展的精神支撑和动力。“人文素质教育又是一个系统工程。在提升农民人文素质教育的策略时,应依据农民成人教育和农民自身的特点,以人文学科为基础,人文精神为支撑,人文方法为手段,对农民进行面向新农村现代生活的人文素质教育。人文素质教育也是一个长期过程。由于人文的内隐性,人文素质教育不像专业技术教育那样短平快,相反具有长效性,特别是在农村尤其要转变农民对人文思想的认识,那就显得更为突出。因此,在人文素质教育过程中,切忌急功近利,应避免浅薄浮躁,应着眼于农民的全面发展和农村的可持续发展。农民的人文素质教育是一个重大的课题,但至今理论与实践的关系上还有很大的差距,这些都是全社会高度关注的重要问题。”(赵宏斌、孙德茹等,2008)

(3)关于国内外对农信息服务体系的研究

1)国外对农信息服务的状况

众所周知,国外发达国家农民的综合素质普遍较发展中国家农民的高。对农信息服务体系也比较健全。如美国以政府为主体构建了庞大、完整、规范的农业信息服务体系。

美国农业部有五大信息机构:国家统计局、经济研究局、世界农业展望委员会、农业市场服务局和外国农业局，这五大机构都有明确的职责和任务。美国农业信息十分规范，农业部获得的所有信息都以数据资料为基础，按时间序列组织起来。所有的农业信息的第一手资料大多依靠农业部有关业务局的抽样调查得出，对抽样数据按照一定比重推算出全国的数据，然后依照普查数据验算校正。在农业信息分析和发布方面，农业部坚持每个月对世界农产品的供求形势进行一次预测。在特定的时间内分析、汇总全球市场产销态势及各产品的预测数字，并及时形成官方预测资料对外公布。美国主要是利用网络进行信息服务，其使用互联网的农民已经达到55%。美国各级农业推广机构都设有自己的网站，推广人员和农民可以随时获取世界各地农业科技信息和市场信息。他们还利用数码照相和远距离分析系统，为农民诊断植物病虫害。通过举办农村科技讲座和短期培训班，以及提供经济技术咨询等，向农场主传播最新的农业科技成果信息。通过科技信息服务帮助农户利用现代化的生产技术，有效地从事农业生产，确保农产品质量，降低生产成本，提高劳动效率，不断开发新的农产品。（洪秋兰，2007）

法国的农业信息主体很多，但不同的主体在服务内容上侧重点各有不同，服务对象和群体规模也有所不同，具有良好的互补性。①法国国家农业部负责向社会定期或不定期地发布政策法规信息、统计数据、市场动态等，各种专业技术协会、合作社汇集对自己有用的信息，然后在本组织内共同享用。②农业商会在法国农业信息服务方面具有很重要的地位，主要是传播高新技术信息，举办各类培训班，组织专家、学者讲课和发表文章，协助农场主做好经营管理。③研究、教学系统传播和直接利用大量农业科技信息，通过培养学生和面向社会咨询两个主要方式实施信息服务。④各种行业组织和专业技术协会、农产品生产合作社和互助社都尽量地收集对本组织有用的技术、市场、法规、政策信息，然后通过刊物对外发布，为组织本身及其成员所用。

日本现已经建立了较为完善的市场信息服务系统，完成了农业科技生产信息支持体系。日本十分重视信息技术作为载体在农业科技推广中的作用。现已将29个国立农业科研机构、2 381个地方农业研究机构及570个地方农业改良普及中心全部联网，271种主要农作物的栽培要点按品种、按地区特点均可在网上得到详细的查询。其中，570个地方农业改良普及中心与农协或农户之间可以进行双向的网上咨询。日本最大的民间农业信息化服务组织是日本农村信息系统协会。协会的宗旨是完善农业、农村信息体系，努力通过信息的推广和普及，促进农业等区域产业的振兴，提高农村居民的文化、生活水平，对地区农业的发展和建设高福利农村社会作出贡献。协会是由农林水产省、总务省、经济产业省三省共同管理的社会团体。（雷娜，2005）

韩国农业信息建设的主要机构是农林水产省的农林水产信息中心（AFFIS）。该中心是1992年由农林水产省的10个下设机关团体共同出资组建的财团法人，组建后的运行维护费用由政府预算安排。到目前，AFFIS已连接与运营有关机关团体信息通信网26个；有固定的信息提供者104个；加入AFFIS的会员7万名。韩国的农业管理和服务信息化系统建设所取得的成就，农村振兴厅发挥了很大的作用。农村振兴厅成立于1962年，模仿美国的教育、科研、推广三结合的管理体制，主要负责农业科研、农业技术推广与农村生活指导以及农民和农业公务员的培训，并建立起中央、道、市郡、邑四级组织机构的一体化指导体系。近年来，农村振兴厅利用先进的信息网络，将上述的一体化指导体系连接起来，为农业科研、教育和推广提供信息支撑。农村振兴厅建设的农场管理远程咨询系统，通过“国家、省、农户”三级体系，用专用网和公用互联网相连，农村振兴厅组织专家定期讲授农业科技信息，农民可以实时收看，同时也可以向专家提问。农村振兴厅还利用自己的网站和地方农业技术中心的网站向农民提供作物长势、病害虫预测、农业技术和农村生活等信息，同时还通过农业科技信息119项目对农民进行远程培训。

位于英国伦敦的 Inmarsat 组织，通过通讯卫星向 70 多个国家提供农业信息服务。用户通过手掌式的电脑接收实时的市场价格信息和农业气象信息。农场咨询顾问和农户可以通过他们的信息服务组织或远程计算机中心自由下载和存储这些信息。(USOTA ,1986)

马来西亚以州、市、县、村四级行政单位为基础，层层建立了农民协会。农民协会有两种：一种是国家成立的，主要是分行业为农民提供专业化、系列化服务的专业协会，经费由国家财政解决；另一种是由农民自己成立的，农民自我服务、自我管理，进出自由，费用由会员自己解决。农民加入农协的比例约在 85%以上。信息服务系列化、综合化是他们的又一特色。马来西亚、菲律宾等国家均有一套快速高效的 Internet 网络信息服务。基层农协将收到的农户生产信息、生产资料供应信息以及各种农副产品销售信息传递给上一级农协，层层上传，上级农协将信息分析汇总后再通过农协信息网向下传递，直到农家。农民协会的地位非常重要，国家创办的农民协会在各级会议中均占有一席之地，参加议会会议，影响国家农业政策的制定。如马来西亚国家第 3 个农业计划，就是在充分征求农协意见的基础上制定的。农民自己创办的协会，均派人到政府部门参加政府会议，反映农民意见，解决实际问题。

在资源贫乏，经济欠发达的非洲等像冈比亚、肯尼亚、毛里求斯等发展中国家，在“最后一公里”农业信息服务中，广播、电话和公告栏扮演着重要的角色。Richardson 说：“在农业发展中，要关注 Internet 的作用，在发展中国家应用现代信息技术(多媒体计算机)有助于传递农业知识和农业信息系统软件的应用”，这也是“最后一公里”链接的有利方式。在非洲，还有一个非常著名的私人信息传播团体，即一个新型的商业模式。该团体在加纳雇有 55 名员工和 1 000 余条无线电话，他们的主要任务是向农户提供电话服务和出版宣传册，被农户称为有效电话服务。(张博，2007)

2)国内对农信息服务的状况

随着国家对“三农”问题的重视和支持力度的加大，农业和农村经济结构调整，农村信息服务体系建设步伐加快，全国农业信息服务体系框架基本形成。目前，我国农业信息服务机构主要集中在以下八大系统：①行政管理部门的信息中心。包括国家、省、市、地区农业管理部门的信息系统（如农业部信息中心，各地方农业厅的信息情报中心等相关部门组织的各种农业信息网，国家农业信息化工程技术研究中心等），科技部门（科技厅、科委）、政府部门的农业政策研究室、办公室等，已形成一个比较完善的农业经济政策、法规、农业科技成果统计、信息收集系统。多数省份如广东、浙江、北京、上海、安徽、陕西等地已建成辐射面至县、乡镇的政府农业信息网。②农业科学研究院、所的信息研究机构。主要包括中国农业科学院农业信息研究所以及各省市农科院的图书馆、信息研究所。地市级农科所情报资料室，他们主要收集农业科技、农业生产、农产品流通等方面信息。③大众传播系统。由国家新闻出版署、国家广播电影电视局负责管理的，包括国家新闻机构、各省（市、地、县）新闻部门，通过大众传播媒介（电视、报刊、广播、网站）等手段向农民传播科技知识和信息。④农业教育系统。主要指全国各省市农业大、中专院校的农业信息收集整理和服务职能部门如科研处、图书馆等。⑤气象监测预测系统。以国家气象局为主干的覆盖各省（市、县）天气、气候预测预报信息，农业气象信息。另外，气象部门还办有兴农网为农户提供服务。⑥动植物检疫系统。主要收集动植物病虫疫情等信息资料。⑦涉农企业信息中介。主要指全国各省（市）涉农企业为农户提供行业商务信息的网站。⑧民间产生的个体信息服务中介。主要指全国各地农民经济合作组织、个体信息服务大户、信息经纪人等团体和个人。

按照国家“统筹规划、国家主导、统一标准、联合建设、互联互通、资源共享”的信息化总方针，国家农业主管部门和各级政府把信息化纳入农业发展规划，从基础设施的建设到信息源的建设，再到信息服务方式的落实，形成了一个辐射全国的农业信息网络。我国农业信息服务体系建设在数据库、信息网络、精细农业以及农业多媒体技术等领域都取得了一定成效。与此同时,信息技术在我国农业资源调查、农产品产量估测、农业生产管理决策和病虫害诊治、农业科研成果数据处理和系统模型构建、农业生产过程自动化控制等方面也获得了成功的应用。科技部组织的"中国星火计划农村信息化科技行动"专项计划,在全国东部、中部、西部等星火产业带全面实施,以及由 UNDP、中国农村技术开发中心、中国国际经济技术交流中心组织开展的"农村地区信息通讯技术扶贫能力建设"项目等,加快了我国农业信息化的建设。由国家科技部主持的"国家 863 计划智能化农业信息技术应用示范工程"通过北京、吉林、安徽、云南、陕西等示范区的实践,探索出一条适合我国国情的信息技术为农业服务的有效途径,并研制了一批高水平的实用专家系统和工具。

"2005 年底,曾有学者对我国省(市、区、县、乡)统计对农信息服务机构的状况,全国 34 个省(区)、333 个地级市、2 862 个县、41 636 个乡镇街道,其中 97%的地(市)、80%的县和 40%的乡镇建立了农村综合经济信息中心或相应的农业信息工作服务机构及自己的信息服务平台,在农业部构建的信息组织机构体系下建立了网络运行管理、软件开发维护、信息采编、信息分析的专业队伍"(周爱军,2006)。目前虽然没有得到国家统计部门具体的相关调研报告,但是从 2014 年 2 月 24 日统计局发布的"2013 年国民经济和社会发展统计公报"中可以间接地了解到,对农服务体系不仅延伸到乡镇、村,而且与农业产业化龙头企业、农产品批发市场、中介组织和种植、养殖、加工、销售专业户联结,并以当地农业技术研究、农村社会管理、教育宣传机构以及农技推广部门为依托,共同协作,对农民开展全方位、多层次地服务。在种植业、畜牧、渔业、农垦、农机、农业科技教育、农产品市场等领域已经形成了一批"自下而上"的信息采集系统,相应建立了比较稳定的信息采集点,建立、完善了信息指标体系和采集报送制度。信息的整理、分析、发布逐步向制度化、标准化的方向迈进。

总之,2000 年以来,在国家政府的大力支持下,我国当前的对农信息服务体系已经形成由国家政府机构、大众媒介、企业、民间等多种对农信息服务机构并存局面;多元化的传播渠道所传播的信息种类也呈现自己的特色。换句话说,不同的信息传播渠道所传播的信息内容逐渐拥有了自己的农村受众群体。大众传媒以传播新闻、法律、文化娱乐、科学知识等信息种类见长;以政府为中心的计算机网络信息服务,以提供农业政策、农业技术、咨询、市场信息等种类见长;企业对农信息服务,以提供市场信息、服务类、互动等信息见长;民间农户个体信息服务,以提供当地农贸市场信息种类见长;手机媒介以提供气象、农产品价格信息见长。

以民营企业为中心的多元信息传播主体相结合的信息服务模式信息传播效果较好。如陕西农业科技专家大院信息服务模式,政府农业信息服务部门、农业专家、农业企业同时作为信息传播主体为农民提供针对性服务信息,收到较好的效果,其中政府农业信息服务部门作为其中一个信息传播主体之一发挥了重要的辅助角色的作用。

(3)当今我国对农信息传播中的问题

1)农民阶层处于失语状态

在传播领域,我国在对农信息服务体系中,尽管已经取得了巨大的成绩,但是根据我国地少人多,城乡差异等基本国情,农民一直处于被动与弱势的位置,这仍然是比较突出的一个问题。农民话语权问题一直以来受到了国家与社会的强烈关注,但多数学者研究表明,在当前的农村信息服务体系中,农民长期作为信息的受体存在而非信息的发布者,“农民们依赖的主要的信息发布渠道是亲戚朋友,而非电视、报纸、网络等渠道,普遍认为自己与大众媒体距离较远。”

《“三农”问题成因及对策的传播学分析》一文探究了“三农”问题的成

因，认为个人与个人之间，个人与群体之间的传播障碍和隔阂不可避免。因历史累积与现实国情等因素形成的城乡之间的信息鸿沟，使农民阶层处于失语状态。（刘继忠，2007）

在法国后现代思想家米歇尔·福柯的话语理论里，话语、知识、权利是内在相关的（许正林，2005）。福柯认为，人类一切知识都是通过话语获得的，人与世界的关系是一种话语关系；话语是在某种历史条件下被某种制度所支撑起来的陈述群，由某个权威主体发出，并明确要求"人们承认其真理性"，拥有话语权是社会平衡发展的重要因素之一。如果话语被垄断，社会的声音市场则畸形发展，真理以貌似真理的面目出现，对社会发展将贻害无穷。

农民阶层话语权薄弱有多方面的原因，学者刘继忠（2007）认为农民阶层的失语现象可归纳为三个层面：其一，在利益受到损害后，农民在利益博弈中发不出自己的声音，不能为其行为辩护；其二，在决策层面，农民话语被他人代言，"代言人"却常常扭曲农民话语，在政策层面不能维护农民阶层的群体利益；其三，在改革开放的催生的中国话语体系转换中，农民被卷入诚实话语体系中，在其生存半径内，农民话语与"权利"脱钩，出现了农民话语异化现象。

话语权从字面意思来理解，首先是作为公民的一项重要权利而存在的；农村弱势群体的媒介话语权为什么被忽略？周春霞（2005）认为，"我国社会的阶层分化以及城乡二元社会结构使得媒介话语权的分配模式产生了显著变化。城乡二元社会结构的'断裂'使得农村弱势群体在经济、社会地位和媒介资源的占有使用上都就处于弱势地位。其次，大众传播事业的产业化、商业化趋势导致农村弱势群体的话语权被边缘化。大众媒体受经济利益驱动，把注意力转向'强势人群'。另外，吸收和运用媒介信息能力的低下导致农村弱势群体没有主动争取话语权的观念和积极性等"。以上这些研究成果均比较好地概括了现阶段农民话语权缺少的具体现状。

2)农民传播信息的主动权低

《乡村信息传播研究与社会调查——房山区张坊镇大峪沟村个案研究》一书中提到了村民发布信息的渠道。按重要程度依次为:亲戚朋友、生意人、路边广告、政府、电话、网络(政府在网上帮助该村发布信息)、信息专业户、电视、报纸(表 2-1)。从该研究中可以看出该村村民将邻里间的交流放在了首位,而网络等新兴的传播模式并没有受到很大的关注。村民对此还表示,通过电视发布信息固然很好,但广告费用出不起,政府也花钱帮着在电视和网上做了宣传,但可能因为柿子定价太高,很少有人来村里,并没有给村民带来什么经济效益(谭英,2007)。由此可见,村民认为发布信息并不一定能带来富裕,这也从一定程度上降低了其传播信息的主动性。该研究中还提到该村的村民基本不发布信息。普遍认为自己与媒介距离较远,个别种植大户也主要靠长期客户或生意人发布产品信息;种植小户多靠亲戚朋友或路边销售自己的产品。这也更一步地说明了农民自身对传播信息权利的放弃(表 2-1)。

表 2-1　村民发布信息的渠道

渠道	农户					积分	排序
	种植户 1	种植户 2	种植户 3	种植户 4	养殖户		
亲戚朋友	8	9	7	10	7	41	1
政府	5	7		6	5	28	4
生意人	7	8	6	6	8	35	2
路边广告	6	7	6	7	0	26	3
电话	5	4	4	6	6	25	5
电视	1	2	1	2	1	7	7
网络	2	3	2	3	3	13	6
报纸	0	0	0	0	0	0	8
集市	0	2	4	5	2	13	6
信息专业户	4	5	0	1	1	11	7

注:资料来源《乡村信息传播研究与社会调查——房山区张坊镇大峪沟村个案研究》,2007。

《电视媒介中农民话语权的缺失与重建》也谈到了农民主体性的缺席这一问题。研究中表示农民毋庸置疑地应当成为“三农”报道的主体。然而事实却并不如此，农民以主体身份出现在电视“三农”报道中的情况并不多，农民角色被有意无意地边缘化、配角化了。其中研究提出了“两多两少”的体现，即农民被动引导多，主观能动少；党政干部多，普通农民少。研究中还表示由于和政府部门的接近性，往往会形成一种报道的惯性，会不由自主地站在部门的角度，而把农民置于陪衬“红花”的“绿叶”位置。虽然，报道反映党和各级政府对农民的指导本无可厚非，但长此以往，农民势必会被定位成事事须引导、不善思考，缺少主观能动性，缺乏独立自主性的群体（崔岩，2007）。

涉农组织方面，农业部基本形成了由市场与经济信息司具体组织协调，以信息中心为技术依托，各专业司局和有关直属事业单位共同参与的信息组织机构。但在农业基层信息组织建设方面仍存在一些问题：缺乏农业信息专业机构和专业人员，信息技术人才和服务人员数量匮乏和素质低下；农村信息组织管理、服务不规范。农民普遍反映，农业信息传播存在着广告宣传乱和信息收费乱的两大问题。对于这种农业信息传播的混乱现象，政府还没有建立起系统有效的管理体系和机制，许多政府部门虽然可以参与其中某些方面或环节的管理，但是却没有一个部门可以明确地承担起全面管理的责任（王蕙、汪卫霞等，2008）。

3)农民获取信息与发布信息不对称

“信息不对称指信息在相互对应的经济个体之间呈不均匀、不对称的分布状态。现实中的信息不对称主要是买方与卖方之间由于信息差别而产生的信息不对称，具体表现为买方具有完全信息而卖方处于零信息状态；买卖双方都只有不完全信息，而其中一方比另一方拥有更多信息；卖方具有相对完全信息而买方处于零信息状态。”（刘向荣，2002）在乡村信息传播领域中，农民明显处在第一种情况下。

刘向荣分析了目前我国农业领域内信息不对称的表现形式和原因，认为“我国农业目前存在的信息不对称问题，主要是指在当前我国农业生产经营中，农民由于自身条件的限制，在获得农业商品化生产中所需要的各种信息方面处于不对称的地位，由此造成农民无法根据市场需求信息运用先进的技术生产满足市场不同需求层次的农产品的问题”。

他着重分析了农民在获取市场信息方面处于不对称状态的几种形式：一是在获取消费需求信息方面。农民由于自身收集市场信息的手段与能力的限制，往往难以及时捕捉到这方面的真实信息，无法及时生产消费者急需的各种档次的农产品。二是在获取农产品市场的供给信息方面。农民由于条件的限制很难及时了解目前市场上哪些农产品供不应求，哪些农产品供给过剩，哪些农产品近期获利比较好，附加值高，哪些亏本。并且由于农民跟踪这些信息往往要付出较大的机会成本与时间成本。三是在获取市场竞争信息方面。他们无法了解到底未来有多少农民也在运用同一种技术生产同类的农产品，也就无法了解未来的市场竞争情况。因此，他们的生产往往带有较大的盲目性，看到别人生产什么赚钱，他也随之产生同样的农产品，造成低水平的恶性竞争局面。四是在获取农业生产资料供求信息方面。由于目前农业生产资料的生产仍然带有一定的垄断性，市场透明度不高，销售环节过多，导致农民对未来农业生产资料供求信息的把握上处于不利的地位，无法及时地调整自己生产资料的配置结构，降低生产成本。另外还有在获取相关行业的信息方面、在获取国际农产品市场信息方面、在获取农业生产所需资金信息方面。

沈梅等(2005)研究认为，“单个农户对信息的搜寻成本过高是造成信息不对称的主要原因”。在一份《江西农村三地传播状况的调查》中，作者提供了以下一些数据：当被问到“你对三大媒体为农村、农民的服务如何评价”时，被调查的三地(赣东、南、北)768名农民中，对“内容设置”持“不满意”和“很不满意”的占44%，对“栏目设置”持“不满意”和“很不满意”的占52%，对

“表现形式”持“不满意”和“很不满意”的占 45.33%；被调查的 1 508 名农民受众中 84.67% 的人认为，有必要加强对农村的报道（刘仁圣、叶伏华，2001）。之所以出现这些情况，可能受地域环境的影响，有些大众媒介在传播过程中所提供的信息、内容与农民关系不大，农民从这些大众媒介中找不到与自己生产、生活密切相关的事实内容。导致农民产生失语的态度，并加大了农村弱势群体和社会公众之间的距离和隔阂。

《农民市场信息获取与发布的不对称性分析与对策》一文，通过全国 15 个省市的 41 个村庄的 1 144 户农民进行面对面问卷调查，从农民的视角出发分析农民市场信息获取与发布的不对称性，调查结果显示：“电视是农民获取市场信息的主要渠道，却不是农民发布市场信息的主要渠道；作为市场信息发布主要渠道的邻居，却不是农民获得市场信息的主要渠道。这说明在农民获取和发布市场信息的过程中出现了交流错层，获取信息和发布信息的渠道没有对接，是不对称的。”（谭英、张铮等，2008）该文提出应当发展恰当的信息结点，构建以农民为信息传播主体的“自下而上”的信息传播模式，实现和谐的环形传播，最终消解农民市场信息不对称劣势。

2.3.5 乡村“自下而上”的信息传播范式研究

“自下而上”的信息传播是相对于“自上而下”的信息传播而言的概念。乡村“自下而上”的信息传播范式主张传者、受者间的平等与互动，农民不再是被动接受信息的社会脆弱群体，而是作为信息的传播者存在于整个社会传播体系中。作为信源的农民或以农民为主体的组织，可根据自己的需要、利益、权利采集、加工和处理各种信息后，通过某种媒介或渠道（电子媒介、纸介、人身等介质）向村外部个体、相关涉农信息服务组织或上一级管理部门发布和传送产前、产中、产后等乡土文化知识信息的过程。同时，农民或代表农民利益的信息组织还兼任着村、企业、合作社等内部信息传播的任务，即以农民为信息传播主体的个人或信息组织从市场、媒介以及政府等方面获取对本地农民有帮助的信息，通过大喇叭、网站、宣传栏、宣传册等内部传播系统传递给农民（谭英，2010）。这些以农民为信息传播主体的模式在我国农村经济和社会发展中发挥着越来越重要的作用。

（1）以农民为主体的涉农龙头企业信息服务的相关研究

“涉农龙头企业＋农户”的提法源于“公司＋农户”的提法。1993 年 7 月 8 日《经济日报》发表了河南信阳地委书记董雷的《发展农村市场经济的有效途径——“公司＋农户”》一文，首次介绍了这一形式。随着农业产业化进程的发展，“龙头企业＋农户”的提法出现在诸多文献中。李彦敏认为“龙头企业＋农户”模式是企业和农户为弥补家庭承包制的缺陷而组成的一种经营形式，它是以农产品加工、储藏、运销为主的企业，围绕一项产业或产品，与农户通过契约或其他方式结合在一起的一种合作形式，是农户和龙头企业在市场经济条件下的一种理性选择。（李彦敏，2005）

以涉农企业为核心对象的研究大多局限在经济学、社会学和管理学领域。著作近年来有安华轩、彭靖里的《科技型农业龙头企业发展理论探索与实践》，从农业科技的角度围绕农业产业化发展以及农业科技创新和体制创新，提出了科技型农业龙头企业的发展思想、原则、目标和重点任务。郭红东的《农业龙头企业与农户订单安排及履约机制研究》则是用现代新制度经济学的契约理论，结合已有的订单农业国内外研究成果，构建了一个研究企业与农户订单安排及履约的实证分析框架。

针对涉农企业在乡村信息传播中的研究集中在以下角度：从公共管理学的角度，黄建荣等从考察了“企—政—农”组织模式在广西平果县的发展，分析了其在带动科技传播方面的作用，并就农业科技传播中的制约因素提出可行性对策与建议（黄建荣、周军，2007）。从社会学角度，龚继红等分析了建设基于龙头企业服务能力创新的农村科技服务体系的必要性，并构建了基于企业创新服务中心的农村科技服务体系框架和主要应对措施（龚继红等，2005）。从经济管理的角度，邵喜武和郭庆海界定了农业产业化龙头企业的含义，归纳了农业产业化龙头企业技术推广的相关理论，包括技术创新扩散理论，农民行为改变理论和利益分配均衡理论，并对理论的应用提出建议。从传播学角度，通过对他人研究成果与中国目前农村、农业发展现实的系统性整合，将现行“龙头企业＋农户”信息传播系统中的各种先进要素进行提取，得出有相对示范意义的“涉农企业与农户间多结点信息传播范式”。并采用个案研究方法，对“伊利集团与农户间多结点信息传播范式”的特征及信息传播现状进行实地考察与探究，验证“涉农企业与农户间多结点信息传播范式”的现实意义（张峥、谭英，2009）。

(2)以农民为主体的农民合作经济组织的信息服务的研究

关于农民合作经济组织的研究可以用汗牛充栋来形容，但是主要集中在以下方面：一是国外农民合作经济组织发展的经验介绍；二是我国农民合作经济组织发展的必要性和作用；三是今后我国农民合作组织的发展方向和思路；四是现实中农民合作组织的发展状况、存在问题及对策研究；五是少数学者运用新制度经济学的研究范式和工具对我国农民合作经济组织内部的经济关系和制度安排等进行了深入分析。而专门对农民合作经济组织的信息服务功能进行详细研究的文章却屈指可数，它们是韩兴顺的《农业合作经济组织是发展贵州农业经济和建立信息服务的基石》，钟永玲的《农民专业合作经济组织在农业信息化中的作用》，李瑞芬等的《合作经济组织推进农业信息化的机理分析》，张新华等的《农业合作组织信息化模式探究》，王双进等的《利用信息技术再造农民合作组织》。

这些文章从经济学、信息学、管理学等角度论证了农民合作组织的信息服务功能，主要谈到了以下问题：一是相对于单个农户，它们在采用信息技术、获取信息和开拓市场方面具有优势；相对于政府部门，它们在农户组织方面更有效率，更了解农户的需求，能提供比政府更具针对性和专业性的信息，从而能更好地为农户提供信息服务。此外农民合作组织的信息选择还具有很强的实用性，信息传递方式符合农户接受信息的心态。二是目前农民合作组织在农村信息服务方面的劣势。包括信息意识淡薄，大多数都没有建立起自己的信息系统；信息人才缺乏，基础设施配备不足；活动范围小，信息面较窄；信息获取渠道仍以传统方式为主，计算机网络应用水平低等。总的来说就是亟待扶持。三是农民合作组织在农村信息服务中的地位和作用。农民合作组织是农业信息化的主要实现者和推动者。合作组织是农民跨越数字鸿沟的桥，是农业信息化通向农村的路，集散信息的站，是运载信息的车。总而言之，合作组织是农业经济发展和农业信息化的风向标，它们起到了带动、支撑、辐射等多种作用，发挥了多种功能。就像农业信息网络的神经末梢，如果发挥好了合作组织的功能，农村信息服务的“最后一公里”问题也就容易解决了。

(3)以农民为主体的农村经纪人信息服务模式的研究

在王丹(2007)等总结的七种农村信息服务模式中，介绍了科技户和经纪人示范传递模式。该模式主要内容为，农村科技大户和经纪人包括种植或养殖大户，运销大户和信息专业户等，通过电视、电话和建立互联网的信息终端，广泛收集技术、经济、市场信息，更多地采用当面传递或言传身教的示范方式，带动周围农户生产、加工、销售某几类农产品，并实行专业化、规模化生产的一种模式。这一模式的形成条件主要有，科技大户和经纪人在生产、经营某一种或某几种农产品上通常有一定规模，懂技术、会经营，尤其是信息比较灵通，通过电视、电话或建立自己的互联网网站，广泛收集信息，并将他们自己觉得有用的信息直接传授给周围农民，产品销售比较通畅；为了扩大规模，在自愿的前提下，通过“传、帮、带”和样板示范，吸引、带动周围的农户生产同类农产品,有些经纪人还与周围农户结成利益共同体。在信息流通方面,这种模式通常是由农村能人作为领头人,从国际互联网、报刊、广播、电视、信息机构等途径收集信息,在用于自己生产经营决策的同时,通过示范、文字资料、口头等方式将信息传递给一般农户。王丹等总结的科技户和经纪人示范传递模式关注的是科技户和经纪人如何将信息传给农民,只是研究了这一农业信息服务模式下单方面的信息传递,没有全面探讨科技户和经纪人在信息"上传"与"下达"方面的桥梁作用,以及信息传播双向互动的联系性,忽视了农民亦可以通过科技户和经纪人向外发布信息的方面。

而杨小兰则以北京市密云县套里村为例专门进行了"农村经纪人信息传播范式研究",即乡村信息传播中,以农村经纪人为信息中介,农民与外部的信息通过农村经纪人这一中间环节可实现上传与下达的一种相对固定的样式。

该研究分析了农村经纪人信息传播范式优势,认为,农村经纪人在市场中闯荡,信息灵,熟悉市场变化规律,他们贴近农民,了解农民,传递给农民的信息也较有针对性,由于人缘、地缘关系农民也乐于从农村经纪人处获取信息。农村经纪人为农民和外界搭起了沟通的桥梁,缓解了农民和外界之间的信息不对称程度;农村经纪人在农民和外界之间担任信息二传手的角色,干预传、受双方的信息交流并在信息传递中进行组织协调。

在农村经纪人信息传播范式中,农村经纪人信息传播范式丰富了韦斯特利-麦克莱恩模式的内涵,农村经纪人信息传播范式不仅具有韦模式所揭示的中介 C 的作用,而且在农民信息服务中具有其特有的优势(杨小兰,2009)。

同时,该文也分析了农村经纪人信息传播范式中存在的不足,如传播覆盖面小,效率较低;信息传播手段少;提供的信息仍不能完全满足农民的科技信息需求；农村经纪人组织化程度低；农村经纪人的自身素质有待进一步提高等。

(4)关于农村经纪人网络信息传播范式的研究

张汨红、陈伟对我国农村经纪人通过互联网开展电子商务的现状进行了研究，认为农村经纪人通过互联网进行商务活动的总体层次较低。因为农村经纪人(个人或组织)与一般企业毕竟有区别，很少有农村经纪人组织建立自己的内部网，然而，可贵的是张、陈对原有的电子商务层次模型进行了修正，将农村经纪人应用电子商务的层次分为信息展示、数据库建设、网上贸易和网络互访四个层次，并通过这四个层次阐述了目前农村经纪人应用电子商务的水平。信息展示是目前很多农村经纪人都已做到的，他们通过行业站点、自身站点或其他站点来宣传展示自己，将组织和个人的基本资料、经营业务和联系方式等通过网站展示。数据库建设是指站点要具备数据存储、数据查询、网站动态更新等功能。很多农村经纪人自建的站点功能过于简单，不支持数据搜索查询，网站要手工更新，也没有利用表单技术制作调查问卷或留言板在互联网上收集信息。网上贸易是指能够通过农村经纪人自建的站点或租用的空间来进行在线的交易，这要求这些站点支持用户验证、在线谈判、新产品展示、购物车、电子支付等功能，广大的农村经纪人可以利用这一平台来进行网上贸易活动。但总的来说，达到这一层次的网站非常少。网络互访指农村经纪人将自身的产品和客户数据库与上游的农民、同一层次的其他经纪人或企业、下游的客户(个人或企业)以及政府进行共享，以更有效地利用现有的信息，建立一个动态的、跨地域的信息系统。当然这样庞大的信息系统，需要政府、行业协会或组织的大力推动才可能实现。(张汨红、陈伟，2005)

(5)关于新媒体“自下而上”的乡村信息传播研究

关于新媒体与“自下而上”的信息传播，近年来，随着 web2.0 时代的到来，网络互动性的广泛使用已经逐渐地改变了我们生活和思维的格局，“网民参政”、“网络热帖的关注”、“网友看两会”等一系列的现象向我们证明着一个新的时代的到来。除了网络之外，手机的普及也扩宽了人们思维与交流的空间。“拇指一族”、“手机报”、“手机看奥运”以及已经进入的4G时代也都给我们的交流注入了新的活力。

这些个新媒体势力在走进城市的同时也走进了我们广大的农村后援地。40年前在农村仍旧只有收音机、手表、自行车老三件电器早已被抛在了后头，换来了电视机、电冰箱和洗衣机的同时还迎来了新媒体势力——手机和网络。

根据国家统计局宁夏调查总队2007年资料显示，宁夏某区农村居民每百户拥有移动电话84.5部，比上年增加26部，与上年同比增长44.4%，手机普及率为69.5%。随着手机走入农村的千家万户，互联网也没有放慢其入驻农村的脚步。《2013年中国农村互联网发展调查报告》显示，截至2013年12月，农村网民规模达到1.77亿人，占整体网民的28.6%，互联网普及率已达到27.5%。与城镇62%的互联网普及率差距较2012年同期下降了近1个百分点。虽然农村地区互联网的发展水平与城镇相比还有一定差距，但网民规模差距在逐步缩小。根据梅特卡夫定律网络的有用性（价值）随着用户数量的平方数增加而增加，随着互联网在农村的深入，其作用也将不可忽视。网络、手机等新媒体无疑给农民提供了更宽广的平台以及与外界传播交流更便捷的条件，从某种程度上大大扩宽了“自下而上”乡村传播的途径。

关于新媒体与乡村传播的研究，近年来逐渐呈上升趋势，新媒体传播的效果研究也渐渐受到了重视，但现阶段的研究仍停留在一些特殊地区的特殊案例分析上，并不能反应乡村传播的全貌，加上我国贫富差距，乡村与乡村的具体情况的不同，也要求区别对待。

2.3.6 作为信息上传下达的新媒体信息传播方式的研究

在“自下而上”的信息传播过程中，农民比较普遍使用的信息传播媒介主要是计算机网络。尽管多方数据显示，农民使用网络获取或发布信息的频次不高，但是在我国东部、中部经济较发达的地区农民使用网络的发布产品信息已经成为趋势。

在“自下而上”信息传播中，计算机网络中的微博、微信等工具可能是发展前景看好工具之一。随着互联网的迅猛发展，层出不穷的网络新生事物在浪潮涌动中经历着更新换代。当很多网民还迷恋于写博客、在 QQ 上聊天、在开心网上偷菜、在 Facebook 等社交网站上交友时，另一种新型应用形式——“微博客”登上了网络舞台。

微博客（简称“微博”），习惯上被理解为“微型博客”。但与博客不同，它更类似于一种引入了社交网络关系结构的即时书写平台。在微博客上，用户可以通过电脑、手机、即时聊天工具等多种途径随时随地向网站发布文字（不超过 140 个字符）、图片和视频，也可以实时“follow”（关注）及转发其他用户发布的信息。

在微博出现后 3～4 年的时间里，其用户数量迅速攀升，影响力不断扩大，被认为引发了一场极具意义的“微革命”。微博以强大的黏着度、交互性和随时随地的信息传播等特点，一方面极大地改变着人们的信息获取、人际交往和休闲娱乐等工作、学习和生活方式，另一方面又给传统媒体的发展、信息把关等旧问题带来新挑战，成为很多学者和社会媒体广泛关注的对象。

(1)微博在国内外的发展状况

2006 年，伊万·威廉斯（Evan Williams）等联合创办的 Twitter 网是世界上最早提供微博服务的网站。该网站用“What are you doing”的提问吸引了大批网络用户，其中包括美国总统奥巴马、脱口秀女王欧普拉、伦敦市长约翰逊等政坛名流、娱乐和体育明星。嗅觉敏锐的记者们也越来越多地通过 Twitter 获取最新消息。2011 年 4 月，Twitter 的副总裁 Katie Stanton 宣布 Twitter 的注册人数突破 2 亿人，新用户数以每天数十万的速度递增。

Twitter 的成功在国内外掀起了一阵空前绝后的“微革命”，各种“类 Twitter”网站纷纷问世。2007 年，从校内网起家的王兴首先建立了饭否网，将微博概念引入中国。2009 年 8 月份中国最大的门户网站——新浪网推出“新浪微博”内测版，成为门户网站中第一家提供微博服务的网站，微博正式进入中文上网主流人群视野。

2010 年国内微博迎来春天，微博像雨后春笋般崛起，搜狐、网易、腾讯、凤凰、和讯、搜房等综合门户和垂直门户等均开始推出微博产品。用户数皆以每周 50%的速度增长（惠平平，2011）。截至 2012 年年底，腾讯微博注册账户数已达到 5.4 亿人，日均活跃用户数超 1 亿人。（丰西西、李晓莉，2013）截至 2013 年 3 月底，新浪微博注册用户数增长也到 5.36 亿，比 2012 年底增加 6.6%，微博日活跃用户数比 2012 年底增长 7.8%。①

社科院 2010 年发布的《社会蓝皮书》也留意到了微博的巨大影响。蓝皮书指出，微博客有效地突破了某些信息屏障，赶在传统媒体报道和政府新闻发布的前面，第一时间发布大量第一手信息，已成为杀伤力最强的舆论载体。

不过，微博在中国的发展并非一帆风顺。虽然新浪、搜狐、网易微博等后起之秀正有如火如荼之势，但国内早期的微博，如饭否、嘀咕、叽歪、做啥等，由于自身实力及监管能力的缺失等原因，纷纷关闭或进入了休整期。对于微博的发展前景，更多的人在观望。

---

① 曹国伟在新浪博客分析师会议上介绍. http://blog.sina.com.cn/s/blog_566390f90101cpfx.html

(2)微博兴起的网络环境和技术条件

根据中国互联网络信息中心(CNNIC)2011年1月发布的《第27次中国互联网络发展状况统计报告》,截至2010年12月底,中国网民规模达到4.57亿人,互联网普及率稳步上升。同时,受3G业务开展等影响,我国手机网民也呈现出迅速增长的态势。中国互联网络信息中心(CNNIC)发布《第33次中国互联网络发展状况统计报告》。报告显示,截至2013年12月,中国网民规模达6.18亿,全年共计新增网民5 358万人。互联网普及率为45.8%,较2012年底提升3.7%。我国手机网民总规模达到5亿,年增长率为19.1%,新增网民中使用手机上网的比例高达73.3%,手机网民较传统互联网网民增幅更大,依然构成拉动中国总体网民规模攀升的主要动力。手机终端、移动网络在我国互联网发展中起着越来越重要的作用。

上网手机数量和手机网民数量的急速增长,为微博的发展提供了极为有利的条件。由于手机终端具有其他上网设备无法比拟的普及性和便携性,可通过手机、互联网等多渠道发布信息的微博,也因此具有独特的优势。

微博作为一种新的网络应用形式,其兴起不过四五年的时间,而真正被大众接受的时间就更短。在我国,2009年被称作微博的成就之年。这一年,随着新浪、腾讯、搜狐、网易和人民网等大型门户网站纷纷开通微博服务,微博走入更多普通大众的生活,影响力越来越大。

虽然时间较短,但微博以其独特新颖的特性和强大的吸引力,一经出现就受到嗅觉敏锐的媒体人的关注。特别是从2009年开始,微博从小众走向大众,更多的研究者开始把目光投向微博及"微现象"。这些研究主要由媒体记者和部分学者、研究者所作,属于初步的探索性研究,包括微博兴起的原因、传播形态、营销模式、特性以及未来发展的展望等,代表作有《Twitter,微博客时代的到来》、《微博客传播形态解析》等。

在这些研究中,有很多涉及微博"蹿红"的原因。如张阳、黄峻磊认为,微博之所以兴起是因为它草根性更强、操作更简便、准入门槛低、更强的互动性等特点，以及移动终端提供的便利性和多媒体化（张 阳、黄峻磊，2009）。麦田认为（2009），以 Twitter 为代表的微博能够成功原因主要有三个：一是可快速发布的内容；二是可快速发布的网站结构；三是病毒式传播设计。新浪网、凤凰网科技名博提出，微博能在短时间内流行是因为其受众的群聚性、平台的开放性、交流的交互性、传播的及时性、书写的自由性等诸多特点（罗会祥，2009）。

虽然很多报纸、杂志和期刊都对微博及可能带来的“微革命”不惜笔墨，也有一些研究旨在探索微博被很多人追捧的原因，但这些研究大多将微博流行的原因归结为其本身的特性，而很少有人从受众角度出发进行研究。中国人民大学新闻学院彭兰教授在《微博发展的动力》中指出，微博的发展除了来自微博形式的自动力外，还来自微博用户需求的拉动力和微博社会功能的主动力。她认为，微博用户的参与热情，主要来自于以下几个方面的满足：自我记录与表达、公共信息获取、接近名人和自我形象的塑造（彭兰，2009）。

(3)国内外关于微博使用者的调查研究

在国内涉及微博使用者的研究尚不多见，现有资料多为网络机构和微博运营商的市场调查。根据北京网络媒体协会 2010 年 8 月份公布的《微博媒体特性及用户使用状态研究报告》显示，微博用户以 18～30 岁的年轻用户为主，更趋于年轻化。微博用户以大学本科以上学历为主，趋于高学历化。微博用户的职业主要是企业普通员工、学生和企业中高层管理人员，并且这部分用户比例明显高于非微博用户。这类人思想更活跃，更容易接受新鲜事物，有更强的表达和沟通能力，有更高的社会参与意识。微博的产品特点正好满足他们的诉求，而微博简单、快捷、方便的特性也比较符合他们的生活节奏和习惯。

该调查根据微博用户在微博上的行为，将微博用户分为四类：自我表达型(46%)、社交活跃型(16%)、讨论参与型(16%)和偏好潜水型(21%)。自我表达型用户侧重于随时表达自己观点和寻找自己的一个发泄空间,他们中也有人会浏览所关注人发表的信息和热点话题,他们是微博中的主流人群,有近一半的用户都属于这一类型;社交活跃型用户对微博的功能使用得比较全面,侧重的是表达自己观点、与他人讨论热点话题和关注熟人、朋友动态。他们中很多人是微博的第一批用户,对微博的使用程度较深;讨论参与型用户一般对话题类内容比较感兴趣,最喜欢参与热点话题的讨论,比较喜欢发表个人观点,也侧重认识陌生人,扩大交友圈;偏好潜水型用户自己不喜欢写微博,但喜欢浏览他人的动态情况和观点以及查看热点话题,他们通常是微博客中资质最浅的用户,行业资深人士的观点和名人、明星的微博都对这类用户具有较强的吸引力。

在国外,"微现象"的崛起也引发了很多关注。根据日本用户的调查,用户使用 Twitter[①] 主要是出于社会联系和交往、学习新知、了解新闻时事、寻求意见、交流互动、满足好奇心、追踪他人生活等动机。其中,与自己喜欢的个人和组织联系所占比率最大,为 80.1%,其次为学习新知(79.5%)、寻找志同道合的朋友(68.4%)以及与亲友保持联系(68.4%)等。

总起来说,与当前微现象的"火热"相比,微博的相关研究明显单薄。而且,学者们对微博使用动机的认识主要停留在预测阶段,但比较统一的看法是微博用户趋于年轻化。

当前农村网民数量呈现快速增长趋势,其用户主要是农村居民中的年轻人和大中专学生,在不久的将来,他们是否也会成为微博长久用户,还有待于相关学者进一步分析研究,不过,通过上述的资料梳理可以得出,使用微博工具塑造自我形象、公开发布诉求信息将成为"自下而上"信息传播的媒介或工具之一。

---

① Lab42:Twitter 用户习惯调查. http://www.ifanr.com/50019.2011-8-21.

2.4 存在的不足与发展方向

在近十余年的是时间里，国内外对于乡村信息传播的研究都相当重视，但由于国内外实际情况的巨大差异使得研究内容也有较大的差异。关于乡村“自下而上”的信息传播方面的研究，西方欠发达国家虽有涉猎，但多不符合中国的国情。

在国内方面，近几年来，随着国家将“三农”问题放到重中之中的工作后，国内的乡村传播研究也呈现一片繁荣之势，如对农民受体及信息行为偏好的研究、对农信息传播方式或服务模式的研究等。多数专家和学者都认识到，解决农村信息服务的关键问题，一方面应将过去的“以传者为中心”的理念转移到“以受者为中”，赋予农民话语权；另一方面，要建立健全农村信息服务体系，解决好“最后一公里”的问题等。这些研究成果在取得很大进展的同时，虽然为研究农村“自下而上”的信息传播的模式指出了研究方向，但是也留下一些不足和遗憾。而且从传播学的角度论述以农民为信息传播主体的“自下而上”的信息传播的体系或模式方面的内容不多，更没有看到学者从理论的层面对乡村“自下而上”的信息传播驱动力方面的研究。

2.4.1 存在的不足

(1)忽视“自下而上”语言符号内涵及其话语意义的研究

检索中国知网(CNKI)中文期刊全文数据库 1915 年至 2013 年 1 月期间的文献，发现 2000 年以来特别是 2005 年来，“自下而上”一词成为学界使用频率比较高的词汇之一，“自下而上”语言符号广泛地应用于各个学科领域，但是也看到有些文献对该语言符号的使用混乱的现象，究其词汇的内涵，发现对该语言符号的本义、引申义及话语传播意义的研究比较少，特别是从社会学与传播学的角度审视该语言符号内涵及其使用的文献未曾看到。如在什么语境下使用“自下而上”词语的本义，在什么语境下使用其引申义，在什么情况下该语言符号的本义与引申义相同等。为此，对该语言符号的内涵的追溯及其在不同学科应用的梳理成为本研究开展信息传播位能的基础研究内容之一。

(2)研究内容表层化，理论层面没有突破

在目前所涉及的“自下而上”的信息传播或乡村传播等文献研究不多，关于乡村传播的研究主要局限在与之相对应的“自上而下”的对农信息传播现状的描述、对农信息传播或服务模式的阐述、对5个W即谁(Who-对信息来源组织和农民素质、教育等背景的研究)、说了什么(Say What-对传播内容的研究)、通过什么渠道(In Which Channel-对各种传播媒体特性的分析)、对谁说(To Whom-对传播对象的分析研究，包括对象的特点，需求、能力、意图等)、产生了什么效果(With What Effect -对传播给人的态度、价值观和行为所产生的影响和效果)等方面的阐述，而且有不少文章主题相似、内容重复，这些研究成果均非常必要。虽然也有不少文献提出一系列提高三农信息服务的对策，但是仍然感觉经验管理重于理论指导，真正从理论的高度探讨农民受者转为传者过程的理论研究尚属空白，使得学界对进一步搞好三农信息服务以及城乡如何统筹和谐发展一直没有新的突破。

(3)缺少对农民失语现象产生的深层原因及关键解决措施的分析

近年来，国家非常重视对三农的信息服务工作，也取得了丰硕的研究成果，如“村村通广播电视”、“三电合一信息化建设”、“以计算机网络为支撑的农村信息服务”等都对农民获取信息和使用信息提供了便利条件。但是也有许多研究成果指出了农民在当今信息技术迅猛发展的同时，出现集体失语现象，虽然有不少研究成果分析农民失语、信息不对称的原因，但是这些研究成果仍然停留在表层现状的描述。农民为什么失语，农民的信息需求与发布信息的意识为什么薄弱等，在对农信息服务过程中，为什么农民对于来自铺天盖地的信息置之不理，为什么不愿意成为信息传播的主动者等；对造成这一现象的深层原因较少分析。

另外，也缺少对处于信息传播下位的农民转至为信息传播上位的条件及制约因素的介绍，以及提高其信息传播位能量的策略和措施的研究均属于空白。

(4)忽视信息传播主体农民内在潜能挖掘的研究

农民内在潜能量的挖掘问题，实际上就是寻找激发农民个体行为内驱力的过程。也是挖掘农民个体内部素质如洞察力、直觉、感悟、价值观、心智模式、团队的默契和组织文化等的过程。认知心理学认为，人的知觉不仅受外部输入信息的影响，而且也受人们已有的、有组织的知识经验的影响。在影响知觉方面最相关的个人因素是态度、动机、兴趣、经验和期望。“未满足的动机或者需要刺激个体并能对他们的知觉产生强烈影响(王金明、崔海英等，2005)。”认知动机理论强调，内部因素才能稳定而有效地影响个体行为，而外因并不总是起到相同的作用；外因需要在一定的条件下才能有效发挥作用。同时，认知动机理论强调了自我在动机中的主动和支配作用，注重个体内部一系列的认知活动尤其是自我效能、自我意识、自我评价、自我调节对动机的调节与定向作用。

农民作为乡村发展的主体，作为信息传播的主体其内部素质的高低直接影响着乡村“自下而上”的信息传播驱动力度。观念决定行为，行为决定习惯，习惯决定命运。林夏竹认为，“知识化农民是农村发展的基础。外部干预是农村发展的外因，而农民自身发展意识的觉醒和行动才是社区发展的内因。知识转化的过程，实际上就是激发知识主体潜力和丰富知识主体内涵的过程。”(林夏竹，2010)

文献检索得知，以农民素质为主题的文献比较多，主要集中在以下几个方面：①对农村科普和当代农民科学素质现状的描述；②分析影响农民科学素质的原因；③提高农民科学素质的对策和途径；④探讨农民科技培训的各种模式；⑤如何加强农村基层科普组织的研究；⑥如何加强农村科普示范基地的研究等。然而这些文献中，多强调对农民显性知识（容易被传递和储存的知识）即普及科学知识和科学技术的培训。尽管也有不少数学者提出农民存在着落后保守的思想观念和意识等特性，当前农民的人文素质贫困是农民整体素质不高的最大障碍，以及提高农民的人文素质是乡村发展的关键等。但是均未从传播学的角度和发展学的角度分析导致农民人文科学素质低（内部素质）的深层原因及解决的措施，几乎没有学者探讨农民人文科学素质水平高低与内在潜能的关系，与家庭经济发展的关系，与乡村发展的关系，与城乡和谐发展的关系。或者说没有足够的实例或论据说明和分析农民内部素质的高低对于乡村“自下而上”的信息传播的影响。

(5)对于基层农村信息服务组织的软件建设重视程度不够

搜索中国知网学术文献研究数据库，查阅以“基层农村信息服务组织建设”为主题的文献，仅有 12 篇，其中 11 篇是英文文献，这些文献中只有一篇谈到了基层农村信息服务体系的建设构想、利益分配机制、支撑保障体系等。搜索相关“自下而上”的信息传播范式文献研究，多数文献均局限在阐述基层农村信息服务体系建设的重要性、硬件建设、服务模式等方面，对于基层农村信息服务组织的软件建设方面的研究不够。尤其是对基层农村信息传播的主体构成、信息内容的质量、信息发布动力机制等方面较少研究，而这些要素与“自下而上”的信息传播位能储量有直接的关系，如何发挥基层农村信息传播组织的作用，组织内成员（信息员、当地农民）与组织外成员（官员、专家、外来者、当地农民）之间的互动关系，向组织内成员或上一级相关信息服务组织沟通方式等；基层农村信息传播服务组织的建设与加大“自下而上”的信息传播驱动力有何关系，与赋予农民话语权有何关系等均需要详细的研究。

(6)关于农民学习和使用新媒体技术的研究严重不足

在传播学界，一般将计算机网络技术称为新媒体。文献检索得知，关于农民使用新媒体的研究多停留在现状描述方面，对于农民学习该项技术的动机，以及使用新兴起的微博工具与农民自身发展、未来发展的作用，以及与“自下而上”的信息传播的关系方面的研究几乎为零。

2.4.2 发展方向

基于上述文献研究不足，本研究将从以下几个方面着手研究。

(1)厘清“自下而上”语言符号的概念及其在社会学与传播学中的话语意义

“自下而上”语言符号的本义是指用来描述自然界事物上下方位关系的词语。在社会学中对于该词汇的使用一般多采用引申义，如对某人地位高低、上下级职位、上下级关系、话语权强弱的描述。这其中的上下关系是自然形成的差序关系，具有不可改变性；在传播学中，该词汇常常用于描述信息流动的方向，传者为上，受者为下，而且二者随着信息传播或互动的过程可以随时间随地点改变，具有可变性。

在本研究中，主要研究处于信息传播下位者转为信息传播上位者时，上下换位或趋于平等时的话语传播动力意义。这对于探讨和研究农民发布信息的浅在能力的提升有重要的参考价值。

(2)“自下而上”信息传播位能理论的建构

在当今国家深抓城乡统筹的大环境下，如何调动农村建设主体农民的力量参与乡村建设，从传播学和发展学的角度探讨信息传播位能理论的建构有重要的意义。本理论将重点探讨“自下而上”信息传播位能的内涵、组分、信息传播下位者转为信息传播上位者的条件、特征以及信息传播下位者位能量的提升等规律。

关于农民素质偏低或信息传播位能低的原因，多数学者将其归纳为，农村经济相对落后；农村教育滞后；农民技术培训和农业技术的推广力度薄弱；农民发展受城乡二元体制分割的约束；农村医疗卫生发展滞后；农民受传统旧观念影响较深等。然而针对这些原因，能否从理论的层面找到解决这些问题的措施，找寻乡村发展的动力因子等是本研究努力的方向。

(3)通过不同典型案例验证“自下而上”信息传播位能理论的建立

“自下而上”的信息传播位能理论的建立还需实践的考验。用不同个案验证信息传播位能与信息传播主体信息共享意愿、信息质量和数量（信息分量）、信息点击率和转载率（信息传播速率）与媒介选择或然率的关系，并不断丰富和完善该理论假说等是本研究的核心。

(4)信息传播下位转化至信息传播上位的策略

本研究不仅将对处于信息传播下位的传播主体构成进行描述，还将对信息传播下位转化至信息传播上位的影响因素进行分析。并针对农村信息环境等特点，不同信息传播主体的特性从两个方面探讨增强信息位能量的策略，如怎样依靠外界干预的力量帮助农民信息传播位能量转化，如何通过塑造人文和创新精神，调整自身的发展目标和学习习惯自助式进行位能转化等，为促进城乡社会一体化健康发展提供参考。

第三章

信息传播位能理论的提出

理论是指人们由实践概括出来的关于自然界和社会的知识的有系统的结论(现代汉语词典,1996)。从标准的(法则论)观点来看,理论就是把一个事件或一种趋势解释为符合普适性法则的特定事例(迈克尔·科皮奇,2009)。理论建构即是对某一选题深入实地进行观察、调查、研究,并通过收集到的一手、二手资料和数据的对比分析归纳总结出的系统化了的理性认识。这一过程称为理论建构过程,即理论→假设→观察→概括或检验→新的理论。理论的意义在于指导行动,理论建构的目的是对某种社会现象的解释,找出事物的本质规律。

基于对相关概念、理论及文献研究进展的梳理和研究,以及当前"三农"信息服务中存在的种种问题等,本研究将物理学的"位能"概念引入传播学中,试图构建一个信息传播位能理论,探寻"自下而上"的信息传播位能转化的原理,回答如何提升脆弱群体的主体地位,挖掘"自下而上"的信息传播驱动力等问题。

3.1 信息传播位能理论的内涵

3.1.1 信息传播位能理论的基本内涵

信息传播位能是指在信息传播过程中,传者与受者因所在的位置不同而具有的潜在能量。其能量的大小取决于信息分量、信息传播速率、信息收发平台三者的乘积,乘积数值越大其位能量越大。该理论的提出是基于当前我国“三农”信息服务中,处于信息传播下位的被称为脆弱或弱势群体的农民受者面对处于信息传播上位的精英群体传者集体失语,导致信息不对称或信息流通不畅现象的背景下而建构的以“加强自下而上信息传播位能量”为目标而展开的理论探讨。

本研究认为,在我国长期发展目标中,构建和谐社会、城乡统筹协调稳定的发展是头等重要的大事,农民作为乡村建设的主体,其声音的响亮程度和参与社区经济发展的热度是衡量一个国家繁荣富强的一个重要指标。为此,在我国重视农村信息化的今天,探讨处于信息传播下位的农民如何转为信息传播上位的理论,使农民成为信息传播主体有重要的战略意义和现实意义。

因此,本理论将围绕如何“挖掘信息传播位能”探讨以下关键的内容。

①传者发出的信息分量越重、数量越多对提升其信息传播位能量有重要的作用。

②所发出的信息内容越受到关注即信息传播速率越高,是影响信息传播位能量的重要方面。

③所选择的信息平台,其影响范围越大,其信息传播位能量就越能体现

出来。

④传者即信息传播主体综合素质的提高，是提高信息传播位能的“加速度”。

⑤加强传者即信息传播主体的组织力，是其信息传播位能量发挥的保障。

在以上的5项内容中，哪些因素对增强信息传播位能起决定性的作用？通过典型案例论证理论的运行规律及其实用价值是本研究的出发点。

3.1.2 信息传播位能量增强的前提和条件

现阶段，我国的经济发展目标仍然是城乡社会和谐发展为方向，以全面改善人民生活目的，以工业化、现代化、信息化为手段，以农业现代化、信息化为前提，最终达到实现人的全面发展的一种趋势。人的全面发展理论认为，“人”是发展理论的制定与完善者，人既是发展的动力，又是发展的目的。一切发展都要围绕“人”这个中心来进行。社会和经济得以发展是人的实践创造和精神发挥的结果，因而，人的全面发展是发展理论与实践追求的最终目标，这也是社会发展的本质和社会发展的最高和最终目标。

人的全面发展既包括人在物质与精神方面的基本需求，也包括创造人与人之间的和谐社会关系。也就是说，人的全面发展既包括人的生存环境条件的提高，也包括人自身文化素养、道德操守、价值观和思维方式的发展与提升，以及国与国、人与人之间和人类代际之间的公平与和谐发展。而对信息传播位能理论探讨正是对人的全面发展与人的行为动力的探索。只有个体人自身有全面发展的欲望，并通过借助媒体放大等手段不断满足其利益需求，使信息传播位能增大，其所在的社区才可能逐渐发展起来。如果个体人对人生活目标模糊，没有正确的价值观，执着自己的小生活，满足于低层次的物质需要，甚至把个人的发展寄托在社会或他人的资助上，等待、观望、不求进取，没有参与生活、参与社会建设的欲望，这类人的信息传播位能量就会很小，甚至趋于零。

当然，个人的发展还需要与国家的发展目标相结合，在国家政治、经济、文化、教育、科技等协调发展的环境下，在国家相关政策的支持下，不断提高和完善自己，才能更好地体现个人的社会价值。

为此，该理论产生效果的前提是以构建协和社会为目标，以全面发展自己为前提，以国家扶持弱者满足其高层次需求为必要条件，这些前提和条件是决定信息传播主体位能量是否释放的基础。换句话说，如果信息传播主体甘愿处于信息传播下位，没有意愿成为信息传播上位者，或者不愿意成为利益表达者，其信息传播位能即会接近零。

3.1.3 信息传播位能的要素及其关系分析

在物理学中，判断一个物体是否具有重力势能（位能），关键看此物体相对某一个平面有没有被举高，即相对此平面有没有一定的高度。若有，则物体具有重力势能，若没有，则物体不具有重力势能。物理学中，物体具有的重力势能的大小与物体的质量成正比，与物体被举高的高度成正比，即 $Ep=mgh$。

但是，经典物理也证明，当一个物体与参照平面没有一致时，也不能说，重力势能为 0 就不具备做功的能力。这一现象与传播学中的信息流动有异曲同工之妙，信息传者与受者之间，由于各自的文化背景、职业分工、职位分工不同，虽然存在上下自然差序，各自的位能潜量也不同，处于传者地位的位能量要比处于被动受者地位的位能量要大，但是当对某一共同关心的问题进行探讨时，二者虽处于同一个对话平台，但当双方沉默时，也不能说双方都不具备“做功”（心灵沟通）的能力。人作为一个有生命的物体，与无生命的物体从表象上看有一定的差异，但是其表意特征有一定的相似之处。

在传播学中，掌握话语权的人，由于其“位置”显赫、有权威，其传播的信息内容常常有一定的分量，加之通过有影响力的媒介（信息平台）的传播与放大，再经过众多的受者点击观看或转载或多级传播，其话语便会形成一种观点，甚至引导一方大众的响应形成一种舆论，其信息传播位能量便会充分体现出来。这种结果在传播学中被理论学家认为是传播的“境遇”造成的。文化规范论和意义建构论认为，大众传播具有间接的和长期的影响，同类内容多次接触积累起来的影响最终会增加一个人按照某特定方式思维和采取行动的可能性（德弗勒，1989）。反之，处于被动的受者地位者，如果保持沉默，不发表自己的意见或没有传播的意愿，或接受传者的思想和观点但不回应，其信息传播位能也难以发挥出来。

如果加大信息传播主体的位能量，不仅需要传播的信息内容有一定的分量，还需要信息传播速率和信息收发平台推动。为此，本研究认为，信息传播位能由信息分量、信息传播速率、信息收发平台组成，即 $Ec=MGH$。（Ec 为信息传播位能；M 为信息分量；G 信息传播速率；H 为信息收发平台）。信息传播潜在位能量的大小，是由信源所在的位置决定的，成为传者的机会越大，其所发布的信息价值越大、数量越多、影响的范围越广，其信息传播位能量就越大。

(1)信息分量(M)的含义

1)信息质量与新闻价值

“信息”一词来源于拉丁文 information ，意思是解释、陈述。关于信息的含义，有不少学者看法不一，但是比较通用的是 1948 年，美国数学家、信息论的创始人香农在题为“通讯的数学理论”的论文中给信息下的定义：信息是用以清除随机不确定性的东西。信息是指能够消除认识上的“不确定性”的东西。也就是说把信息看作人们获得新知识，改变原来的认识状态，从而减少或消除原来的不定性。可见信息是有分量的，那些冗余的或不确定性的东西是没有质量的。从这个意义上，新闻是一种信息，新闻是能够消除认识上的不确定性的信息。但是信息不等于新闻，新闻强调的是新近发生或正在发生的事实的报道，而信息可以是一个事实，可以是一个数字，可以是碎片化的知识点或没有结论的资料。

本研究中所指的信息可以与新闻含义等同，是相对完整的事实。这一事实是否有新闻价值或传播价值，取决于该信息的分量。新闻价值作为新闻学的一个重要范畴，国内外新闻界对于新闻价值的界定始终有多种说法。学者艾丰认为，“新闻价值是新近发生的事实的一种社会属性，是指这个事实可能给社会人们带来的新的信息的分量。新的信息的分量包括两层意思，①数量方面：新的事实中包含的新的信息数量越大，这一事实的新闻价值越高。②质量方面：新的事实中包含的新的信息的质量越高，这一事实的新闻价值越大。”（艾丰，1999）本研究认为这个定义，不仅包含了新闻事实的特性或价值要素（时新性、真实性、显著性、趣味性、接近性等）而且从数量和质量两个方面揭示出信息质量的特质。

余家宏等（1988）主编的《新闻学简明辞典》关于新闻价值的解释是：“新闻价值是选择和衡量新闻事实的客观标准，即事实本身所具有的足以构成新闻的特殊素质的总和。素质的级数越丰富越高，价值就越大。”这些因素包括真实性、时新性等不变要素和重要性、显著性、接近性、趣味性等可变要素。新闻事实所包含的价值要素越丰富，级数越高，新闻价值就越大。

2）信息分量的挖掘

一种事物，能够满足另一种事物的某种需要的属性，我们称之为“价值”。一条信息的价值如何挖掘出来应具备哪些条件？

艾丰（1999）认为，记者在挖掘新闻价值的时候，至少取决于三个因素：①所报道的事实本身是否具有新闻价值。②记者“开采”的情况如何，是充分发掘了，还是浅尝辄止，甚至根本没有开采出来。③记者的表现能力如何，是否把挖掘出来的新闻价值在自己的报道中充分地反映出来了。这就是说，一条有价值、有分量的信息首先决定于采集和编发信息的传者，传者不仅应对客观事物有敏锐的洞察力，还应对报道对象有迅速而准确的判断能力和写作能力。换句话说，传者的综合素质是信息分量能否挖掘出来的关键因素。

对于相对弱势的群体来讲，可能不具备一定的信息采写能力，但是如果具备一定的判断信息价值的能力，或者善于借助于有新闻素养的人、或意见领袖、或者具备借助媒体的力量发布信息的能力，一样可以增加信息分量的挖掘力。

3)信息传播的意愿

“人的社会价值是指个人的创造活动对于满足社会需要所作的贡献。”(朱勇，2008)爱因斯坦说：“一个人对社会的价值首先取决于他的感情、思想和行动对增进人类利益有多大作用。”信息传播的意愿主要来自两方面，一方面，人的社会价值是否愿意实现，即人所拥有的隐性知识与显性知识是否愿意让众人共享，为社会作些贡献。比如，一个山村遇到多年不遇的旱灾或威胁食品安全的重大事件，有责任感的、有传播意愿的人可能会马上记录或采写出来，并迅速找到有影响力的信息收发平台将信息发布出去。此信息再经过众人的点击或转载，其传者的信息传播位能量便会迅速增加。相反，如果此人没有信息传播意愿，或者空有意愿而没有采挖信息的能力，也没有求助他人帮助，其信息传播位能就会趋于零。

另一方面，人的个人价值是否愿意体现。“人的个人价值是指社会对人的创造性活动在物质和精神两个方面给予尊重和满足，也是为满足个人需要所做的发现和创造。”(朱勇，2008)人的社会价值与自我价值是统一的、不可分割的。一个人把社会公共利益放在首位并为社会作出贡献，他就具有了很高的社会价值，同时也使自己受到社会的尊重，变得高尚完美，实现了个人价值。如果忽视个人价值,只讲社会价值,势必会挫伤群众的积极性。因此,在信息传播活动中,社会或相关组织应对个人的付出给予支持和奖励,以激励其信息传播的意愿的产生。

可见,对信息价值的认知、信息分量采掘与信息传播的意愿的培养和激励是信息传播位能得以实现的基础。

(2)信息传播速率(*G*)的含义

信息传播速率是指在某一特定的时间内,人们观看某一感兴趣或关心(关注)的信息而重复传播或转载的频次。

信息传播速率与人们对信息内容的感兴趣程度、关心程度或喜爱程度有关。如果仅仅是对信息内容无兴趣,该信息的重复或转载次数不会很多,如果人们对信息内容感兴趣或关心程度乃至喜爱程度极高,不同的信息媒介可能会相应转载或对此内容进行讨论,该信息的传播倍率即点击的次数或转载次数定会大大增加。

另外,不同的媒介均有相对稳定的听看群体,这些信息如果再经过不同的信息传播结构如链式传播结构(自上而下式或自下而上式)(图 3-1)、Y 式传播结构(家族式)(图 3-2)、轮式传播结构(星式或群体式)(图 3-3)、环式传播结构(无中心式)(图 3-4)、全通道传播网络结构(互动式)(图 3-5)重复传播,其传播倍率又会大大加强。

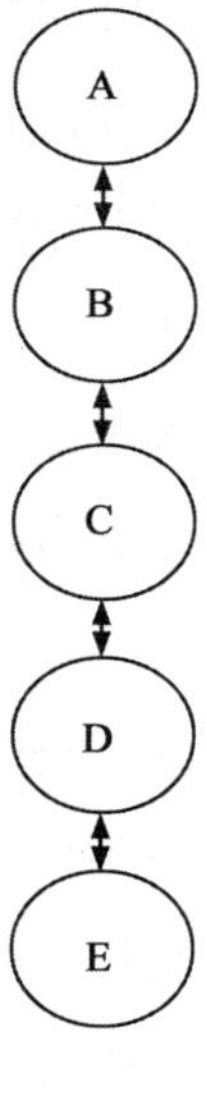

图 3-1　链式传播结构

当然,信息受者由于对信息内容的解读存在差异性,也有可能出现只看听不转载的现象,此时信息的传播倍率自然就比较低。

总之,信息传播速率与信息传播位能呈正比关系,传者采集和编发的信息,越受到关注即信息传播速率越高,其信息传播位能便有可能增大。

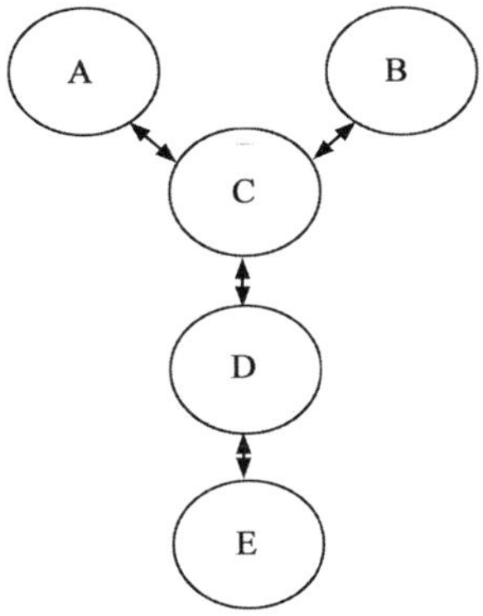

图 3-2 Y 式传播结构

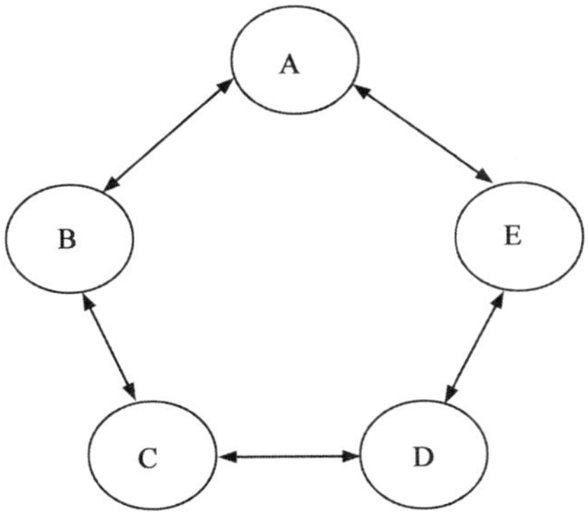

图 3-3 环式传播结构

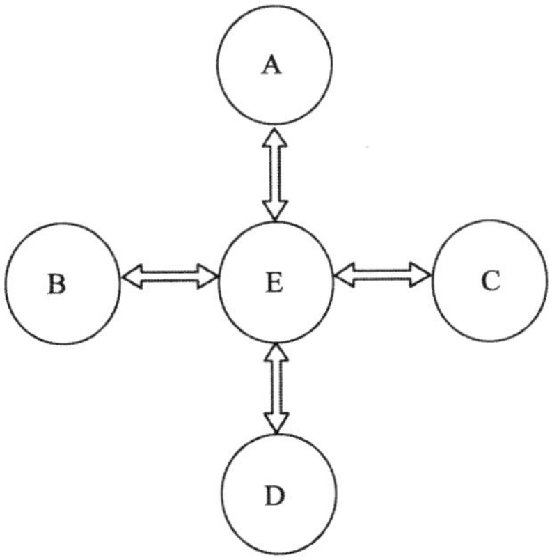

图 3-4 轮式传播结构(星式)

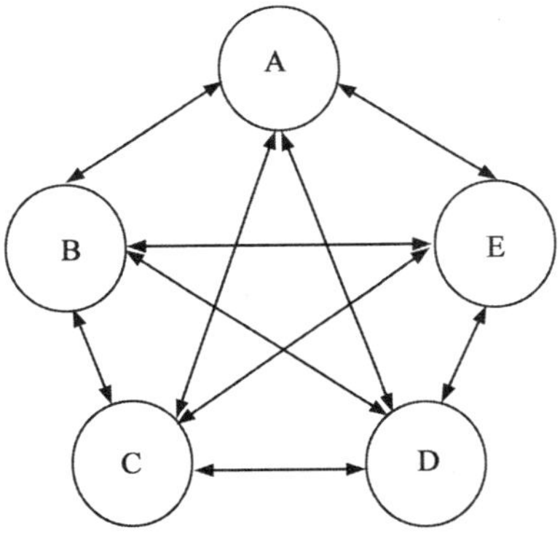

图 3-5 全通道传播网络结构(互动式)

(3)信息收发平台(H)的含义

信息收发平台是指以计算机技术或无线通信技术为支撑的信息交流系统。传者与受者借助这个平台可以“一对一”或“一对众”地进行信息交流。如平面新闻媒体、有线通信、无线通信以及传统手段。信息收发平台除了种类繁多以外,还根据其权威性、电波传输功率或覆盖率的大小,分为中央级、省级、市级、县区级等级别。

1)平面新闻媒体

一般是指报纸、期刊、杂志等传统媒体通过单一的视觉、单一的维度收发信息,如向喜爱的报纸或杂志媒体寄发新闻稿,以达到传播的目的。

2)有线通信

有线通信一般是指通过电子媒介收发信息的手段,其表现形式包括互联网、电话、传真等媒体。

①互联网:我国利用现有的互联网络,已经建立了4 000多个涉农网站以及国家级相关网站,其中有多个网站开设了“微博(MicroBlog)”、社交工具诸如“QQ群、聊天工具(SMN)信息服务系统、博客(BLOG)”等网络信息发布与共享平台。中国互联网络信息中心(CNNIC)每年发布的关于互联网络发展状况统计报告显示,网民规模在逐年递增。截至2013年12月,中国网民规模已达6.18亿人,全年共计新增网民5 358万人。互联网普及率为45.8%,较2012年底提升3.7个百分点。

②电话、传真:我国多个省市级政府相关农业管理部门或信息服务机构已经形成了较完善的电话、传真通信网络,如陕西宝鸡信息中心开设的110专家服务热线,当地群众遇到问题或发现重大新闻,有可能选择电话服务热线的方式向专家或政府部门发布信息。

3)无线通信

主要是指通过光缆、电缆进行信息传播的手段。如卫星通讯已被视为一种十分奏效的应急通信手段。目前,主要的无线通信发布方式是采用广播电台、电视台、手机短信和微博等媒介。

①广播:广播借助无线电波或导线,利用声音符号收发信息的平台。近年来,受电视或互联网络的影响,听众有逐年下降的趋势。但因其信息短、评、快的传输特点及小众化听众的习惯,人们也常常通过电话或投稿的方式向电台发布信息。

据国家广播电影电视总局总计,广播综合人口覆盖率达到95.43%,电视综合人口覆盖率达到96.58%,有线电视入户率40%。(国家广播电影电视总局,2008)由此可见,广播电视仍然是影响范围比较大的媒介。

②电视:是当前对人们日常生活影响最大的媒体之一,是人们获取信息的主要渠道,但不一定是人们主要发布信息的渠道。向电视台发布信息的方式一般是通过打电话或稿件的方式将信息报送,然后由媒体决定该信息是否能够向外界发布。由专业的“把关人”对信息审核、整理和加工,是媒体对广大受众负责任的体现,但有时也容易忽视或漏掉一些重要信息。

③手机:国家统计局于2014年2月24日发布的2013年国民经济和社会发展统计公报显示,2013年新增移动电话用户11 696万户,年末达到122 911万户,其中3G移动电话用户40 161万户。电话普及率达到110.5部/百人。互联网上网人数6.18亿人,其中手机上网人数5.0亿人。互联网普及率达到45.8%。①

国家统计局数据显示,2005年底我国每百户农民家庭拥有手机40部,很多地区的农村手机普及率达到相当高的比率,甚至是100%,有的家拥有两部以上的手机,而东部地区农民的拥有量要高于全国农民平均值。有的农民人均拥有2~3部手机。手机媒介拥有信息及时、操作方便简单等优势,使得农民能够第一时间掌握市场价格等及时消息,是近几年中国农民使用的各种信息工具中增幅最大的一项。加上现在农村资讯费用的便宜,使得手机在农民中备受青睐,成为农民获取和发布信息的重要渠道。

④微博作为新兴的自媒体平台,受到网民的强烈推崇,用户数呈现出“爆发”式增长。中国互联网络信息中心(CNNIC)在北京发布第33次《中国互联网络发展状况统计报告》显示,2013年微博用户规模虽然较2012年下降2 783万人,使用率降低9.2个百分点。而整体即时通信用户规模在移动端的推动下提升至5.32亿,较2012年底增长6 440万,使用率高达86.2%,

① 2013年手机上网人数达5亿 互联网普及率45.8%. 中国新闻网,2014-02-24.

继续保持第一的地位。(赵光霞,2014)

大众选择信息的收发平台一般是按照传播学者施拉姆提出的选择的或然率选择自己喜爱或惯用的信息收发渠道。施拉姆认为,人们选择不同的传播途径,是根据其媒介使用偏好及传播的信息内容等因素进行的。人们选择最能充分满足自身需要的途径,而在其他条件完全相同的情况下,他们则选择能够最方便而迅速满足其需要的途径。满足程度越高,而费力程度越低,则或然率就越大,受众就越容易选择这种媒介或信息。

信息收发平台是体现信息传播位能量的一个重要因素,所选择的信息收发平台,其传播功率越大,影响范围越大,权威性越大,其信息传播位能量就越能体现出来。

4)传统手段

传统手段一般指日常沟通信息的人际传播方式,也是乡村传播的突出特点,即个体与个体或个体与群体之间具有主动性的相互交流与传递信息特点。居住在乡村的村民,见面打个招呼,常常是一个手势,一个眼神,这些肢体语言甚至代替了有声语言传播。他们之间的交流方式,基本都是人与人面对面的人际传播形式。如市场、集市面对面地交流等,有时也使用黑板报、手机、村喇叭等方式发布一些信息。

(4)信息传播位能理论的基本内涵

综上所述,信息传播位能由信息分量、信息传播速率和信息收发平台构成,即信息传播位能是三要素的乘积,它与三要素之间的关系呈正相关关系。传者采掘或发出的信息分量越重、数量越多对提升其信息传播位能量越有保证;传者采集和编发的信息越受到关注即信息传播速率越高,其信息传播位能量便会有增大的可能;传者所选择的信息收发平台,其传播功率越大,影响范围越大,其信息传播位能量就越能体现出来。

信息传播潜在位能量的大小,是由信源所在的位置决定的,成为传者的机会越大，其所发布的信息分量越重、价值越大、数量越多，信息传播速率越高，信息收发平台的影响力越大、影响的范围越广，其信息传播位能就越大；反之，其信息传播位能就越小。

采集、加工、处理和编发有分量、有价值的信息是受者关注这一信息的基础要素，这一信息借助有影响的或覆盖面大的信息收发平台传播出去是受者关注这一信息的机缘要素，对该信息的关注程度是决定受者是否看听或转载的“加速度”要素，三者相辅相成、缺一不可。

信息分量的挖掘取决于信息传播主体（传者）的综合素质，人的综合素质包括思想素质、政治素质、道德素质、文化素质、科技素质等，前三者是采写信息是否真实和正确的保证，后二者是采写信息是否准确、是否实用、是否有针对性、是否能引起社会广泛兴趣的保证。信息质量开采得如何是信息传播位能是否能充分发挥的基础要素。其综合素质越高，对信息的选择、判断和挖掘力越强，或者说，传者综合素质的提高是信息传播位能提高的“加速度”。

另外，信息传播位能得到充分体现还在于信息传播主体是否有信息传播的意愿，信息传播的意愿主要来自两个方面：一方面，人的社会价值是否愿意实现，即人所拥有的隐性知识与显性知识是否愿意让众人共享，为社会作些贡献。另一方面，人的个人价值是否愿意体现。如果此人没有信息传播意愿，或者空有意愿而没有采挖信息的能力，也没有求助他人帮助的能力，其信息传播位能就会趋于零。也就是说，对信息分量的认知、信息分量采掘与信息传播的意愿的激励是信息传播位能得以实现的基础。

3.2 信息传播位能的计算

信息传播位能等于信息分量、信息传播速率、信息收发平台的乘积。若判断某一信息位能量的大小，重要的是分别给出信息分量、信息传播速率和信息收发平台的评估数值。

3.2.1 信息分量测度

本研究中的信息是指有传播价值的新闻事实。有关传播价值的理论很多,比较流行的观点主要有李良荣在《谈谈新闻价值》一书中谈到的:时新性、冲突性、重要性、接近性、显著性和趣味性;还有张宗厚、陈祖声在《简明新闻学》中提出的:新鲜性、重要性、接近性和趣味性。胡志平在《新闻写作创新智慧》中谈到新闻事实的传播价值有四大要素:针对性、新鲜性、显著性、生动性。国外的相关理论也很多。如美国著名学者麦尔文·曼契尔的观点包括:影响性、时间性、接近性、冲突性、异常性、时新性。日本著名学者杉村太郎提出了:读者面、适宜性、近距离、一致性、超前性、人情味、幼稚与动物、兴趣嗜好、死亡与名人等。

综合中外新闻学者和专家对新闻特性的看法,以信息质量(新闻价值)要素为主要参考依据,本研究将信息的真实度、重要度、时新度、显著度、接近度等指标量化,得出信息的分量值,反映信息的价值含量及其对受众浅层和深层影响。(表 3-1)

信息的真实度是指传播的事实符合客观实际,对事实描述准确,不编造事实,不以偏概全;重要度是指那些影响到人们生活、影响到人们的生产活动的新事件、新情况,包括社会性、服务性和知识性的信息;时新度是指新鲜、快捷、迅速、适时的信息;显著度是指有引人注目、非同一般的意义的、具有震动人心、能产生全局或重大影响的信息;接近度是指离受众身边最近的、关系最密切的、最实用的信息。

假设一级指标中 5 个要素同等重要,存在为 1,不存在为 0;每个一级指标又分有三个二级指标,根据指标分异程度取值为 0～10,得出信息分量的演算公式:

表 3-1 信息分量测度指标

目标层	一级指标 信息价值要素 （B）	二级指标 信息价值特性 （C）	信息价值特性分异程度	分值 （0～10） （案例 1） 新闻分量评估
	真实度 （B1）	事实性（C11）	信息内容是否属实	9
		准确性（C12）	描述事实是否准确	9
		无偏性（C13）	描述事实是否全面	7
	重要度 （B2）	社会性（C21）	对社会健康发展具有指导、监督和引导意义的信息。如方针、政策、法规、经济、文化、教育等方面的信息	7
		服务性（C22）	满足受众衣穿住行、文明生活方式等方面的信息。如天气、经商、就业、升学、恋爱、婚姻、购物、看病、美容、健康和旅游等信息	9
		知识性（C23）	满足受众开拓视野、增加知识情趣的信息	8
	时新度 （B3）	新鲜性（C31）	事实发展过程中的最新进展情况	8
		时间性（C32）	新近发生、正在发生的事实	8
		时机性（C33）	发布信息的时机是否适合	8
	显著度 （B4）	冲击性（C41）	新闻事实具有引人注目、非同一般的意义，并对个人、集体、国家有深度和广度影响的信息。如天灾人祸的信息等	6
		奇特性（C42）	自然界和社会中罕见、出人意料的奇特信息	4
		异常性（C43）	不按常规、常理做事的事实，以与众不同的思维行事的事实	4
	接近度 （B5）	实用性（C51）	对受众有实际用途的信息	6
		关联性（C52）	离受众身边越近、关系越密切的事	6
		趣味性（C53）	令人愉悦或感兴趣的事	2
	新闻分量分值总计：			101

$$M = \sum_{i=1}^{n}\left(Bi\sum_{j=1}^{l}Cij\right)$$

式中：M 为信息分量，B 为一级指标，i 为一级指标的序号；C 为二级指标，j 为第 i 个一级指标中二级指标的序号；Cij 为评分值，评分可由传者或受者对信息的理解打分，参考分值为 0～10 分。

在此假设一级指标信息价值要素不存在时为 0，存在时均为 1，故在此给定 Bi 为 1，则信息分量值为各项要素特性分值的总和：

$$M = \sum_{j=1}^{l}Cij$$

信息分量评估举例：案例 1

50 元一千克 浙江临海中国最贵柑橘畅销

2010 年 11 月 30 日　10:02　来源：中国新闻网

中新网临海 11 月 30 日电（邵燕飞 赵小燕）又是一年橘子黄熟时。正当全国橘农正在为橘子的销路愁眉苦脸时，浙江省临海市的橘农们却卖得比谁都欢。“吃橘带皮”的涌泉蜜橘，号称“中国柑橘第一贵”，成了他们致富的“金疙瘩”。

据了解，今年普通的涌泉蜜橘每千克价格都在十几元左右，而精品蜜橘最高价可以卖到 50 元/千克。在国内橘子丰产之时，涌泉蜜橘价格居高不下凭什么？

“抛绿喷香雾，入口甘琼浆。”这是大多数人在吃了涌泉蜜橘的感叹。

据临海市涌泉镇党委书记陈晨介绍，柑橘栽培是临海的传统农业产业，在涌泉镇 33 个行政村中，村村都种有橘树，种植总面积达 3.95 万亩。而从品种上看，其中 90%是具有“无核，皮薄，肉脆，糖度高，化渣性好”特点的“早熟宫川”。

“中国老百姓有句俗话叫‘宁吃鲜桃一口，不吃烂杏一筐’，表达了老百姓对水果品质的追求。体现在柑橘上也是如此，只要品质好，价格高点也能接受。”陈晨告诉记者，近年来，为了提高柑橘品质，临海橘农一直努力向“科技种橘”的方向前进。

据他介绍，2003 年初，涌泉柑橘产业合作社等 7 家单位有关专家就赴韩国考察柑橘设施栽培技术，并投入 30 多万元，在涌泉大湾里橘场建立了 3 000 米^2 的设施栽培试验点，经过不断探索实践，在对蜜橘避雨控水，减少落花落果；防高温，减轻日灼；防冻，采摘期可延长到 2 月底；防虫害；果品色泽鲜艳，糖度提高 2～3 度等方面都取得了较好的成果。

让陈晨及临海的橘农们自豪不已的是，在浙江省农业吉尼斯柑橘擂台赛中，临海蜜橘以含糖量 15.5 度，力压黄岩蜜橘等知名品牌，获得浙江省农业吉尼斯柑橘擂台赛第一名，成为浙江省最甜的橘子。柑橘作为大众水果，在国内的种植范围很广，一直卖不上价，市场竞争更是激烈。

“在这种情况下，有品质还要有品牌，才能突围而出。”浙江忘不了柑橘专业合作社理事长冯贻法告诉记者，只有做大、做优、做强柑橘产业，发展精品柑橘才是最终出路。

……2008 年柑橘品牌数目就达 100 多个。而随着品质加品牌的精品路线的不断深化，让冯贻法最为自豪的是，临海的涌泉蜜橘不但不用愁销路，还创下了中国柑橘“第一贵”的神话。

每个新闻事件反映的事实对个体和社会均会带来不同的影响，虽然不同新闻事实由于受不同受众价值观的影响，所判断的新闻价值分量值也有所不同，但是通过本研究对信息分量的简单易行评估和计算方法，可快速计算出不同新闻事实的信息分量数值，根据该信息分量值可以推算出该信息的新闻价值含量的大小，不仅对判断和采掘有价值新闻事实提供了借鉴和指导，同时也为计算某条信息传播的位能量奠定了重要的基础。

为了解案例1中新闻事实的真实性，课题组成员将该信息的内容与实地调研中得到的材料进行了对比与核实。核实结果：首先，在真实度方面，与课题组成员调查的内容一致；其次，在重要度方面，该信息《50元一千克浙江临海中国最贵柑橘畅销》的发布对社会影响较大，特别是在服务性和知识性方面，在“全国橘农正在为橘子的销路愁眉苦脸时”，讲述浙江省临海市的橘农们却卖出好价钱的原因，从如何重视科技，培育出“吃橘带皮”的涌泉蜜橘品种，引发受众的好奇心和知晓欲，满足了不同地区不同受众层的需要。其三，从时新性、显著性和接近性方面，该信息采用引人注目的新闻标题、导语和背景资料，突出该橘子与普通橘的不同，使受众乐意阅读和传播该信息。所以，根据各项指标的分异程度打分（表3-1），并将各级指标分值累加，可得出案例1的信息分量指数为101。

$$M=\sum_{i=1}^{n}(Bi\sum_{j=1}^{l}Cij)\text{，设 } Bi=1, Ci=1 \quad M=\sum Cij=101$$

信息分量评估举例：案例2

新闻事件1　江苏发生大片西瓜未熟先裂　曾施膨大增甜剂

时间：2011年5月14日　来源：新华网

5月13日，江苏镇江瓜农在清理未成熟先爆裂的西瓜。近日，刘明锁种植的西瓜未成熟就纷纷爆裂，几天时间就损失了6 000多斤西瓜。5月6日，刘明锁使用了技术员提供的“西甜瓜膨大增甜剂”后，西瓜开始出现爆裂现象。目前，周边多个承包人的瓜棚里也出现了类似现象。

新闻事件2　龙泉村里话“萝卜”

时间：2010年6月8日　来源：山西新闻网　山西日报

龙泉村是应县金城镇的第一大村，耕地广阔平坦，气候温和。但由于

> 农业基础设施差，生产条件落后，百姓因贫生怨，是远近闻名的“告状村”。不过自从村里的土地经过中低产田改造，农业生产条件迅速改善，一半以上的耕地种上了胡萝卜，光这一项，全村的收入就上了千万元。质朴的村党支书坦诚地说：“龙泉村能打个彻底的‘翻身仗’，从‘告状村’变为‘三晋胡萝卜第一村’，全靠农业综合开发帮了大忙。”
>
> 龙泉村的变化始于2002年，这一年，该村被列入国家农业综合开发项目区，历经3年，累计投入资金180万元，共完成中低产田改造9 500亩，发展高效节水示范田500亩。农业生产条件特别是水利条件得到根本性的改变，全村的土地焕发出了勃勃生机。不但玉米产量由原来的350千克提高到了800千克以上，村民们还结合当地的土壤和气候条件，调整农业种植结构，大面积种植胡萝卜。全村粮、菜种植比例由7∶3变为3∶7，胡萝卜商品总量达到3万吨以上。实施农业综合开发的当年，全村经济总收入就由开发前的800万元增加到1 500万元。2009年，仅胡萝卜产业一项，全村总收入达到1 600万元，占到全村经济总收入的70%以上，成为名副其实的“三晋胡萝卜第一村”。

从两个新闻事件的新闻分量分值来看，西瓜爆裂事件明显比龙泉村胡萝卜的分量重。当然，不同的人对事实判断有不同的看法，主观性很强，可能得出的结果完全不一样。但是若严格按照评估指标，在一定样本比例下，把每个人打分的结果综合排序，最终仍能得出比较客观的信息的分量值(表3-2)。

计算新闻事件1的信息分量，按新闻分量特性要素真实度、重要度、时新度、显著度、接近度评估，根据每一要素分异程度给(0～10分)的评估值，$M=\sum Cij$，即各项指标分值累加便可得出，新闻事件1的信息分量值为：$M_1=\sum Cij=117$。

同样，新闻事件 2 的信息分量值为：$M_2 = \sum Cij = 77$。

表 3-2　新闻事件 1 与新闻事件 2 的新闻分量评估

一级指标(B)	二级指标(C)	指标解释	新闻分量对比(0～10 分)(新闻事件 1 与 2)	
			西瓜爆裂	龙泉胡萝卜
真实度(B1)	事实性(C11)	信息内容是否属实	6	8
	准确性(C12)	描述事实是否准确	7	6
	无偏性(C13)	描述事实是否全面	5	5
重要度(B2)	社会性(C21)	对社会健康发展具有指导、监督和引导意义的信息。如方针、政策、法规、经济、文化、教育等方面的信息	10	3
	服务性(C22)	满足受众衣穿住行、文明生活方式等方面的信息。如天气、经商、就业、升学、恋爱、婚姻、购物、看病、美容、健康和旅游等信息	9	10
	知识性(C23)	满足受众开拓视野增加知识情趣的信息	5	5
时新度(B3)	新鲜性(C31)	事实发展过程中的最新进展情况	10	2
	时间性(C32)	新近发生、正在发生的事实	9	4
	时机性(C33)	发布信息的时机是否适合	9	7
反常度(B4)	冲击性(C41)	新闻事实具有引人注目、非同一般的意义，并对个人、集体、国家有深度和广度影响的信息。如天灾人祸的信息等	10	3
	奇特性(C42)	自然界和社会中罕见、出人意料的奇特信息	10	3
	异常性(C43)	不按常规、常理做事的事实，以与众不同的思维行事的事实	9	1
接近度(B5)	实用性(C51)	对受众有实际用途的信息	6	9
	关联性(C52)	离受众身边越近、关系越密切的事	8	8
	趣味性(C53)	令人愉悦或感兴趣的事	4	3
新闻分量分值总计：			117	77

3.2.2 信息传播速率的测度

关于信息传播速率的测度，主要根据信息分量的轻重及受众对信息的关注程度和喜爱程度确定，该信息发布到某一媒介后，信息可能被一次转载，也可能被二次、三次、四次、N 次转载(图 3-6)，相继可能被更多人关注和喜爱，可能还会被多个信息媒介转载，将该信息的关注率累加后得出的数值就是信息传播速率。

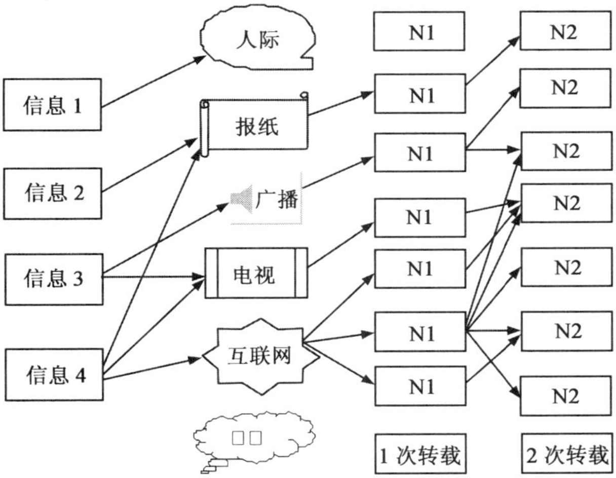

图 3-6 信息传播速率途径

信息的关注程度主要指受众看听、阅读、点击、转载的程度。如通过百度搜索信息“膨化爆裂”，便可得知该信息已被多种媒介转载而受到大众的关注，该信息经中央电视台、新华社、农民日报、科技日报、株洲在线、安徽健康网、天涯社区、手电筒爱好之家等多家网站以及新浪博客、网易博客、腾讯博客等多个信息平台转载后，对此话题又可能引起多家媒介的转载和评论，将该信息的关注程度通过量化评估分值的转换便可得出该信息的传播倍率。用公式表示：

$$G=N$$

式中:G 为信息传播速率;N 为转载指数;$N=0$ 时,表明信息发布出去,没有人关注,当有 10 人关注时,$N=1$,当有 1 000 人关注时,$N=3$,依此类推。N 为信息关注程度评估分值,N 的参考评估值(表 3-3)。

表 3-3　信息关注程度评估参考值

N	0	1	2	3	4	5	6	7	8	9	10
信息关注区间	0	10	100	1 000	1 万	10 万	100 万	1 000 万	1 亿	10 亿	>10 亿

所采掘的信息被不同媒介转载的次数及阅看次数越多,其信息传播速率的分值越大。

信息传播速率的分值大小不仅受信息分量本身轻重的影响,还受信息受者是否重视和喜爱的影响,该信息被受重视和喜爱程度的多少,决定了不同级别信息媒介的选择和转载,不同媒介转载次数的累加值越大,其信息传播速率越大。仍以新闻事件 1 和新闻事件 2 为例。

新闻事件 1(西瓜爆裂):因该新闻引起各大媒体的转载和评论,大约 1 亿人关注,所以,设其受众关注程度 N 为 8,因此,新闻事件 1 的信息传播速率为 $G=N=8$。

新闻事件 2(胡萝卜):预估有 10 万人关注此事件,其关注程度 N 为 5,因此,新闻事件 2 的信息传播速率为 $G=N=5$。

3.2.3 信息收发平台的测度

(1)信息传播媒介的种类

按媒介的传输方式和特性,信息收发平台主要有纸介和电子媒介。其中纸介包括报纸、杂志、宣传册等;电子媒介包括广播、电视、计算机网络(互联网)、电话、电影等(图 3-7)。

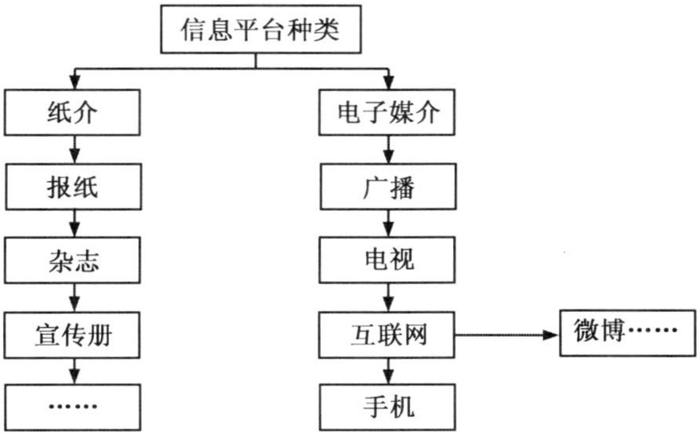

图 3-7 信息媒介种类

(2)不同信息收发平台的测度

根据不同信息平台媒介的性质，按照不同信息平台的影响力分为1～6级，并根据权威性、发行量、行业规模、区域人口规模、台别、频段(套)、频道、综合排名、点击率、访问量、人气综合打分或者评分(表3-4)。并对信息平台类型和信息平台级别值的不同影响力分别打分，影响力累加分值越高，该信息所投放的信息收发平台的影响力也越高。

表 3-4 信息收发平台的影响力测度评估

媒介性质	信息平台类型(P)	信息平台级别(F)	影响力与范围	影响力分值D(0～10分)
大众传播	电视(P1)＝10参考评估值	国家级电视台(F11)＝10	按权威、台别、频道综合评分	D11
		省级报电视台(F12)＝8	按权威、台别、频道、人口规模综合评分	D12
		市级报电视台(F13)＝6	按权威、台别、频道、人口规模综合评分	D13
		县级报电视台(F14)＝4	按人口规模综合评分	D14
		村级数字大院(F15)＝2	按人口数打分	D15

续表 3-4

媒介性质	信息平台类型(P)	信息平台级别(F)	影响力与范围	影响力分值 D (0～10 分)
	互联网(P2)＝9	国际互联网(F21)＝12	按国际综合排名的分数定分	D21
		全国性网站(F22)＝10	按综合排名的分数定分	D22
		省域网站(F23)＝8	按政府、行业网站访问量打分	D23
		市域网站(F24)＝6	按政府、行业网站访问量评分	D24
		县域网站(F25)＝4	按点击率评分	D25
		乡镇级网站(F26)＝3	按点击率评分	D26
		村级网站(F27)＝2	按点击率评分	D27
		个人网站(微博)(F28)＝1－8(浮动)	按访问量、人气评分	D28
	报纸(P3)＝8	国家级报纸(F31)＝10	根据权威性、发行量、行业规模综合评分	D31
		省级报纸(F32)＝8	根据权威性、发行量、行业、区域人口综合评分	D32
		市级报纸(F33)＝6	根据区域人口和经济规模	D33
		县级报纸(F34)＝4	根据区域人口和经济规模	D34
		企业报纸(F35)＝2	按行业规模综合评分	D35
	广播(P4)＝6	国家级电台(F41)＝10	按权威、台别、频段(套)综合评分	D41
		省级电台(F42)＝8	按权威、台别、频段(套)、人口规模综合评分	D42
		市级电台(F43)＝6	按权威、台别、频段(套)、人口规模综合评分	D43
		县级电台(F44)＝4	按人口规模综合评分	D44
		村喇叭(F45)＝2	按人口数打分	D45

续表 3-4

媒介性质	信息平台类型(P)	信息平台级别(F)	影响力与范围	影响力分值 D（0～10 分）
组织传播	会议、文件(P5)＝4	国家行政部门(P51)＝10	按权威、人口规模综合评分	D51
		省级政部门(P52)＝8	按权威、人口规模综合评分	D52
		市级行政部门(P53)＝6	按权威、人口规模综合评分	D53
		县级行政部门(P54)＝4	按权威、人口规模综合评分	D54
		村镇行政部门(P55)＝2	人口规模综合评分	D55
		企业或合作组织(P56)＝2	按组织规模综合评分	
		个体(P57)＝1		D56
人际传播	电话(P6)＝2	手机 (F61)＝5	群发信息批量打分	D61
		电话、传真(F62)＝3	按传真次数评分	D62
		人面对面交流(F63)＝1	按沟通频次打分	D63

1)多个信息收发平台影响力评估计算公式

如果某一信息被投放在多个信息收发平台(H)，其推算公式为：

$$H=\sum_{i=1}^{n}\left[\alpha iPi+\sum_{j=1}^{l}(\beta ijFij+Dij)\right]$$

式中：ai 为不同信息平台类型发布信息的情况，取值范围 0 或 1，ai 在某信息平台类型发布为 1，若未发布为零。βij 为第 i 种媒介的某一级信息平台媒介发布情况，取值范围 0 或 1，βij 在某信息平台发布为 1，若未发布为零。

2)单个信息收发平台影响力评估计算公式

如果信息只在一个平台发布，则推算公式为：

$$H=P+F+D$$

式中：P 为信息平台类型分值，F 为信息平台级别值（表 3-4），D 为影响力评估分值，D 的参考评估值（表 3-5）。

表 3-5　信息收发平台影响力评估参考值

D	0	1	2	3	4	5	6	7	8	9	10
受众规模区间	0	10	100	1 000	1 万	10 万	100 万	1 000 万	1 亿	10 亿	>10 亿

3)信息平台类型评估值与信息平台级别评估参考值

信息平台类型一般为 6 种:电视、互联网、报纸、广播、会议及文件、电话及人。按照媒介的影响力将参考值定为 0～10(表 3-4)。

国家级报刊一般指由中央部委及以上为主管单位的报刊,并遵循中央新闻出版相关规定公开发行的出版物;省级、市级、县级报刊均是在上级相关主管部门的领导下,分级承办公开发行的出版物。

国家广播电视一般所指由中央部委及以上为主管单位、国务院直属机构主办的新闻的媒体,如国家广播电影电视总局的直属单位中央人民广播电台、中国国际广播电台、中央电视台等,国家广播电影电视总局统管省、市、县广播电影电视局。省级广播电视是由省级广播电影电视局管辖的新闻媒体,市级县级广播电视台是由市级广播电视局主办,形成了我国特色的上下四级管理体制。村级数字文化大院一般是指由村两委主管的固定的收看电视或电脑视频节目的场所。

互联网信息收发平台,是 2000 年来发展最迅速,也是当前政府与民众间上下信息互动最强、信息收发最直接、影响力较大的新媒体。对于由计算机技术与通信技术为支撑的网络信息平台的分级,主要是根据中国互联网协会主办,国务院新闻办公室网络局、信息产业部电信管理局指导,中国网站综合排名、政府、行业网站访问量、点击率等分为全国性网站、省、市、县域网站以及乡镇、村级和个人网站。个人网站主要是指依托著名网站如新浪、网易、腾讯网等开设的微博、论坛等社交工具,进行信息发布的平台。个人网站也是当前“自下而上”信息传播的最好信息平台之一。

信息平台级别评估参考值按权威性给出评估值 0～10(表 3-4)。

4)信息投放平台及影响范围评估值

所采掘的信息所投放的信息平台的影响范围评估值设定可按照信息收发平台的权威性、发行量、区域人口规模、综合排名、访问量等影响状况给出(0～10)分值,打分可能受不同受传者的媒介选择偏好的影响。

仍以新闻事件1和2为例(以单个信息收发平台影响为评估)

新闻事件1(西瓜爆裂):由于该新闻首次在国家级《新华网》发布,按照信息平台类型分值为9,即 $P=9$,信息平台级别评估值为10,即 $F=10$,信息影响范围约1亿人关注,给出参考值为8,即 $D=8$,因此,按公式 $H=P+F+D$ 计算,得出新闻事件1信息平台的综合影响力指数为:$H=9+10+8=27$。

新闻事件2(胡萝卜):由于该新闻首次在省级《山西新闻网》发布,按照信息平台类型分值为8,即 $P=8$,信息平台级别评估值为8,即 $F=8$,信息影响范围约1 000人关注,给出参考值为4,即 $D=4$,因此,按公式 $H=P+F+D$ 计算,得出新闻事件2信息平台的综合影响力指数为:$H=8+8+4=20$。

总之,关于信息收发平台的影响力分值,由信息平台类型分值、信息收发平台级别分值和受传者媒介投放的平台及影响范围分值累计得出,累加分值越大,其信息收发平台影响力分值越大。

当然,如果一旦某新闻或信息被媒体揭露是失实信息,该信息的分量值、传播率、信息收发平台评估值,就会相应降低,甚至趋于零。

3.2.4 信息传播位能的计算

(1)信息传播位能数值及其标准化指数评价方法

信息传播位能值是指根据信息分量分值、信息传播速率和信息收发平台分值的乘积计算出来的统计值,用来衡量信息传播的影响力状况或信息传播综合影响潜在能力状况。信息传播位能标准化指数是指某条信息的传播位能值与最大信息传播位能值的比值乘以100所得到的相对值，最大信息传播位能值是按各项评分值均达到最大值时计算所得到的信息传播位能数值。

为保证客观公正，主要参考2010年度中国互联网综合影响力指数评估方法，根据不同媒介的性质或类型、权威性、互联网综合排名、受众关注程度等得出评估结果，其中最核心的三大评估要素包括：

1)信息分量

以信息质量(新闻价值)要素为主要参考依据，引用信息的真实度、重要度、时新度、显著度、接近度为一级指标和相关二级指标，反映信息的价值含量及其对受众浅层和深层影响。

2)信息传播速率

以各网站搜索的主题信息及不同媒介发布的主题信息作为主要参考依据，引用收录条目、访问量、阅看率、转载率、人口规模等指标，反映受众对主题信息的满意度、被引用或转载的频率。满意度也称为欣赏指数(appreciation index)，是指用以认定听众或观众(受众)对节目质量的评价，并以此考核节目是否满足受众需求的一种指标(张怡，2000)，这是近40年来西方节目质量或节目效果的评价指标。它所追求的是对受众的需求及满足程度的了解，是对受众深层的心态和需求的解释。

3)信息收发平台

以主题信息首先投放的信息收发平台为主要参考依据，引用媒介性质、类型和媒介权威性、级别、人口规模等指标，反映主题信息的影响范围和影响力。

(2)信息传播位能及其指数计算示例

信息传播位能的大小是由信息分量指数、信息传播速率指数及信息收发平台影响力指数的乘积决定的。其计算公式为

$$Ec=MGH$$

式中：E_c 为信息传播位能；M 为信息分量；G 信息传播速率；H 为信息收发

平台。

其中：
$$M = \sum_{i=1}^{n} (Bi \sum_{j=1}^{i} Cij)$$

当 Bi 为 1 时，
$$M = \sum Cij$$
$$G = N$$
$$H = P + F + D$$

所以，
$$E_c = \sum Cij \times N \times (P + F + D)$$

以新闻事件 1 为例，计算信息传播位能值及指数：

从前面的分析可知，西瓜爆裂事件的信息分量值 $M=117$，信息传播速率 $G=N=8$，信息收发平台值 $H=P+F+D=9+10+8=27$。

所以，该信息的信息传播位能值为 $E_c=M\times N\times(P+F+D)=117\times 8\times 27=25\ 272$。

假设三个分项都为最大值，即 $M=150$；传播速度 $G=10$，信息发布平台值 $H=30$。

信息传播位能最大量值为：

$$E_{\max}=MGH=150\times 10\times 30=45\ 000$$

那么，新闻事件 1 的信息传播位能标准化指数即为：

$$E_I=Ec\div E_{\max}\times 100=25\ 272\div 45\ 000\times 100=56.16$$

式中：E_I 为信息传播位能指数，为 0～100 的无量纲数值；E_c 为某条信息传播位能值，$E_{\max}$ 为设定的信息传播位能值的最大值。

仍以新闻事件 1 为例，预测该主题信息的影响潜在力，假设将该信息分别投放的不同性质不同级别的信息平台，设其信息分量值不变，受众打分值不变，信息传播速率分值按受众规模给出评估参考值，信息平台按媒介性质、类型、级别给出评估参考值，最后得出该信息的信息传播位能值及标准化指数（表 3-6）。

表 3-6　西瓜爆裂新闻事件的影响潜在力评估

主题信息	村喇叭	市级报纸	省域网站	权威网微博	央视电视台	国际互联网	注释
信息分量(M)	M=117	M=117	M=117	M=117	M=117	M=117	按信息价值要素累加
信息传播速率(G)	G=N=2 预估受众关注人数为100	G=N=4 预估受众关注人数为1万	G=N=6 预估受众关注人数为百万	G=N=7 预估受众关注人数为千万	G=N=9 预估受众关注人数为10亿	G=N=10 预估受众关注人数大于10亿	见表3-3信息关注区间参考值
信息平台(H)	广播平台P为6,平台级别F为2;受众打分D为8	报纸平台P为8,平台级别F为6,受众打分D为8	互联网站平台P为9;平台级别F为8,受众打分D为8	互联网站平台P为9;平台级别F为8,受众打分D为8	电视台平台P为10;平台级别F为10,受众打分D为8	互联网站平台P为9;平台级别F为12,受众打分D为8	见表3-4信息平台类型、级别参考评估,见表受众规模区间参考值
信息传播位能值(E_c)	3 744	10 296	17 550	20 475	29 484	35 100	
信息传播位能最大量值(E_{max})	45 000	45 000	45 000	45 000	45 000	45 000	
信息传播位能标准化指数(E_I)	8.32	22.88	39	45.5	65.52	78	见图3-8

①假设该信息的首先投放平台是村喇叭，

$M=\sum Cij=117, G=N=2, H=P+F+D=6+2+8=16$

其信息的信息传播位能值为

$E_c=\sum Cij\ N(P+F+D)=117\times 2\times 16=3\ 744$

该信息传播位能指数则为

$E_I=E_c\div E_{\max}\times 100=3\ 744\div 45\ 000\times 100=8.32$

②假设该信息的首发信息平台是市级报纸，

$M=\sum Cij=117, G=N=4,$

$H=P+F+D=8+6+8=22$

其信息的信息传播位能值为

$E_c=\sum Cij\ N(P+F+D)=117\times 4\times 22=10\ 296$

该信息传播位能指数则为

$E_I=E_c\div E_{\max}\times 100=10\ 296\div 45\ 000\times 100=22.88$

③假设该信息的首发信息平台是省域网站，

$M=\sum Cij=117, G=N=6,$

$H=P+F+D=9+8+8=25$

其信息的信息传播位能值为

$E_c=\sum Cij\ N(P+F+D)=117\times 6\times 25=17\ 550$

该信息传播位能指数则为

$E_I=E_c\div E_{\max}\times 100=17\ 550\div 45\ 000\times 100=39$

④假设该信息的首发信息平台是全国性网站微博，

$M=\sum Cij=117, G=N=7,$

$H=P+F+D=9+8+8=25$

其信息的信息传播位能值为

$E_c = \sum Cij\ N(P+F+D) = 117 \times 7 \times 25 = 20\ 475$

该信息传播位能指数则为

$E_I = E_c \div E_{max} \times 100 = 20\ 475 \div 45\ 000 \times 100 = 45.5$

⑤假设该信息的首发信息平台是央视电视台，

$M = \sum Cij = 117, G = N = 9,$

$H = P + F + D = 10 + 10 + 8 = 28$

其信息的信息传播位能值为

$E_c = \sum Cij\ N(P+F+D) = 117 \times 9 \times 28 = 29\ 484$

该信息传播位能指数则为

$E_I = E_c \div E_{max} \times 100 = 29\ 484 \div 45\ 000 \times 100 = 65.52$

⑥假设该信息的首发信息平台是国际互联网，

$M = \sum Cij = 117, G = N = 10,$

$H = P + F + D = 10 + 12 + 8 = 30$

其信息的信息传播位能值为

$E_c = \sum Cij\ N(P+F+D) = 117 \times 10 \times 30 = 35\ 100$

该信息传播位能指数则为

$E_I = E_c \div E_{max} \times 100 = 35\ 100 \div 45\ 000 \times 100 = 78$

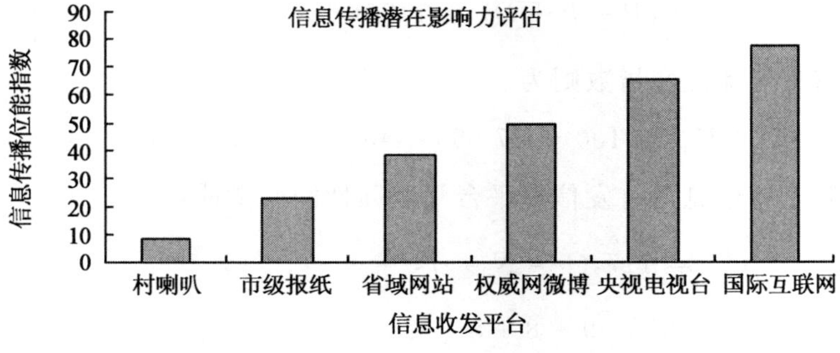

图 3-8　西瓜爆裂新闻事件信息传播潜在影响力

由图 3-8 显示，主题信息分量重，且首先投放的信息平台越有权威性或级别越高，或者将个人微博的信息提取到权威信息平台，该主题信息被关注的受众越多，其信息传播速率越大，位能指数也就越大，其综合影响力也越大。

3.3 “自下而上”的信息传播位能理论假说

3.3.1 “自下而上”信息传播位能的关键因素

(1)信息传播下位转为信息传播上位的条件

信息传播位能理论强调，信息传播位能的大小由信源所在的位置决定，成为传者的机会越大，其所发布的信息分量越重、价值越大、数量越多，信息传播速率越高，所选择的信息收发平台的影响力越大，其信息传播位能量就越大；反之，其信息传播位能就越小。这就是说，信息传播的潜在位能量能否顺利发挥出来，关键因素要看处于信息传播下位者转为信息传播上位的条件。

信息传播上位者一般指拥有话语权的、在社会上处于优势地位的人群。信息传播下位者主要指那些在社会上处在不利地位的、缺少话语权的人群。法国后现代思想家福柯最早提出“话语权”的概念。他说“话语意味着一个社会团体依据某些成规将其意义传播于社会之中，以此确立其社会地位，并为其他团体所认识的过程。”(王治河，1999)福柯认为话语和权力是不可分的，真正的权力是通过话语来实现的，话语权是一种不可或缺的资源。然而，长期以来由于我国特殊的城乡二元社会结构的影响，导致在政治、经济、文化等各方面处于相对弱势地位的一部分人群远离社会政治中心，不愿意表达自己利益需求,或者自愿放弃平等地享有和行使权益表达的话语权。

随着我国改革开放地不断深化,社会的利益主体呈现多元化,二元的社会结构也在逐渐打破,但是也出现了一个新的社会特点,即形成了占有大量资源为特征的强势群体与长期处在社会的边缘、规模庞大、人数众多的、分散的失语或沉默弱势群体的分化。如同一些学者所说的,信息技术的迅猛发展,加速了城乡之间的数字鸿沟。

因而,在当今信息社会中,作为社会脆弱群体的代表农民长期处于被动地接受信息的地位,成为名副其实的信息传播下位者。在现行的"自上而下"的信息服务体系中,如何使处于信息传播下位的农民成为信息传播上位,许多专家学者对此进行了多方面的研究。

多数学者认为,在对农信息服务中,造成农民失语现象的原因主要是:除了历史与社会制度的原因外,还有忽视农民在乡村发展中的主体地位,忽视农民的创造性,不了解农民的需求,农民科技素质普遍较低、农民观念落后等。为此,也有很多学者提出了许多相应地提高农民地位的措施,如加强农村教育,搞好农民培训,提高农村人力资本水平等。加之,近些年来,国家把"三农"工作当国家发展中重中之重的工作,许多实施的惠农政策均取得了可喜的成果。2010年,国务院总理温家宝在联合国千年发展目标高级别会议上发表讲话说,"为实现千年发展目标,1978年以来,中国绝对贫困人口减少两亿多人,占发展中国家减贫人数的75%。我们注重从制度上保障和改善民生,在全国城乡实行9年免费义务教育,对8亿农民实行新型农村合作医疗,启动新型农村社会养老保险试点,低收入群体就业、子女入学、居住条件等问题也都得到很大改善"(温家宝,2010)。

目前,从外部大环境来看,我国农民的经济生活在稳步提高,农民的生活环境也在逐步地改变,农村文盲、半文盲人数在逐渐减少,农民的地位在不断地提高,但是从信息传播的角度看,"多数农民对自己的权益表达缺乏自觉性和主体意识。在整个社会体系中,他们既不是市场经济的主导力量,也不是拥有强大政治权力的群体，他们即便能够发出自己的声音，往往也会被主流话语所掩盖。这种话语权的丧失，导致他们对政治参与的冷漠”（赵秀芳，2010）。“冷漠使参与者不再有参与的能力，这并不是冷漠本身的错，而是由于话语能力根本上出现了问题”（查尔斯·J·福克斯、休·T·米勒，2002）。

农民的话语能力根本上出现了什么问题，是否有解决的办法？本研究发现，多数农民的信息传播位能潜质还没有挖掘出来，其信息传播位能很小，甚至为零。应用信息传播位能理论提出的改变信息传播位能首先改变自己的观念，增强自信心，了解自己的优势和应具备的条件，采取一系列由信息传播下位转为信息传播上位的策略，农民的话语权地位会逐渐由低变高。

本研究显示，农民成为信息传者的条件一般应具备以下几点：

一是有代表弱势群体利益表达的愿望，有成为传者的意愿。调查中了解到，多数农民性格比较内向，小农经济意识比较强，较少关心集体的大事，即使遇到损害自身利益的事情，能忍则忍，不愿意出头露面表达诉求；或者有的农民有想法，也有一些有价值的信息，但由于创新精神不够，不敢尝试和利用信息技术，导致成为信息的接受者。信息传播位能理论认为，信息传播位能若要得到充分体现还在于信息传播主体是否有信息传播的意愿，不仅要有成为传者的意愿，还要有代表弱势群群体进行利益表达的愿望。

二是有一定的判断信息和采写信息的能力或借助媒体发布信息的能力。通过对信息传播位能理论的探讨发现，提高信息传播位能与其采掘有价值的信息有直接的关系，为此，成为信息的传者，要有较强的信息需求意识，有一定的信息敏感，有一定的新闻采写能力和信息的鉴赏力，或者有借助他人和媒体发布信息的能力，均可增强信息分量。

三是除了满足基本的物质需求外，有较高层次的精神需求，如有尊重的需求。调查中了解到，相对富裕的农户，已不满足基本的生理需求和物质需求，而是转向了较高层次的需求，其信息传播意识较强，希望得到众人的尊重，这类农户一般为种养殖大户，或当地的带头人或意见领袖。

四是有一定的学习能力和创新精神。调查中也发现，有一定的学习能力和创新精神的农民，思维比较活跃，获取信息的能力比较强，接受新生事物的能力比较强，参与乡村建设和信息传播的动力比较足，这类农户一般较早接触计算机网络媒体，较早品尝到信息致富的“果实”；甚至有的农户还建有博客，时常发布一些有价值的信息。这类农户的信息传播位能潜力较大，在外部条件的支持下，一般很容易由信息传播下位转为信息传播上位，成为农民利益的代言人或意见领袖。

总之，在现阶段，农民从被动地接受信息，转为主动地发布信息还需要有一个过程，但是在国家和政府的大力扶持下，会有越来越多的农民个体或组织成为信息传播主体。当然，外因是变化的条件，内因是变化的根据，外因通过内因而起作用，这是千古不变的真理。如何挖掘传者信息传播位能的“潜在动力”。本研究还将在后面的章节详细探讨。

(2)乡村“自下而上”的信息传播主体构成

乡村信息传播主体的类型一般有四类：一是组织化的乡村信息传播主体：如以村两委(村党支部委员会、村民委员会)为主导的信息传播主体，以专业合作社或专业协会为主导的信息传播主体，以民营企业或公司为主导的信息传播主体；二是非组织化的乡村信息传播主体，如以农村经纪人、信息中介为主导的信息传播主体；三是政府参与扶持的乡村信息传播主体，如农民田间学校等；四是从事“三农”工作的个体的劳动者，如种(养)殖农户、生意人、运输户、产品加工者、打工者等。

1)组织化的乡村信息传播主体

①村两委会。以村两委会为主体的信息传播是指在政府的领导下，以农民为主体的为满足村民及外部相关对农信息服务组织或个体需求的信息

传播体系。村信息员作为村民及大众的沟通中介，在农村这个熟人社会里，分散的农民在村两委会的组织下，将自己的需求信息通过村信息员发布给各级信息传播机构。换句话说，由村级信息员将收集到的农民反馈的信息整理、分类，利用电话、传真、投递信件或者在互联网上发布邮件等形式，将信息传递到相关的信息组织（诸如大众媒介机构或相关的农业信息服务协会）那里。另外，村级信息员还要负责从各级信息传播机构中获取的有用信息通过村喇叭、网站、宣传栏向村民传递。这比起当前的对农信息传播，明显具备了反馈的优势。当然，有条件的村民还可以通过电话、网络等渠道直接向相关信息机构进行信息反馈和发布。

在这一体系中，无论是大众传播媒介机构、农业技术推广部门，还是农民都是传播的主动参与者，所有参与者提供的信息都会得到足够的重视，而且，农民是乡村传播的中心，外部参与者是协调者，提供农民所需要的服务，村级信息员代表村两委是乡村传播活动的执行者或信息中介。所有乡村传播的参与者共同合作，对快速解决农民的问题有积极的促进作用。

在这种以农民为主体的“自下而上”的信息传播方式中，比较成功的范例是山西省朔州市应县金城镇龙泉村。该村是全国有名的中国胡萝卜第一村，曾被评为全国文明村及山西文明村，也是“中国移动农村信息化示范村”，是我国新农村信息化建设的先进村。从 2002 年开始至今，龙泉村大力发展信息化建设，在信息传播的推动下，已由过去有名的告状村和贫困村转为当今远近闻名的富裕村。

②农民专业合作社。以农民专业合作社为信息传播主体的信息传播体系，是指在合作社负责人的领导下成立的专门信息服务人员队伍，以满足社员或外部大众农民需求的信息服务组织。合作社的信息人员一般根据社员的需要和兴趣，对社会中的各种农业信息源进行筛选，对信息的准确性和有效性进行判断。然后，将这些信息进行加工，使之成为适合社员的信息，并向社内社员进行传播。社员接受信息后既可以直接向社会原始信息源进行

反馈，也可以向合作社服务人员进行反馈。合作社信息员将对社员反馈的信息做出反应：一是将社员的要求整理后反馈给社会信息源（是指某些个人或者某些组织机构，如大众传媒、政府机构、企业、市场、大专院校、技术部门、产业和科技协会）；二是将更符合社员要求的信息传递给社员。此外，合作社信息员也会有计划、有目的地主动向社会信息源发布合作社的相关信息。

在这个"自下而上"的信息传播范式中，合作社信息员扮演了中介和"把关人"的角色，控制着社会上的农业信息源与社员之间的信息传递。信息员作为代表农民利益的信息传播主体，主要起到四个作用：一是选择能满足社员的需要或解决社员问题的信息；二是将这些信息进行加工和处理以适合社员理解；三是通过某些渠道和媒介将这些信息传送给社员；四是将社员和合作社的信息有目的、有选择地反馈或传递给社会。

成功的范例当属浙江"忘不了"柑橘农民专业合作社。合作社创建于2002年10月份，位于中国无核蜜橘之乡——临海市柑橘产业重镇涌泉，地处环境十分优越，气候独特，种植柑橘、杨梅历史悠久，系农业部、浙江省、台州市级"示范性农民专业合作社"、台州市"十佳农民专业合作社"。现有社员143人，连接社员柑橘基地8 100亩，杨梅基地5 000亩，其中柑橘科技核心示范基地1 100亩，柑橘科技示范、观光休闲园200亩。建有办公、培训等综合用房1 380米^2，出境柑橘包装厂1个，橘果贮藏库350米^2，固定资产达1 280万元，年销售产值6 000多万元。下设农产品配送中心2家，浙江省、台州市、临海市三级柑橘区域科技创新服务中心等，是临海目前规模最大、实力最强的一家集柑橘、杨梅、枇杷等水果种植、加工、销售为一体的农民专业合作经济组织，也是依靠网络信息传播带动广大农民致富的标兵之一。

特别是2012年以来与中国农科院柑橘研究所合作，开展柑橘信息化管理示范基地建设，将设施农业与现代科技相结合，根据当前劳动力成本高、山地生产操作困难的实际情况，在省内率先引进建设了5条山地轨道运输车，极大地解决了山地橘园劳动力成本高的问题；建设了橘园水肥一体化系统，有效解决山地橘园灌溉问题。与此同时，为全面提升园区的现代柑橘生产水平，“忘不了”柑橘专业合作社投资450万元，建立了多源信息采集共享系统、精准变量施肥处方图生成系统、果园智能滴灌施肥系统、轻简机械化作业系统、信息化精准控制智能温室、柑橘多功能光谱分析仪、优质采收决策支持管理系统、多源信息集成共享网站、控制展示中心、技术指导平台及技术培训等10个现代柑橘产业管理系统，使基地生产管理处于国内领先水平，取得了较好的经济效益。据2013年统计，园区年总产值达1.3亿元，其中3 000亩核心区的平均亩产值达8 000多元。

③农民专业协会。农民专业协会一般是指以促进农村技术信息和物资交流为目的，提供专业信息服务的农民自发组织的专业合作经济组织，如养猪协会、蔬菜协会等。这种组织一般有两方面职能：一方面为农户提供市场专业信息，另一方面帮助农户销售产品。

调查表明，大多数农户喜好从与自己联系密切的协会获取信息。如安徽芜湖县湾沚镇罗保村以种植大棚蔬菜为主的农户，常从当地的蔬菜协会寻求各种产品信息。而安徽芜湖县三元镇百花村以养猪为主的养殖户农户，常到养猪协会了解信息。北京顺义区高丽营镇的苗木种植农户则到苗木发展协会了解信息。

④民间涉农企业或公司。民间涉农企业或公司一般是指以“立足农民”的传播理念出发，体现农民在乡村传播中的主体地位，实现企业和农民双方互动的信息流量与信息资源公平循环的信息传播范式(民营企业或公司+农民)。企业或公司是信息传者的一端，负责管理和维护农民与企业之间的信息沟通与传播的质量。该企业通过人际传播、组织传播、大众传播等方式，将信息进行整合与过滤，最终顺利完成涉农信息在传播主体间的收集和传达。同时，整个涉农信息传播系统与传播环境，比如基础设施建设环境、政策引导的传播氛围等，相互联系和相互作用，进行物质能量和信息交流，

逐步实现着涉农信息传播系统的总目标——企业发展和农民增收。比较典型的范式是"伊利集团与农户间多结点信息传播范式"、陕西秦川肉牛农业技术专家大院,即以发展特色产业为龙头,集体、个人以现金入股,收益按股分红,形成了"龙头企业或公司+农民"运作方式。

2)非组织化的乡村信息传播主体

①农村能人。每个村都有几个致富能手,他们既是新技术的早期采纳者和村民们的带头人,也是信息传播者。这些信息传播主体的文化程度一般比较高,多数在初中程度以上,对新事物、新经验等致富信息比较敏感,并善于从多种媒介寻找信息。一般很受农户尊敬与信服。农户碰到问题和困难时,常会主动地向他们咨询,从那里获取所需的新技术、新产品或产品销路等信息。同时,这些村能人和种养大户来自当地或本村,他们最了解农民的需求,也对农村有着浓厚的感情,所以他们常向身边农户介绍自己的经验或主动传达一些与农户息息相关的信息。

②中小学教师。对一些偏远村庄的农民来说,由于其文化水平较低,经济条件落后,多数农民无钱投资买电脑,一时也难以掌握上网技术。类似这样的农村,在本村小学校创建微机室,成立信息服务站,由教师充当信息员负责上传和下载科技信息,可满足部分农户信息需求问题。调查中发现,乡村小学教师在经济欠发达地区,农村信息传播中起到了重要的作用。

村小学一般都设立于行政村的中心,村民来往十分便利。村小学教师又是该村文化素质较高的人员,对他们进行培训可以较快地掌握信息技术,而他们又经常与农民相来往,最了解当地农民需要哪一些适用技术,同时拥有一个得天独厚的、较为牢固的信息传递渠道,即老师将网上农民所需的信息下载后由小学生直接带给家长,使下载的农业新技术能够迅速应用于生产经营。这些小通信员会迅速地将家长所需要的信息反馈给老师。老师再将农民的反馈意见收集整理,用电子邮件的形式返回上一级信息中心。

一些有经济头脑的农民需要寻找产品信息,还可到小学校请老师帮助打开网上信息窗口，直接发布商务信息。利用村小学为信息传播站点对农民开展科普知识、信息技术教育，既减轻了农民投资购微机的负担，克服了信息技术人才不足，农民难以操作微机的问题，又避免了农民用微机来往不便的问题，还可以让农村学生早一点接触微机，掌握相关知识，并能通过学生将农户与微机联结起来，尽而将农户与网络联结起来。

③信息专业户（农村经济人）。信息专业户是指在农业信息领域内充当信息中介，利用本身的信息专长或交流活动能力接受他人委托，进行信息搜集、传递、报道、推销或帮助分析行情、调查研究、提供对策，在信息交流完成后收取一定报酬的个体户。这种信息专业户可以分为两种：一种是出售或转让信息成果、提供各种信息服务的中介组织（或人）；另一种是仅受雇于一方（信息生产者或信息消费者）为寻求信息及成果买卖服务的中介组织人（张曙光，2002）。

在调研中了解到，宝鸡陇县城关镇的农副产品购销部就是深受当地农户欢迎的个体信息中介。该信息服务部的经理刘喜泰，凭借诚实、良好的信誉，为农户发布或提供市场信息、产品销路等各类信息，成为个体信息专业户。他聘有 4 名员工。1992 年成立了这个信息部之后，专门为本地菜农和外地菜农服务。他的信息沟通工具是一部电话、两部手机。每天从早晨 4、5 时工作到晚上 10 时左右，到菜场看行情，给客户打电话通报市场农产品行情，然后帮客户组织货源，帮助顾客装车，不收信息服务费，仅收一点装车费。每年为当地农户带来经济效益 160 余万元，被当地菜农誉为农户之友，致富的帮手。

3）政府参与下的乡村信息传播主体——农民田间学校

农民田间学校是在政府的大力扶持下，以农民为中心，以田间为课堂，通过组织农民参与分析、研究和解决农业生产中的实际问题，从而提高其自信心和决策能力的信息服务体系。农民田间学校开办前，学校负责人要组织辅导员（兼信息员）围绕当地优势主导产业，采用快速农村参与式评估方法，进村与农民共同讨论与分析技术需求。然后根据广大农民的培训需求，制订培训计划、开展培训课程。培训期间，来自不同村的农民可随时随地与专家现场面对面地交流和答疑。

另外，农民若有新的技术问题，便会告知信息员，由信息员向上级相关主管部门沟通，为农民邀请相关专家，制订下次培训计划。信息员也会从上级相关信息服务机构获得的信息通过电话、网络等媒介向农民传播。

这种以培训农民技术、解决农民问题为主的信息服务组织，强调互动式、参与式的交流，使农民自身建设能力和合作意识得到不断提高。

2009 年北京建立了现代农业产业技术创新体系信息服务范式。

该范式以产品为单元，以产业为主线，建设从产地到餐桌、从生产到消费、从研发到市场的研究、推广、应用的现代农业产业技术体系，专门设立了产业技术研发中心、综合试验站和农民田间学校工作站三个信息结点。

选择 10 个有优势、有特色的主要农产品，在每一个农产品中设置一个产业技术研发中心和一个首席专家岗位，每一个产业技术研发中心由若干功能研究室组成，每个功能研究室设一个研究室主任岗位和若干个研究岗位。

研发中心的主要职责是：从事产业技术发展需要的基础性工作，开展本区域关键和共性技术攻关与集成，对上衔接国家现代农业产业技术体系，对下链接综合试验站和农民田间学校工作站，根据农民田间学校收集、监测的信息，开展产业政策的研究与咨询，组织相关技术开发。

根据每一个农产品的区域生态特征、市场特色和产业布局，在主产区设立若干综合试验站，每个综合试验站设一个站长岗位。

综合试验站的主要职责是：承担产业技术研发中心下达的试验、示范、推广与调研任务，组织技术交流和观摩活动，指导本区域技术骨干参与本体系的试验示范与推广；为农民田间学校工作站开展技术服务与参与式培训提供技术支持；调查、收集生产实际问题与技术需求信息并及时反馈给技术研发中心和功能研究室;协助上级有关部门监测疫情、灾情等动态变化并上报团队首席专家。

根据区域产品产业规模和服务农民的数量,在生产相对集中的地区建立若干农民田间学校工作站,每个站建立一所标准化、示范性农民田间学校。

农民田间学校的主要职责是:开展参与式农民需求调研;开展新技术、新品种、新产品参与式培训;发现并培养农村乡土专家和科技示范户;整村推进科技成果转化,辐射带动周边村镇技术进步。

田间学校作为现代产业技术体系北京市创新团队的信息服务中的信息链结点的最后一站,也是与农民接触最直接的一个组织,在促进农民与技术、市场、信息对接,加快科技成果转化的过程中承担着“信息上传下达”的桥梁和纽带作用。该信息传播范式虽然还在研究和实验阶段,但是作为政府参与的一种“自下而上与自上而下”互动的信息传播范式值得进行深入的研究。

4)从事“三农”工作的个体的劳动者

“农业”是人类历史与社会生活中一个十分重要的概念,但究竟什么是农业?其含义随着时代的发展而不断有所变化。一般来讲,农业的概念可分成三个层次:第一层次,“狭义农业”即农业生产业,主要包含种植业、养殖业。这是人们习惯上理解的农业。第二层次,“中义农业”即农业产业,主要包含农用工业、农产品加工业、农业商业等。农业产业的概念在经济学上是经常用到的,由于内容比狭义农业宽,故称“中义农业”。第三层次,“广义农业”即大农业,除了农业生产业和农业产业外,还包含为农业服务的其他部门,如农业行政管理、政策法律、农业科研、农业教育、农村建设、农业金融商贸等与农业有关内容(高亮之,1993)。由此可得出,每一个从事“三农”工作的个体劳动者,都可能成为信息传播主体。如:种养殖农户、生意人、运输户、产品加工者、打工者等。

(3)组织化的信息传播主体有助于信息传播位能的发挥

一个人观念的建立不是短时间能够完成的,农民自身意识的觉醒不仅要依靠内源式发展理论的指导,也需要外来干预的配合。发挥农民在“自下而上”的信息传播中的主动性,仅靠个体农民的单打独斗是远远不够的。传播仅仅是社会发展和变化的催化剂,而不是决定因素。研究发现,赋予农民参与权和话语权,调动他们的积极性,建立以农民为主体的信息传播组织,通过他们自己熟悉的方式传递和传播信息,即激发当地村民内源力量是目前促进社区发展的有效途径之一。

多年来的乡村传播实践研究数据显示,在当前的乡村农民信息传播主体中,个体农民与有组织的信息传播主体相比,其信息传播的影响力有明显差异。组织化程度比较强的农民信息传播主体诸如村委会、农民专业合作社、民间涉农企业、农民田间学校等,能够比较好地满足农民的信息需求和培训需求,能够聚合分散农户的力量,统一加工、处理和分发信息,并保证信息分量的开掘和信息传播的影响力,对个体农民有较强的带动和辐射作用,对增强农民自信心,提高自身建设的能力有重要的促进作用。

也可以说,加强传者即信息传播主体的组织力,是其信息传播位能发挥的重要保障措施之一。

3.3.2 “自下而上”的信息传播位能理论假说

综合上述分析,“自下而上”的信息传播位能理论是以激发农民内源力和推动乡村发展为目标,通过采掘有分量有价值的信息提高信息传播速率和选择有影响力的信息发布平台的手段,以提升弱势群体话语表达地位,增强其自信心,促进其加强自身建设和全面发展,最终实现城乡和谐发展的理论体系。该理论暗含着一些假设和条件:第一,信息传播主体应对自身有全面的认知,相信自己的能量是无穷的,是可以挖掘的;第二,有成为信息传播的主动者的意愿和勇于体现个人价值与社会价值的信念;第三,有科学的方法和创新精神,即了解信息传播位能及其各要素间的内在联系,并勇于实践;第四,在信息传播下位者转为信息传播上位者的过程中,组织化的信息传播主体有助于聚合个体的力量,不断提升群体的信息传播位能。

另外,提出几点假说,以备在今后的实践中不断检验,不断完善。

①应用的信息传播位能理论,对于加强农民主体意识的提高,对加强自身建设,增强其话语地位的影响力有重要的指导作用。

②应用的信息传播位能理论,对促进“自上而下”与“自下而上”信息流的良性互动,减少信息不对称有重要的启示。

③应用的信息传播位能理论,可以提升其信息传播位能,并对农民增收有重要的推动作用。

第四章

信息传播位能理论的应用与检验

4.1 案例1描述:“自下而上”的以村委会为主体的信息传播

4.1.1 案例1的选择

山西省朔州市应县金城镇龙泉村是全国有名“中国胡萝卜第一村”,曾被评为山西文明村及全国文明村,也是“中国移动农村信息化示范村”,我国新农村信息化建设的先进村。

2002年之前即未搭上互联网快车之前,龙泉村是个普通甚至落后的无名村,大部分作物以种粮为主,经年累月,汗水流了不少,收入却很微薄,有的农户年人均收入仅有800多元。龙泉村委会根据该村的土壤与气候条件,以及有种植胡萝卜的传统习惯,决定在调整产业结构的同时,探索信息致富的道路。2003 年，村党支部书记刘建银到县城一位朋友家做客时，偶然从网上看到了一条胡萝卜种子信息，经联系很快引进了两个新品种，当年村里种胡萝卜的面积大幅度增加，但结果却是喜忧参半，喜的是当年实现了丰收，忧的是怎么把胡萝卜卖出去，尽管刘建银等村干部带领村民到县城既发传单又搞展销，龙泉村 2 000 多亩胡萝卜终究还是烂在了地里。

刘建银并没有被眼前的困难吓倒，而是打起了互联网的主意，2004 年，龙泉村率先开通了"龙泉在线"网站，迈出了网上查询、网上交易的关键一步。此外，网上还增加了龙泉村和胡萝卜的视频录像，设置了导游线路说明。刘建银还把手机号码放在网上，用上了 QQ 聊天。生意从此接踵而至，两年的时间就与全国 11 个省、40 多个市(县)的 126 个市场建立了业务关系。2006 年在全国蔬菜市场低迷的情况下，龙泉村胡萝卜一枝独秀，取得了 1 000 万元的经济效益，创下历史新高。到 2009 年底，全村人均纯收入达到了 6 000 多元，龙泉村成了网络上远近闻名的"中国胡萝卜第一村"。刘建银本人也成为"信息致富之星"。

2007 年 4 月份，在中国扶贫开发协会举行的首届信息化扶贫年会上，刘建银"以信息化的力量"为题，向与会代表介绍龙泉村在短短 3 年之内摆脱贫困的宝贵经验。他的精彩演讲"不是网络选择农民，而是农民选择了网络。农民选择了网络，是放弃了低级的锄头，选择了高级的鼠标，其实，鼠标和锄头一样，都是工具。时代呼唤使用鼠标的农民……"赢得了人们阵阵掌声，由此我们有幸地认识了这位最受欢迎的"草根明星"，并很快列入我们跟踪研究的对象。

经过 3 年多的实地考察与调研，我们发现，龙泉村在上级各级相关部门的领导和大力支持下，在村两委和广大村民的努力下，已经基本形成了较为先进的信息化建设渠道和"自下而上"的信息传播体系。其最初的研究成果已被编入《新农村"自下而上"信息传播范式研究》一书(谭英，2010)，为了进一步从理论上深入探讨"自下而上"的信息传播驱动力，本研究将以此案例为样本，对以村委会为主体的信息传播位能进行探讨和验证。

4.1.2 案例 1：山西应县龙泉村简介

龙泉村位于山西省朔州市应县县城东南，是金城镇拥有 720 户，2 810 口人的行政大村，耕地 5 100 亩。其中经济作物面积 4 590 亩，占 90%。近年来，该村在产业结构调整中，结合当地实际，将胡萝卜作为主导产业，大力发展一村一品建设，胡萝卜种植面积稳定在 4 200 亩左右，户均种植 6 亩，被誉为"全国胡萝卜第一村"，通过了农业部农产品无公害产地认证，"应州绿"胡萝卜被评为山西省著名商标。先后投资 3 000 万元，建起 5 家冷库、6 个脱水加工厂、一个包装厂，日处理胡萝卜 3 500 吨，转移劳动力 1 500 人。全村共有机井 105 眼，地下管网 90 多公里，喷灌面积 400 多亩，基本满足了胡萝卜种植之需，实现了旱涝保收。村里专门成立了胡萝卜协会，每年推广新技术 3 项左右，引进国内外胡萝卜新品种 20 多个，先后带动周边 3 个省的 20 多个乡镇，60 多个村庄发展胡萝卜，使农民增收 2 个多亿。一村一品的建设，有力地促进了农民增收，2010 年全村农民人均纯收入达到了 9 820 元（新闻，2011）①。

(1)村民的职业和收入

龙泉村的土地较多，户均土地为 9.8 亩，因此，以种植业为主的农户所占的比例也最高，占 59.5%。从调查问卷的统计结果来看，村民从事的其他主要职业行业都不集中，稍多点的是加工制造业、交通运输业以及贸易批发零售业（表 4-1）。

---

① 新闻．山西应县金城镇龙泉村全力打造全国胡萝卜第一村．山西省农牧业信息中心，2011-12-09。

表 4-1　龙泉村村民从事的主要职业

类别	数量(农户)	比例(%)
种植业	25	59.5
养殖业	2	4.8
交通运输业	3	7.1
加工制造业	5	11.9
贸易批发零售业	3	7.1
建筑业	1	2.4
外出打工	2	4.8
其他	1	2.4
总数	42	100.0

注:资料来源:谭英.新农村"自下而上"信息传播范式研究.中国农业大学出版社,2010:163。

通过调查了解到,在村庄从事种植业和养殖业的村民多数有自己的副业。主要是在农闲的时候出去打工或者做一些小买卖,如贩卖种子、装修房屋等工作。农闲的时间主要集中在每年的 11～12 月份,以及每年的 3～4 月份。职业的不同和村民收入的最主要来源大体一致(表 4-2)。

表 4-2　龙泉村农户收入的最主要来源

类别	数量(农户)	比例(%)
养殖业	2	4.8
种蔬菜(萝卜)、花卉、果树	17	40.5
种粮食或棉花等作物	6	14.3
农产品加工	5	11.9
其他非农行业	8	19.0
外出打工	4	9.5
总数	42	100.0

注:资料来源:谭英.新农村"自下而上"信息传播范式研究.中国农业大学出版社,2010:164。

据村书记刘建银介绍,现在龙泉村多数农民人均收入达 9 000 元以上,年收入 3 万元以上的农户占村里总户数的 30%以上;年收入达 5 万元的就有 200 多户;年收入 2 万元占 30%,2 万元以下占 30%。

(2)龙泉村的产业结构

从受访的村民中,研究者了解到龙泉村在近 5 年的时间里,经历了一个不凡的发展期。村庄的产业结构也发生了较大的变化。变化的主要原因主要来自于一个新的村领导班子和龙泉村对信息化建设的重视。

龙泉村的干部群众认识到,要想让萝卜产业长盛不衰,必须调整产业结构,适应市场发展。为此,他们采取了五项措施。一抓品种更新,买断了日本丸种株式会社中国总代理商——北京宇治通种子有限公司的“红映二号”和“改良新黑田”两个萝卜新品种在山西的首家使用推广权。二抓科技培训,邀请专家教授对农民进行萝卜种植技术培训,并组织农民千里赴冀取经,学习地膜覆盖、机械化耕作新技术。三抓测土种田,为萝卜种植量身定制“食谱”。四抓产品加工,新建恒储冷冻库 7 座,脱水蔬菜加工厂 6 座,实现了初加工销售。五抓市场信息,开通了“龙泉在线”,与全国 11 个省、40 多个市县的 126 个市场建立了业务关系。到 2009 年底,全村人均纯收入达到了 7 000 元左右,过上了小康生活。龙泉村靠“打造中华萝卜第一村”,“调”出了一个新龙泉。

龙泉村现在以农业及农产品加工为主,主打产品胡萝卜,平均亩产 5 000 斤,外形好,口感甜脆。每年的 7 月底上市,10 月底下市。西瓜、黄瓜、豆角、茄子、青椒、尖椒等蔬菜产量也高,还有玉米、土豆及各种小杂粮。

经过 8 年的发展,龙泉村的村企业有了较大的发展,企业以初次加工为主,日加工能力 3 500 吨,脱水蔬菜 100 吨,蔬菜经纪人 20 多位,年蔬菜交易量达 800 万斤。除此之外,开办商店的业主有 3 户,开办洗澡堂的业主有 1 户,开办煤店的有 1 户,村里还建有一个包装胡萝卜的纸箱厂和一个小杂粮收购店。调查中发现,随着村庄经济的不断发展,越来越多外出打工的村民有意回村务农,参与村庄发展。

个案 4-1 剧翠兰

女，今年33岁，家里有8亩多地，全部租了出去，丈夫在外打工，自己在家带孩子、做饭。她说前几年，丈夫外出打工比在家务农要多赚钱，但是这两年，村庄经济好了很多，在家务农的明显比在外打工的要赚钱。现在村里的交通变好了，村干部也到处做广告，现在种出的农作物不愁卖不出去，每年都有大批的商户前来购买。她已经和丈夫商量好了，打算明年就不出去打工了，在家好好地种地，这样还能让丈夫跟自己和孩子在一起，一家团聚。

注：资料来源：谭英．新农村“自下而上”信息传播范式研究．中国农业大学出版社，2010：166．

(3)龙泉村信息传播环境

通过访谈了解到，龙泉村信息化建设得以快速发展，主要得益于山西移动公司在全省打造的“三网融合工程”。

所谓“三网融合”是指原先独立设计运营的传统电话网、互联网和有线电视网趋于相互渗透和相互融合。换句话说，实行三网融合，不用再建太多的信息基础设施，利用一根光缆，便可以让用户打电话、上网、看电视。

在2004年之前，山西各地的有线电视网络非常分散，绝大部分地市都未实现地市对县乡的网络整合，一些县级甚至地市的有线网络只有几千户。

2004年，中国移动开始承担起山西农村的电信普遍服务义务，开始在三网融合上取得突破。据悉，山西移动尝试推行了两种融合模式：一种是利用山西移动遍及全省农村的光缆网络，同时为宽带上网、IP电话和有线电视业务提供传输通道，实现基于光缆传输网的“三网融合”；二是以宽带作为多业务承载平台，利用数据传输网传输高清晰电视节目，在一条入户网线上为用户实现上网、打电话、看有线电视等多种业务。其中山西移动负责网络传输，广电部门负责传送电视节目，有线电视费则由山西移动代收，60%的收益归移动公司，40%归广电部门。三网融合体制上的障碍就这样被打破了（蔺玉红，2007）。

山西移动通过这一光纤到村的网络，目前开展了以下三项业务：

IP电话业务：山西全省IP电话用户达到了14万户，其中吕梁地区用户比例较多。用户使用的是中国移动的手机号码，但在用户家中是以固定电话形式出现的。

宽带业务：包括农村网络文化站和个人（即家庭）宽带用户。为让更多的农民享受到信息化的好处，2005年12月，在山西省委宣传部、山西省政府新闻办、山西省精神文明办主导下，山西移动开始在全省农村投资建设大型农村网络文化工程，为各村建立网络文化站。截至2007年5月，全省已开通农村网络文化站25 700个，安装计算机47 000台，并全部具备基本的运营功能。此外，借着农村网络文化站的建设，山西移动在全省已经“顺便”发展了12万的宽带接入家庭用户。

有线电视业务：目前已与10个县的广电部门合作，全省合作发展的有线电视用户有4万户左右。其中忻州市下辖的7个县共2.5万户，朔州市应县1万户，其余用户分布在长治市的武乡县、晋中市的榆社县。

到2006年，山西省的电信业务总量310.0亿元，增长19.8%；全省固定及移动电话用户总数达到1 875.0万户，其中固定电话用户885.4万户，移动电话用户989.6万户；全省宽带接入用户达到127.9万户。在广播电视方面，拥有广播电台107座，中、短波广播发射台和转播台8座，电视台10座。2006年，广播人口覆盖率92.1%，电视人口覆盖率96.3%，有线电视用户320.9万户。其中，市级网络用户和县乡网络用户大体各占一半（曾会明、吴纯勇，2007）。

这一模式在朔州应县获得创造性应用。应县是朔州市下辖的4个县之一。朔州还有两个市辖区，共 73 个乡镇（含街道办），1 684 个行政村，总人口 151.73 万，2006 年人均 GDP 15 370 元，全市有线电视用户 5.5 万户。应县则是一个典型的农业县，全县共有 12 个乡镇、298 个行政村，30 万人口，其中农业人口就达 20 万人，总面积 1 708 平方公里，在册耕地面积 82 万亩，水浇地面积 55 万亩。农业生产条件较好，但缺乏矿产资源，工业基础薄弱，基本上还停留在传统的田园牧歌式的农耕经济阶段。2006 年，应县财政总收入刚刚突破亿元[①]。

据应县广播电视服务中心王主任介绍，山西移动的老总是应县人，因此很快与应县政府取得了联系和共识，除了开展 IP 电话、宽带业务之外，还与广电达成了有线电视业务的合作。2006 年 5 月，山西移动与应县广电服务中心采取边进行网络基础建设边发展用户的策略，通过四期的工程建设，目前 188 个村子都已经全部实现了有线电视信号到村的目标。据介绍，到 2007 年，山西移动在应县的总投资达 6 000 多万元，其中前端设备方面的投资有 180 多万元，启动农村网络文化站的投资 250 万元，开通电子政务网、铺设光缆 680 公里，12 个乡镇、298 个行政村基本实现互联网覆盖。

山西的三网融合工程以及应县在发展信息化建设上遇到的难得机遇也成就了龙泉村农村信息化建设的快速发展。据副镇长介绍，“三网合一”试点的建立由镇政府牵头，之所以将示范点选择在龙泉村，原因主要是龙泉村人口多，农户多，距离县城比较近，而且龙泉村村干部易于接受新鲜事物，思想比较上进。从村书记刘建银的口中，研究者也了解到，山西移动的确为农村打开了一条致富之路，它不仅对龙泉村的信息化建设提供了基础设施上的支持，也在网站建设，网络营销等方面提供了强有力的帮扶作用。

---

① 应县农村信息化建设情况汇报，2007 年 6 月，应县电子政务信息网主任刘志军提供。

4.1.3 村委会的信息传播位能应用

(1)信息传播主体的组成

龙泉村信息传播主体主要是由村两委主要负责同志与村民选举的文化水平相对较高的信息员组成。在“自下而上”的信息传播体系中村两委扮演着重要的信息中介角色,他是信息能否在村庄内部、村庄与外部顺畅流通的执行者、推动者和组织者。

美国现代管理之父德鲁克(Peter F. Drucker)说过一名言:“组织的目的只有一个,就是使平凡的人能够做出不平凡的事。组织不能依赖于天才。因为天才稀少如凤毛麟角。考察一个组织是否优秀,要看其能否使平常人取得比他们看来所能取得的更好的绩效,能否使其成员的长处都发挥出来,并利用每个人的长处来帮助其他人取得绩效。组织的任务还在于使其成员的缺点相抵消。”(彼得·德鲁克,2002)

如作为村信息室总编角色的龙泉村党支部书记刘建银身兼数职,除了管理村里日常事务外,还担任着该村胡萝卜专业技术协会的会长,管理协会的事。在刘书记的带领和村两委的组织下,龙泉村已经成为胡萝卜专业技术的开发、试验、示范、普及、咨询、转让、推广、服务等基地。很多农民都能直接面对市场,像老板一样,自己经营,去发挥其最大的创造力。

1)村两委信息传播主体的职责

在信息服务方面,该村委主要负责五方面的工作:第一,牵头完成村庄的信息化基础设施的建设,为村庄开展信息工作打好基础。第二,负责推动村级信息员队伍的建立,并为村级信息员的管理建章定制。第三,牵头与相关组织,如政府、媒体、农技服务站等组织沟通与协商,辅助村级信息员的信息传递和收集工作。第四,负责开展对村级信息员的培训工作,提高村级信息员的业务水平。第五,负责管理和协助村庄信息工作的开展,解决信息工作中出现的一系列问题，对信息的预测和总结提出指导性建议。

村级信息员的职责包括四个方面：①负责村庄信息工作的日常管理与维护，定期更新网站内容、宣传栏内容、黑板报等内容。②收集并向上发布农民的需求信息是其最主要的工作职责之一。村级信息员常与农民打交道，了解本地农民生产、加工、经营方面的需求和动态，将汇集、整理好的信息报送或者邮递到相关信息组织，并借助电话进行核实。此外，每个月，村级信息员将其收集到的反馈信息张贴在村里的公告栏上，供村民观看和监督。③利用大喇叭、宣传栏等媒介，结合农民的需求信息，定期向农民传播政策、市场、技术等信息。如龙泉村书记刘建银利用大喇叭的“科技半小时”栏目向农民讲解新技术，宣传新品种；又如龙泉村利用收集到的市场信息，预测市场，并传递给农民，指导农业生产。④组织专业人员对农民进行信息培训。除去收集和发布信息外，村级信员还会利用农闲时节和农事季节，开展农业技术集中培训。利用手中资源以及政府帮助，邀请省、市、县的农业专家和大专院校的学者、教授来村讲课，重点讲解新品种、新技术、新成果以及农业生产中的关键技术。此外，有时还举办示范户、种田能手、科技带头人和群众参加的经验交流会。采取现身说法的形式介绍种植经验、交流技术、传递信息。

2）龙泉村两委的信息责任意识与服务意识

基于深入的调查和总结，龙泉村两委较强的信息责任意识与服务意识主要表现在以下几方面。

①积极收集农民信息，贴近农民意愿。为了征集村庄发展的有益建言，龙泉村两委，比较注重倾听农民的意见，他们发起了有奖征集振兴龙泉村的好“点子”。

据当地村民介绍，2002 年 3 月初，龙泉村开展了“振兴龙泉有奖征集好建议活动”。刘建银自己掏出 3 000 多元钱购买的彩色电视机、高级饮水机、铁锹等各类奖品 100 余件。伴着村里文艺队演奏的《在希望的田野上》，村民们把积淀在心里多年的想法、看法和许多好建议、好点子写在了有奖征集意见卡上，4 天时间，递上来的各种意见和建议达 1 000 多条。会上，村两委还对评出的好建议当场进行了奖励。特等奖一名，奖现金 100 元，好建议奖 50 名，各奖铁锹一把。村两委针对群众特别关注的村财务、机井承包、学校教学、村务公开、治安恶化等 9 个热点问题提出了相应的解决办法，并对群众作出了公开的承诺。通过这次有奖征集活动，村两委不仅征集到了好意见和好建议，更重要的是拉近了和村民之间的距离。现在这个收集农民意见的传统一直保留着，村两委还专门成立了“民情民意反馈岗”。现在，村两委所在的“大队院”已逐渐成为了村民的咨询台。

②注重宣传村庄，打造村庄品牌。村两委在 2002 年底便提出“打造中国胡萝卜第一村”的口号，不仅利用网站、报纸、电视宣传村庄，还设计了各种展板、标志宣传村庄形象，给龙泉村做起了广告。据村民介绍，2002 年、2003 年、2004 年，村委会还专门制作村庄的名片，组织农民分赴南方各地散发。

2006 年底，龙泉村两委起用了村庄新标志图，标志图下边的橘黄色的圈代表土地，上边绿色的图代表菜苗。刘建银说，整个图不仅代表着龙泉村的农业，也象征着龙泉村的成长。此外，龙泉村还制作了本村的视频宣传片，到处发放以宣传本村的特点。2007 年，刘建银又牵头成立了龙泉村农业科技有限公司，对龙泉萝卜进行无公害认证，并进行品牌的打造和叫响工作。同时，村两委还联系山西移动公司，将龙泉村打造成参观点和信息示范村。龙泉村的成就引起了媒体的广泛关注，多个媒体对龙泉村进行大量宣传和报道。虽然大量媒体的报道侧重点在于刘建银本人，但刘建银认为，媒体对他个人的采访和报道对龙泉村的信息传播和形象传播起到潜移默化的推进作用，是龙泉村免费的广告，受益者是包括他在内的全村农民。村两委的这一系列做法提升了龙泉村的品牌知名度，对龙泉村的蔬菜产销产生了良好的效果。

③搭建信息化基础设施，培训农民网络技术。硬件设施的建成对于促进该村的信息化建设起到了至关重要的作用。

在村网络文化站建成后，龙泉村村干部多次帮助农民尽快掌握电脑操作技术。龙泉村村两委主要从以下两个方面对农民进行网络培训：一方面在政府和科研部门的支持下，利用专业技术人员和大学生下乡对农民进行网络知识培训；另一方面，让本村了解电脑技术较多的农民帮助其他农民学习电脑操作技术。但是刘建银也指出，目前对农民进行的网络培训还很不足，很多农民还不会上网，到目前为止，能够下乡培训农民的人还非常有限。他指出村里的网站没办法做得更好，主要还是技术问题，现在村干部们还有很多网络技术没有搞明白。

④创立村庄品牌产品，抓龙头建立乡村市场。2004 年底，村党支部书记刘建银联合 4 户群众，投资 300 万元建成了日处理各类蔬菜 200 吨的恒温库一座，注册成立了“龙泉村蔬菜公司”。之后，又引进资金 1 000 多万元，新建起了 7 座现代化恒储冷冻库，截至 2010 年，蔬菜销售总公司又增加了一座冷库和两座脱水厂。在兴建胡萝卜市场的同时，龙泉村延长农业产业链条，办农产品特色加工基地，建成了豆制品加工、果蔬加工、餐饮服务等多种经济组织，形成农产品加工产业链、外销蔬菜加工产业链和畜禽产业链。

目前，龙泉村胡萝卜专业市场已成为以河北围场、永年、山西同朔等，以安徽蒙城、江苏东台、湖南澧陵、山东荷泽、寿光等地，以内蒙古中旗的乌素图、巴音、集宁地区、河西走廊地区为齐名的中国三大胡萝卜种植板块中的一块。

(2)龙泉村信息分量的挖掘状况

信息分量的轻重，或者说信息价值的大小，取决于信息员的综合素质的高低，综合素质既包括人文素质诸如道德素质、思想素质、价值观和世界观等，还包括文化科技素质诸如农业科学技术和经营管理技术等。人文素质决定信息员对新闻事实的判断和挖掘，文化科技素质决定信息员对新闻事实的采写与表达。龙泉村信息员采写信息的状况如何呢？

1）龙泉村信息采集的种类

应县龙泉村网站（“龙泉在线”网站），是该村对外发布信息的主要窗口，也是广大受众直接了解该村信息现状的主要渠道。进入应县龙泉村网站①，首先映入眼帘的是10个主题栏目：村民村务、村容村貌、龙泉文化、蔬菜产销、外界报道、龙泉荣誉、视频材料、招商引资、萝卜知识、来到龙泉。

村民村务：主要介绍村里的日常琐事，如阶段性工作总结、党支部活动通知、村里公告等。

村容村貌：多采用图片新闻的方式，直观展示龙泉村的文化广场、新农村建设规划图、田野风光、科普惠农服务站、村委会大院、村民新居等设施。

龙泉文化：包含龙泉村举办的各类比赛、村民写的散文、村民的节日庆祝活动以及如何打造村庄文化的一些文章和图片。

外界报道：主要为人民日报、光明日报、人民政协报、山西日报、新华网、新浪网等媒体对龙泉村信息化建设取得的成就进行的报道。

蔬菜产销：介绍龙泉村胡萝卜、架豆、大葱、青椒、茄子、圆白菜的销售，以及龙泉村蔬菜销售总公司的情况等。这一栏目中还特别刊登了龙泉村优质胡萝卜的招商广告。不仅留下了村支部书记和村委主任的联系方式，还在广告中特别指出“为了保护广大客商的利益，党支部、村委会组织成立了治安执法巡逻队，24小时全天候值勤，保证您到龙泉高兴而至，满意而归，享受到您在别处没有的服务，得到您最佳的经济效益。”

蔬菜产销这一栏目在胡萝卜和各种蔬菜大量上市的时间里，即8月初至9月末，会经常更新。数据主要来源于村干部每日监控市场所得。该栏

① Http://www.1390349.com/news/default.asp? cataid=50 应县龙泉村网站。

目详细介绍各种蔬菜，尤其是胡萝卜的每日价格以及销量，这一栏目目前已成为很多客商和村民每日必看的信息。以“龙泉村 2007 年胡萝卜收购价”为例，从 8 月 1 日到 9 月 30 日，网站上都会更新诸如“2007 年 8 月 11 日，细顺萝卜 0.55～0.60 元。精品胡萝卜 0.80 元。脱水用次品萝卜 0.10 元。价格非常好，对细顺萝卜的质量要求放松，村民的销售热情高涨”之类的市场行情报告，且使用富有特色的乡土语言。通过对村民的调查，研究者了解到，很多上网的村民每天早上都会跑到龙泉村的“网络文化站”，上网查一查蔬菜的价格，了解蔬菜行情。对于那些还未到龙泉村收购蔬菜的客商而言，这是一个难得的信息获取渠道。

龙泉荣誉：主要为龙泉村历年获得先进集体、先进个人等奖励的材料和获奖证书的照片。

视频资料：主要为山西电视台、山西卫视、山西公共频道、山西科教频道、应县电视台等媒体报道龙泉村的视频片，以及龙泉村自己制作的宣传片，共计 35 个，全方位地介绍了龙泉村发展的各项成就。这些视频不仅显示了龙泉村强大的知名度，还能向外界充分展示龙泉村的各项成就，进一步提升其知名度，这些视频均为村两委的网站维护人员从媒体的报道视频中裁减所得。

招商引资：详细介绍了龙泉村欲发展的业务和方案，主要包括：蔬菜加工厂、山西省龙泉村自助旅游基地、用胡萝卜加工可食性蔬菜彩色纸、胡萝卜浓缩汁加工等。方案中详尽介绍了项目所在地发展该项目的优势，当前该项目的形势，项目建设的可行性、投资概况、资金来源以及效益分析和投资回收期等。方案总体上来看，是较为详尽和具体的。据刘建银介绍，目前已有企业家通过网络向他表达了意向，一些项目正在商谈中。

胡萝卜知识：汇集的中央级新闻媒体的文章和视频片，主要介绍了胡萝卜的功效与食用方法，以及胡萝卜病虫害的防治办法。

来到龙泉：主要介绍龙泉村所在位置，以及乘坐火车和汽车的交通路线图。比起大型网站而言，龙泉村的网站建设还处于初步阶段，栏目设置简单，内容归类不是很准确，所含信息量有限。但是多位受访的村民和客商表示，这样的网站非常实用，需要的信息一目了然，而且图文并茂、声画结合。

2)信息采掘状况(2002—2011年)

经统计2002—2011年龙泉村采掘信息和发布信息的状况发现，在信息技术的带动下，龙泉村的信息采集量和外界报道数有逐年上升的趋势，同时，也发现信息对该村农民增收起到了积极的促进作用(表4-3)。诚然，信息的有效传播不是农民增收的决定因素，农民收入的增加由多方面的因素构成，但是信息的快速传播可能也是影响农民收入的关键因素之一。

表4-3　2002—2011年信息分量采掘与“胡萝卜”收入状况

时间	自采信息	外界报道数量(包括视频资料)	信息数量	胡萝卜年人均收入	备注
2002	0	0	0	人均收入800元左右(包括其他)	刘建银回村当书记，决心改变村面貌，自己花3 000元征集群众意见，准备种植胡萝卜
2003	0	0	0	人均2 000元(包括其他)	刘在朋友家上网查询胡萝卜信息，买断新品种，种植面积扩大到3 000多亩。胡萝卜大丰收，但仅靠人力推销失败，2 000多亩的胡萝卜大都烂在地里
2004	4	10	14	人均收入4 000元(包括其他)	村子通了网络，建立村网站(网页)。组织400多农民进行科技培训，并筹资建成了日处理各类蔬菜200吨的恒温库一座。2004年，在全国胡萝卜市场低迷的情况下。在网上轮番发布信息，仍然获得好收益，产品销往广州、深圳，价格翻了一番。村民争相要求扩大种植量

续表 4-3

时间	自采信息	外界报道数量(包括视频资料)	信息数量	胡萝卜年人均收入	备注
2005	16	10	26	户均 1.7 万元(纯胡萝卜)	学习网络技术,修建村公路,村通光缆,有了宽带,村里有了 10 台电脑,建立了"农村网络文化站"。并引资建设 7 座恒储冷冻库、2 家脱水蔬菜厂,胡萝卜种植面积增加到 4 500 多亩。先后有韩国、日本、新加坡等地建立经济合作关系
2006	30	28	58	户均 1.8 万元	这一年全国蔬菜价格"跳水",村龙泉网站又发挥巨大作用,有的农民开始网上交易
2007	66	25	91	户均 2 万元	胡萝卜种植面积达到 5 500 亩
2008	69	50	119	户均 2 万多元	村龙泉网站内容越来越丰富,站访问量猛增。同时将网站内容移植《我爱我村网》
2009	145	60	205	户均 2.7 万元	胡萝卜种植面积达 6 000 亩
2010	145	68	213	户均 2.7 万元	胡萝卜种植面积 6 000 亩。又开发种植了青椒等蔬菜
2011	151	78	229	户均 3 万 人均 6 000 元; 村总收入 2 100 万元	胡萝卜种植面积 6 000 多亩。据不完全统计,全村现在共有 10 万元以上的小轿车 30 多辆、电脑 300 多台、手机 1 100 多部

注:资料来源:山西移动信息化工程为跨越"数字鸿沟"架金桥(山西新闻网);人生因奋斗而精彩(朔州日报);胡萝卜"红火"了龙泉村(山西新闻网);龙泉村人均胡萝卜纯收入 6 000 元纪实(新华网)①;山西应县龙泉村网站 http://www.1390349.com/news/default.asp? cataid=49。

3)龙泉村某一信息分量评估值

对一条信息分量的评估,一般应从三方面考察。其一,该信息是否是新的事实、新的信息和普遍的兴趣;其二,具备价值要素越多其信息分量越重,价值要素一般有真实度、重要度、时新度、显著度和接近度;其三,每一个价

① 安玉,等.龙泉村人均胡萝卜纯收入 6 000 元纪实.黄河新闻网转引新华网,2011-08-28.

值要素又相对应三个层面，如真实度，又包括信息内容是否属实，描述事实是否准确，描述事实是否全面。

以“胡萝卜第一村”的网络故事为例(附录1)，按照信息的真实度、重要度、时新度、显著度、接近度评估，根据各项指标的分异程度打分(表3-1)，并将各级指标分值累加，即可得出该信息的信息分量指数，见下列公式。

$$信息分量\ M=\sum_{i=1}^{n}\left(Bi\sum_{j=1}^{l}Cij\right)$$

设：$Bi=1\quad Ci=1, M=\sum Cij=98$

注：这仅仅是一条信息分量的分值。

(3)龙泉村信息分量的挖掘特征

浏览这10个主题的内容，发现该村的信息采集有以下特点。

1)有较强的新闻敏感

新闻敏感是记者发现与识别客观事物的新闻价值的一种特有素质，即新闻敏感是记者对社会形势的敏锐的洞察力，对客观事物的新闻价值的判断能力，以及对报道对象的迅速而准确的捕捉能力。

也就是说，具有新闻敏感的人，才可以在大量的事实中发现那些具有新闻价值的事实，在一个具体的事实中，发现那些具有新闻价值的部分；辨别和了解这些价值在社会不同范围的分布情况，才能知道这些新的信息将会引起怎样的社会效果。

打开《本村新闻》一栏，便会看到一条条醒目的新闻标题，如“农村网络信息站改变生活”、网络造就山西“胡萝卜第一村”、“网络为龙泉村农民致富插金翅”、“让信息高速路通向新农村”、“山西农村网络文化站惠及千万农民”、“农民想上网，谁来教”、“龙泉村买断日本胡萝卜推广权”、“胡萝卜第一村的网络故事”等，这些新闻信息的关键词基本是“网络”、“致富”、“胡萝卜”。而这些关键词都是容易“长”出新闻事实的地方。

首先,从国家发展的大环境看,“三农”问题既是我国的重点工作,农民增收又是热点问题和难点问题,而农村信息化问题又是国家走向现代化的过程重点关注的问题。在信息化社会,网络与人们的生活越来越近,农民使用和利用网络致富的情况怎么样,龙泉村人能够将目光瞄准网络信息化和胡萝卜,围绕农民致富的主题大做文章,是信息传播升值的一个原因。其次,龙泉村根据本村种植传统和土壤气候条件,看准胡萝卜是蔬菜食品中常年畅销的产品,果断调整生产结构,引进新品种,依靠网络传播进行生产交易,采掘这些新闻事实也是新闻价值增加的一个重要方面。第三,从捕捉典型人物村支书刘建银立志带领农民致富的事迹反映龙泉村的脱贫致富的变化方面看,也能看出该村信息员具有的新闻敏感性。

2)有较强的自我宣传意识

从龙泉村网站开设的十大主题内容来看,能明显地看出该村两委宣传重点。重点一,展现龙泉人的文化理念;即爱民、爱村、爱国、走共同富裕的道路,传递出努力奋斗、积极向上、自立自强的思想(见村容村貌、龙泉文化、龙泉荣誉)。重点二,借助外界报道的力量塑造本村形象;从来自人民日报、光明日报、人民政协报、山西日报、新华网、新浪网、腾讯网等外界媒体报道和视频资料中均可看到,龙泉村信息员很注重收集新闻媒体报道龙泉村的事迹和新鲜事,甚至不放过收集个人博客的有关龙泉村的信息。重点三,展示该村的产品特色和人文环境,即胡萝卜优质、高产,提供产、供、销一条龙的优质服务(见蔬菜产销、萝卜知识、招商引资)。同时,注重使用先进的信息技术装潢龙泉村,在多个主题栏目中都能看到声情并茂的图片新闻和视频资料,以吸引大众的眼球。

3)信息分量的采掘力比较强

信息分量的轻重取决于挖掘信息价值要素的多少和新信息的数量。信息价值要素即新闻价值要素诸如信息的真实度、显著度、重要度、接近度、趣味度等。而挖掘信息质量和数量的能力还取决于信息员的综合素质。以龙泉村党支部书记刘建银为例。

刘建银具有高中以上文化水平,爱好文学写作,网站中多数的文学作品和重要信息都出自他的手笔,其感情真挚、细腻,语言流畅、行云流水的散文和诗歌体现了一个新型农村基层干部与众不同的素质。用他自己的话说:"我生在农村,长在农村,是地地道道的农民儿子。高中毕业以后,我就在农村这块广阔的天地里摸爬滚打,种过食用菌,养过汽车,开过拖拉机,办过制鞋厂,卖过服装,开过水产批发门市。这期间,我既有成功的经验,也有失败的教训,坎坷的经历磨炼了我的意志,多彩的人生造就了我的坚强个性。"①

他的同学应县一中语文教师郭丽美说:"在县城生意如火如荼时,他回到家乡龙泉村一个远近闻名的'告状专业村';他说:'我的根在龙泉,我发誓要让这片土地改变面貌。'他真的做到了,他率领龙泉村人民走出了一条康庄大道。"②

刘建银思维敏捷、思路清楚、熟悉经营、视野开阔、敢想敢干,各种媒体报道他个人的事迹不少于200篇。加之乐于学习,富有创新精神,基本具备了新闻媒体记者和编辑的素质,集信息采写、编辑、处理、传播为一身。刘建银不仅注重自身学习,也注重培养村信息员,在他的带领下,他们采写的很多信息均具有真实性、显著性、重要性、接近性、趣味性,凸显出他们采掘信息的能力。以下见刘建银写的一篇随笔。

---

① 刘建银.刘建银公务员考试时的自我介绍.http://www.1390349.com/news/default.asp? cataid=50 应县龙泉网站,2008-4-1。

② 郭丽美.用嘴"吹"出的神话.http://www.1390349.com/news/default.asp? cataid=50 应县龙泉网站,2006-11-3。

个例 4-2 **好雨知时节 甘霖润我心**

刘建银

发布时间:2007-6-30 20:21:05 被阅览数:790 次

今天是公元 2007 年 6 月 30 日。

今天是农历 5 月 16 日

今天是我们老百姓的好日子。

今天是雁门关外普降喜雨的日子

想起一首歌:咱们老百姓,今个儿真高兴。

早晨起来,云厚厚的,颜色好像水墨画。空气也湿湿的,有一种沁人心脾的味道。水缸穿了裙子,蚂蚁在搬家,燕子飞得很低——要下雨了!

我们村里有 12 家小卖铺,一个铺子安装一套广播。

没有人安排谁可以优先广播,但是,广播的次序非常井然。从来没有发生两个广播撞车的事情。

一大早,村东的广播就开始吆喝了:喂,各位村民请注意,嗯……张三拉回了追肥,什么牌子,什么价格,希望大家赶快来买啦……掌柜的有条不紊地吆喝,多少还有点拖腔。他的广播音一落,西面的喇叭又响了:先是一个女人干咳嗽了几声,噗噗地对准麦克风吹了几口气,然后才开始吆喝:哎,大家注意啦,某某家卖化肥,今天要下雨啦,大家赶紧买追肥啦,一声接一声,声音太大了,居然蹦得嗓子发痒,咳嗽了好一阵儿才又接着吆喝。忽然,喇叭里传来了小孩子的声音,“妈,我要尿尿”,吆喝女人骂道,“叫唤啥哩,到院子里尿去”。说完,又吆喝。全村的人于是都知道了她的娃娃要尿尿。农村的早晨在喇叭的呼喊声里就这样开始了。

在此起彼伏的喇叭声里,各家的街门哗啦啦地响过后,摩托车的启动声,三轮车的“嘣嘣”声,牛叫声,驴打响鼻声,老子吆喝儿子的声音响成一片,沉静了一个晚上的村庄突然间好像变成为一个大剧场,什么声音都有。村子又活了。

> 其实，人们等这场雨已经等了大半个月了。等雨的日子太麻烦，太枯燥，等雨的日子更辛苦。俗话说，锄头自带三分水，越旱越得卖力地锄田。火辣辣的太阳烤得庄稼人后背黑黝黝的，好多人大概没有锄过地，但是，我可以说，好多人会背诵：锄禾日当午，汗滴禾下土。锄禾舒服吗？舒服不舒服只有庄户人自己知道。等雨的日子很急迫，中央电视台的天气预报节目是收视率最高的栏目了。盼雨，睡不好。老天爷也不是个好东西，经常半夜三更地干打雷不下雨，许多人坐起来看云等雨，睡不好。白天累得够呛，晚上还得瞎折腾，真个是没活头。地下水位一年比一年下降，机井水是越来越不旺，水费也是一股劲地上涨。倒霉。倒霉的时候倒霉的事情就很多。
>
> ……

注：资料来源：应县龙泉村网站。

(4)信息收发平台情况

龙泉村农民收发信息的渠道主要来自以下3个方面。

1)大众传播：电视、广播、报纸、网络

①电视。调查中了解到，电视是村民获取信息的主要渠道，但是收看的节目以地方电视台为主。这些地方台主要包括应县电视台、山西电视台等。多数农户仅能收到中央台一套和七套，极少数还能收到中央二套。

被访问的农户中有80%表示，最常看的电视节目为电视连续剧以及电影。不过很多被访的村民也表示，很喜欢看山西科技台的科技节目以及应县电视台的应县新闻和招聘启事，这些节目能够让他们获得新的知识，了解到周围发生的事情。多数村民并不关注中央七套的节目，主要原因是节目与自己的生产生活有脱离。

在调查中也发现，通过电视进村入户的农业信息非常有限，对农民的作用较小。其原因有三：一是对农节目播出时间在总的电视节目中，所占比重极小。像龙泉村所在的县电视台——应县电视台，农业节目在应县电视台每天 17.5 小时的节目中仅占不到 20 分钟的时间，主要是在科普大篷车、名家讲堂和应县新闻中播出，而电视剧节目的时长为 10.5 小时，专题节目中多是一些软广告，宣传县内企业或者其产品。

目前，我国直接服务于农民、农村受众的大众媒介数量偏少。全国现有期刊 9 000 余种，农业期刊仅 187 种；报纸近 2 000 家，以农民为主要读者对象的报纸仅几十家；全国已注册的各类电视台有上千家，开办对农（农村、农业、农民、农民工）栏目的只有 1%，农民在传媒资源的分配和利用上明显处于“弱势”。（李缨、庹继光，2007）

二是电视农业信息传播时段与农民集中收视的时段相背离，造成信息供给与需求错位。通过农民的一日活动表了解到，龙泉村村民在早上 7 点半的时候已经开始在农田里干活了，应县电视台最主要的农业节目——科普大篷车，基本上与农民无缘。一些农民反映其他电视台播放的农业节目时段也安排不合理，农民没有适合的时间看。

三是农业节目的内容不符合自己的要求，兴致不高。村民普遍反映，他们很希望看到能满足自己生产要求、符合自己切身利益的农业技术、政策节目。但是现在的农业节目多数内容太深、太宏观。

在访谈中，刘建银还对目前电视媒体的泛娱乐节目提出了批判。他认为乡土的节目才是最有农村观众市场的节目。他设想电视台举办一些“农民状元谱”、“农民对对碰”之类的竞技类娱乐节目，将农业技术、科学知识贯穿其中，通俗易懂，农民愿意接受。如比种植、比养殖的竞猜节目；比西瓜大，好在哪里，比西瓜小，小的优势何在？比猪比牛，让农民共同分享养殖的诀窍和经验;或者开办村与村的村干知识问答节目,诸如此类的节目农民一定很关注。

②广播。据了解,龙泉村村民几乎没有听广播的习惯。应县广播电视服务中心王主任介绍,应县的广播台由于设备已坏,已经停播3年。所以在龙泉村,村民对广播的印象也比较淡薄。

③报纸、杂志。从村两委那里了解到,目前村里订阅的报纸主要是《人民日报》、《山西日报》、《朔州日报》、《应县公众信息》等报纸。杂志较少,主要是《求是》杂志和《农民文摘》等。村两委每年用于报刊等宣传费用的支出为4 000元左右,村委会设有阅报栏,向村民开放。但是事实上愿意去接触这些报纸、杂志的农民非常少。实际情况表明,报纸、杂志这一类纸质"冷"媒介的普及程度和覆盖率远不如于电视、广播。由于农民受教育的程度较低,所以年龄在35岁以上的农民主动接触报纸、杂志的非常少。多数农民认为报刊语言深奥,难以理解,而且报道的信息比较宏观,很少有针对当地农民生计方面的信息,实用信息很少。

④村网络文化站。据刘建银介绍,2005年底,山西省移动公司用5个多月的时间给龙泉村的700多户村民接入了有线IP电话、宽带、有线电视,并为龙泉村无偿提供了12台电脑和一台管理主机供村民使用。依托这10台电脑,龙泉村首次建立了"农村网络文化站"。

在网络文化站成立后,村干部多次邀请了山西移动公司的技术员培训农民使用电脑,同时也利用山西省大学生到农村培训农民网络技术。现在村里大多数的年轻人已经可以利用网络自己开展业务。网络文化站也自然地成为了全村的一个交流中心。

在龙泉村网络文化站的墙壁上,张贴了独特的资费标准:第一条是每周提供不少于10个小时的公益上网时间(不含网络游戏、网络电影);第二条是电脑知识学习和单机益智游戏每小时收费0.5元;第三条是远程教育、农村党员教育、健康知识讲座以及农业技术讲座等每小时收费0.2元;第四条是进行涉农信息浏览每小时收费0.5元;第五条是其他信息浏览、农产品信息发布和交易每小时收费1元;第六条是网络电影和网络游戏的价格每小时1.5元。可见,网络信息站经营的导向是在农村普及电脑知识和互联网应用,特别是传播那些贴近生活服务百姓的网络信息。

据刘建银介绍,农村文化站里的每台电脑每个月需向山西移动支付100元,这笔费用包括了设备的维护费及带宽的使用费。虽然目前在网络文化站里上网的多为年轻人,大多是在玩游戏、看电影,但是刘建银认为,年轻人多是从玩游戏学会使用电脑的,也是在逐渐培养用电脑和上网的习惯,而且来这里上网总比在家打麻将、赌博等活动要好得多。

同时刘建银还介绍,网络文化站自成立以来,很多村民逐渐认识到电脑的作用。尤其是村蔬菜经纪人,已经越来越离不开互联网了,现在,蔬菜经纪人频繁地来到网络文化站,利用互联网查询市场上的买卖价格、蔬菜运输目的地的天气情况等综合信息指导蔬菜交易。有些蔬菜经纪人更在网络上做起了广告。2006年,全国蔬菜价格"跳水",龙泉村的村两委积极动员上网关注市场,最终避开了蔬菜的集中上市期,使菜农们有赚无赔。除了依靠网络文化站外,现在,村子里已经有一些村民家里装了宽带,一部分农户率先配置了个人电脑,足不出户地与信息直接接轨。据村组长刘贵明介绍,该村通过网通、移动接入宽带的用户各半,都是20多户,两家的宽带资费都是420元/年。

近两年,村民主动买电脑的人越来越多,村民都说:"白天肩扛锄头下地干活,晚上手拿鼠标电脑上找信息。"

个案 4-3　刘瑞

刘瑞今年 21 岁，16 岁便在朋友的帮助下，学会了上网。但是由于当时村子里很少有电脑，所以上网的机会也很少。自从村子里建起了网络文化站后，他便成为了这里的常客。刘瑞家是做胡萝卜收购的，他去上网最重要的工作是查询各地的胡萝卜价格，并在网上寻找客商，联系胡萝卜的销售。现在刘瑞家的胡萝卜主要销往广州市场，这个广州客商也是通过网络找到的。刘瑞说，当时通过 QQ 给他传了几张照片，客商很感兴趣，到龙泉村考察了一下，便签订了每年购买 100 多万斤胡胡萝卜的大合同。刘瑞说，收购高峰期时，他每天早上起来的第一件事便是去网络文化站查询胡萝卜的价格，他最近经常去的网站是村里的龙泉在线以及应县信息网和中国农业信息网。他说现在感觉自己的大脑挺清醒的，为何清醒呢？因为，想看哪些信息就能看到哪些信息，不会埋头苦干，可以与外界接触了。做什么事情，胆子都比以前大了。现在，他越来越喜欢电脑和网络了。

注：资料来源：谭英. 新农村“自下而上”信息传播范式研究. 中国农业大学出版社，2010：175。

从个案 4-3 中可以看出，加强乡村文化建设非常重要，但引导农民建立学习风气，不断提高自身综合素养更重要。

⑤简单实用的“应县龙泉村”网站。2003 年，在村党支部书记刘建银的一手策划下，龙泉村建立起了自己的“龙泉在线”网站（http：//www. yxlqc. cn/）即“应县龙泉村”的前身，在百度上输入“中国胡萝卜第一村”就可以找到相关的网页。

据刘建银介绍，在 2004 年胡萝卜上市前一个月，龙泉村率先开通了“龙泉在线”网站，迈出了网上查询、网上交易的关键一步。刘建银还把手机号码、邮箱、QQ 放在网上，生意从此接踵而来。刘建银说："该网站在建设之初，主要的目的是为本村的胡萝卜找销路，近年来，随着胡萝卜村的名声越传越远，网站的内容也越来越丰富，不仅有胡萝卜的市场销售信息，还有龙泉村精神风貌的信息以及售后服务的信息；现在该网站已经成为龙泉村的窗口"通过这个窗口，胡萝卜大卖，尝到甜头的龙泉村民争相要求扩大种植量。

2005 年村里的胡萝卜种植面积从 3 000 多亩扩大到 5 000 多亩。而且通过网络，先后有韩国、日本、新加坡等地的外商跟他们取得了联系，并建立了固定经济合作关系。龙泉村也成了网络上远近闻名的"中国胡萝卜第一村"①。目前，该网站已成为龙泉村农民收发信息的重要平台。

⑥我爱我村网(全国最大的农村门户网站)。我爱我村网②是目前全国最大的农村门户网站。该网站以省、市、县、乡、村五级架构为基本框架，包括全省 11 个市、119 个县(市、区)、1 198 个乡镇、28 203 个行政村。

我爱我村网为山西省全部行政区划建设了自己的门户网站，而且所有的网站既独立，又联动，只要有一个农民在自己的村网站发布供求、就业等信息，全省 29 531 个网站即可同时看到。联动的同时，每个村门户网站又有自己的独立网站，承载本村新闻、本村商品、本村公告、本村招商引资、本村大事、家长里短、本村联系方式、本村地理位置等。

我爱我村网搭起了政府与农民、政策与农村、市场与农村、农村与农村交流的桥梁。目前，我爱我村网在山西省内日均点击量达 22 万次左右，该点击量全部发生在山西农村。

我爱我村网定位于大型农村生产生活门户、社交型电子商务信息平台，栏目内容紧紧围绕农民生产、生活设置，包括：农业科技、农业政策、政务公

① 部门资料来源于龙泉在线网站 http://www.yxlqc.cn/。

② www.cun365.com 我爱我村网。

开、供求信息、价格行情、赶集信息、农村经纪人、招聘求职、远程教育、远程医疗、法制天地、婚恋交友、本村公告、本村(乡、县、市)新闻、本村(乡、县、市)基本情况、招商引资、联系本村(乡、县、市)、本村掌门(网络管理员)、本村地图等。[①]

与全国所有网站不同的是:我爱我村网不但覆盖山西省所有行政区划,而且在每个村门户网站都增设了"掌门"管理职能。

掌门——事实上就是每个村网的网站管理员。为体现网站民间风格,市级门户网站管理员叫市令,县级叫县令,乡级叫乡令,村级叫掌门。掌门人对农村大部分不会使用电脑的用户来说,起到了极大的带动和帮助发布信息、进行市场沟通的作用。同时,掌门人能在第一时间将每个村子的信息上传到我爱我村网上,龙泉村的刘建银就是村网的掌门,该网站也是龙泉村发布信息的主要平台之一。

⑦看瓜棚——刘建银的博客[②]。刘建银在新浪开博客是从 2009 年开始的,也算是农民中比较早进入博客队伍的人。他的博客中的信息多是他的散文随笔、杂谈和对人生的感悟,也有关于村里的新鲜事。从他目前的等级(12)、博客积分(439)、博客访问(18 662)和关注人气(5)来看,他的粉丝也不算少。博客虽然是他个人的空间,但是由于他代表着龙泉人的形象,他满脑子装的都是龙泉村。正如他个人所说:"我不怕别人说我在搞个人崇拜,我代表的是龙泉村新农民的形象,我代表的是中国新农民的形象。"[③]

2)组织传播:外部组织、内部组织

①外部组织。对龙泉村的信息传播具有影响的外部组织主要包括县镇级的政府、山西移动公司、朔州市科学技术协会等部门。他们通过宣传册、网站等途径开展对龙泉村的信息传播。

---

① 我爱我村网 农村新神话 http://www.cass.net.cn/file/20090630236145.htmi。

② 刘建银(龙腾四海)的博客网址:http://blog.sina.com.cn/u/1282914923,2014 年 5 月。

③ 视频《山西公共频道》.特别访谈刘建银(上).2008 年 3 月 27 日。

县、乡、镇政府会不定期地向村民下发一些关于农业生产、预防公共卫生以及普法宣传等内容的宣传册。通过访谈发现，农民对这类小册子还是非常感兴趣的。不少村民认为，现在下发的小册子越来越通俗易懂，生动浅显，大多采用百姓喜闻乐见的形式。在一农户家中，他就特意将刚拿到手的“应县‘五五’普法宣传资料”(2007 年 8 月第一次印刷)递给我们看。这本小册子采用漫画的方式讲述一件件法律纠纷的解决方法，如“农民的宅基地可否自由买卖?”“合伙债务应由谁偿还?”等，言语朴实、简短，通俗易懂。

科协等部门在龙泉村设立的宣传栏主要集中在村委会院外和院内，刊登的多是一些科普惠农挂图。包含的内容多与农村的生活、生产相关，如“搞好母牛秋季配种的方法”、“科学饮食的九大妙招”等。据村两委干部介绍，宣传栏上的挂图一般两个月更换一次，很多村民表示非常喜欢观看宣传栏里的内容。

政府设立的农技服务站在龙泉村发挥的作用甚小，据金城镇副镇长介绍，镇里没有农技服务站，县里有，好像只有一人在工作，主要负责提供新技术、引进新兴的农机器械，很少有时间下村。在村中的调查也表明，大部分的村民不知道县里还有农技服务站，更鲜有村民去过农技服务站寻求技术解答。

②内部组织。在龙泉村内部发挥组织传播功能的主要是村两委，村两委主要通过人际、大喇叭、宣传栏、展板及村庄形象标识等渠道开展信息的传播。

人际交流仍然是村两委最经常采取的传播手段。此外，村两委经常会利用大喇叭宣传中央政策信息、科技信息和文化信息。村书记刘建银每年春天都会通过大喇叭播报“科技半小时”栏目，做新种子和新技术的推广宣传工作，并预测当年市场前景。目前，这个“科技半小时”节目成为当地村民最为喜爱的节目之一。

除了利用科普惠农挂图、宣传栏等传播科普信息外，龙泉村村两委还在村委会大门口的墙壁上，建立了“永久牌”的“村务公开栏”。村务、财务、村中涉及村民利益的重大事情都会第一时间放到上面。

为了打造“中国胡萝卜第一村”的品牌，村两委采取了多种渠道进行宣传，包括在龙泉村主干道两旁设立“中国胡萝卜第一村”的圆形标识，在龙泉村的自有车辆上喷着鲜亮的“中国胡萝卜第一村”的字样来回穿梭，制作大型展板和横幅以及制作村庄宣传片等。村两委在龙泉村开展的信息工作颇见成效（表 4-4）。

表 4-4　龙泉村村民喜欢的信息服务方式

类别	数量	比例(%)
以村委会为主	31	73.8
以协会为主	1	2.4
以企业为主	3	7.1
以信息中介为主	5	11.9
其他	2	4.8
总数	42	100.0

注：资料来源：谭英．新农村“自下而上”信息传播范式研究．中国农业大学出版社，2010：180。

事实上，让村两委牵头做信息传播工作，受到了农民的普遍欢迎。2007 年，笔者邀请参加中国农业大学的大学生暑期实践活动的志愿者，在全国 14 个省、市的 41 个村庄共发放 1 168 份调查问卷，从调查问卷统计来看，43.6%的受访农民更喜欢村委会组织的信息传播体系形式。其他各种组织形式的总和仅占 56.4%；有 39.4%的农民更倾向于让村委会来负责组织技术培训，远高于处于第二位的村能人（占 17.7%）。

3）人际传播

在农村这样的熟人社会里，人际传播占主要优势。在龙泉村的人际传播中，除了亲戚朋友之间的交流外，村两委与蔬菜经纪人对市场信息的传播起到了关键的作用，村两委与蔬菜经纪人在村民获取市场信息的主要渠道中分别占了 21.4%和 35.7%，所访谈的村民表示，蔬菜经纪人是与客商接触最多的人，他们提供的蔬菜市场信息也最为准确。

在龙泉村村民的日常交流中，大喇叭、固定电话和手机也扮演着一个重要的角色。在龙泉村，村里的大喇叭每天都要播出很多信息，大多数村民都很爱听，因为村民认为这些信息对他们来说往往是非常重要的。通过调查了解到，除了村委会有大喇叭外，龙泉村目前已经有 16 家农户自己拥有大喇叭，每家拥有的大喇叭 4～8 个不等(每个大喇叭的费用大概为 300 元)。拥有大喇叭的户数比 3 年前高出了 5 倍多，龙泉村拥有大喇叭的比例在农村已经相当高了。金城镇副镇长认为，龙泉村之所以安了那么多喇叭，原因有四：一是龙泉村人口多；二是接近城郊；三是外来龙泉村的生意人也较多；四是该村村民经济实力较强，当需求出现时便出现了自发安装喇叭的现象。

龙泉村拥有大喇叭的农户多为蔬菜经纪人。他们买来大喇叭多为方便自己使用。收购高峰时，他们就时常在大喇叭中吆喝："细顺萝卜 0.45～0.50 元；精品胡萝卜 0.70 元；脱水用次品萝卜 0.06 元；混和萝卜 0.30～0.35 元；大萝卜 0.30 元。有要萝卜的村民快来卖噢。"

除了蔬菜经纪人外，一些小商店也安装了大喇叭，他们的目的多为了租用，别人喊一次话需付小卖部一元钱。

很多村民表示，大喇叭已成为他们获取市场信息和发布信息的最主要途径，近一半村民是利用大喇叭来发布信息的。多数村民认为大喇叭中包含的一些信息既快捷又通俗易懂。

事实表明，重视或恢复村喇叭功能的村，利用村喇叭向村民传播信息的效果好于大众传播和其他相关信息渠道。村喇叭的方便、快捷可使信息传播收到事半功倍的效果。由于它的不可控制和不可抵挡性，对某个特定的时期或者特定的内容具有较好的传播效果，有学者把这种理论称为"子弹论"。

在电话和手机方面，2002 年全村拥有手机的农户仅为 4 户，拥有固定电话的农户为100余户，随着村庄蔬菜经济和加工业的兴起，中国网通的固定电话在龙泉村也有很高的普及率，村子里手机的拥有量逐渐超过了固定电话的拥有量，目前全村95%的农户都有手机，有不少家庭甚至有十几部手机。

此外，一些农民还通过举办活动，为自己做宣传。村里的致富能人刘仕强就是一个典型的例子。每年正月初八，他都会个人自掏腰包组织以自己代理的瑞宝胡萝卜种子命名的象棋比赛——“龙泉村瑞宝胡萝卜杯象棋比赛”。在赛前，他会在应县电视台以及报纸上做广告宣传，邀请选手和一部分政府部门的人员前来观看。比赛规模一般有50多人。这项活动在让村民娱乐的同时也将刘仕强的产品告知了村民。而且，比赛当天还会有电台来采访，所以对刘仕强来说，这是一次人际传播和大众传播互相结合的免费广告。

由此也可看出，龙泉村人的信息传播意识较强，不仅主动向是政府和电视台发布信息，而且学会了借助权威信息收发平台的力量表达自己的利益，发布产品销售信息。

4)龙泉村村民使用信息收发平台的偏好

从龙泉村村民获取信息和发布信息的情况看，呈现以下几个特点(图4-1)：

①龙泉村村民获取娱乐、天气、新闻等信息主要从大众传播渠道获得。包括电视、报纸、杂志、网站等。

②龙泉村村民获取生产和销售信息(致富信息)按重要程度依次从蔬菜经纪人、村两委、大喇叭、网站、手机、宣传栏等获得。

③龙泉村村民发布信息的渠道主要有：村网站、蔬菜经纪人、外界报道、大喇叭、手机、QQ、宣传栏、电视、报纸等。

需要说明的是蔬菜经纪人发布信息的渠道主要是村网站、手机和QQ，一般村民常常通过蔬菜经纪人收发信息。

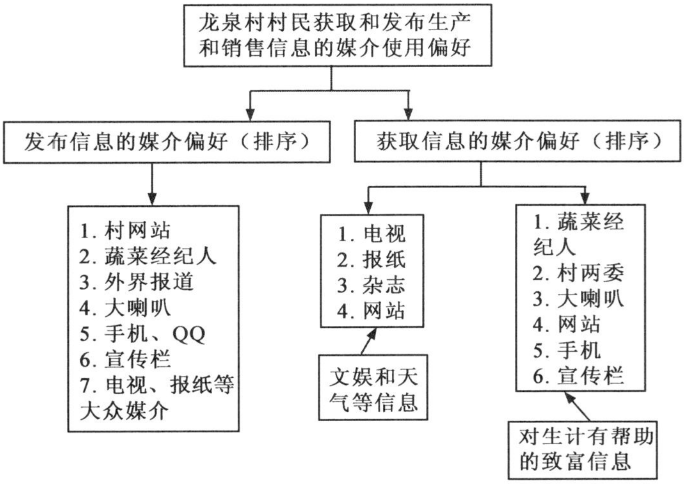

图 4-1　参与式信息收发平台使用偏好结果

5)龙泉村信息收发平台影响力评估

对于信息收发平台影响力的评估，一般应从三方面考察：其一，要看信息平台的种类，如电视、互联网、报纸等；其二，要看信息平台的级别，如国家级、省级、地市级等；其三，要看该信息对大众的影响力有多大。

以“胡萝卜第一村的网络故事”信息为例(附录 1)，该新闻首先发表在山西晚报，属于省级报纸，表 3-4 中给出信息平台类型 P 值和信息平台级别 F 值，按人口规模给出 D 的分值，运用信息平台影响力公式计算，$H=P+F+D$。

按信息只在一个平台发布，信息平台种类 P 为 8，信息平台级别 F 为 8，按山西省人口规模评估其影响范围 D＝3 296.96，对应值为 4，最后得出该事件的所投放的信息平台影响力：$H=8+8+4=20$。

(5)信息看听、点击及转载情况(信息传播速率)

通过谷歌引擎，搜索关键词“应县龙泉村”，可以看到有关龙泉村——“中国胡萝卜第一村”的新闻共有 264 000 项。使用搜索引擎，搜索关键词

"应县龙泉村"共有 6 110 多项；随机点击其中一个网站或网页上的信息，便可看到有多种媒介或信息收发平台相继转载同一个内容(表 4-5)。

表 4-5　有关龙泉村的信息传播速率状况

信息内容	转载 1	转载 2	转载 3	转载 4	转载 N 次
"人生因奋斗而精彩" 朔州日报:2005-09-05	百度文库网 2011-03-07	山西新闻网 2008-06-12	人民日报海外版-人民网 2009-07-31	中小学教育网 2006-07-31	……
"胡萝卜第一村的网络故事" 山西晚报:2006-06-20	新浪新闻网 2006-06-20	网易新闻博客 2011-08-04	腾讯网 2007-07-10	应县公众信息网 2001-12-07	……
"山西农村网络文化站惠及千万农民" 人民网-人民日报，2007-05-26	搜狐新闻网 2007-05-27	中国经济网 2007-05-28	南京图书馆读者服务部 2008-03-25	法制网 2007-05-27	……

注：搜索时间是 2011 年 8 月 21 日，除此之外，还有很多其他网站转载。

另外，龙泉村也很注重通过视频的形式塑造该村的形象，扩大该村的影响力。如"龙泉村宣传片"[山西公共频道]2007 年 8 月 30 日播出的视频新闻《萝卜上网黄金万两》，[山西公共频道]2008 年 3 月 27 日的"特别访谈刘建银"，2008 年 8 月 14 日《应县电视台》的"全省农科 110 建设龙泉村现场会"等很多视频新闻，均由应县龙泉网和土豆网转载。

土豆视频网是目前受众乐于浏览的网站，该网站以内容丰富、网速快捷、视频收视效果好而受到广大受众的喜爱。

龙泉村信息传播速率评估

对信息传播速率的评估，一般应从两方面考察：其一，该信息是否受到大众的关注和观看，即是否有媒介转载，转载的媒介越多说明其关注度越高；其二，该信息大概有多少人关注，该信息对大众的影响力如何。

以"胡萝卜第一村的网络故事"信息为例(附录 1)，该信息被山西晚报、山西新闻网、腾讯网、新浪网、网易博客、山西电视台、我爱我村网站等媒介转载，预估千万人阅读过此信息，其信息关注度评估参考值为 $N=7$，按信息传播速率的公式计算，$G=N$，信息的传播倍率即为 $G=7$。

4.1.4 应县龙泉村村委会某条信息的信息传播位能计算

信息传播位能是由信息分量、信息传播速率和信息收发平台组成的，他与三要素的关系呈正比例关系。通过对“胡萝卜第一村的网络故事”信息分量的挖掘、信息传播速率及信息收发平台的分析，将三项要素评估分值数套入演算公式中，结果为：

$$E_c = MGH, M = \sum Cij\ G = N, H = P + F + D,$$

$$M = 98, N = 7, H = P + F + D = 20$$

$$E_c = 98 \times 7 \times 20 = 13\ 720$$

假设信息传播位能最大量值为：

$$E_{\max} = MGH = 150 \times 10 \times 30 = 45\ 000$$

那么，“胡萝卜第一村的网络故事”的信息传播位能标准化指数即为：

$$E_I = E_c / E_{\max} \times 100 = 13\ 720/45\ 000 \times 100 = 30.48$$

“胡萝卜第一村的网络故事”信息传播位能指数为 30.48，这仅仅是一条信息的位能量，如果按照龙泉村网站上发布的信息数量 229 条信息的每条信息位能累加起来，其信息传播主体龙泉村的总信息位能量可能会很大。由此也可看出，信息传播主体村委会选择互联网网络信息平台作为“自下而上”信息传播的重要媒介，有利于其信息传播位能的增加。

4.1.5 小结

调研结果表明，龙泉村目前已形成了电视、网站、大喇叭、报刊、信息栏、展板、电话和手机等多元化信息传播渠道共存共融的局面。

电视媒介是农民获取信息的主要渠道之一，农民是电视传播的最大信息受体，这已是不争的事实。但是经调查发现，农民从电视中获取农业信息十分有限，一方面是电视农业节目资源匮乏，另一方面是农业节目的播出时段与农民的接收时段不符，其次是有限的农业节目中，符合农民信息需求的节目更是微乎其微。不过，值得注意的是当地省、市、县电视台经常有龙泉的新闻，这无疑也成了传播龙泉村信息的重要通道。

龙泉村农民获取市场信息的主要渠道是人际渠道及蔬菜经济人与村两委；网站、大喇叭和手机对龙泉村村民向外发布信息起到了重要的作用。通过网站，农民不仅可以获得很多信息，也可以让更多的人了解到自己的产品，并通过博客、QQ 等实时聊天工具，在网络世界里做生意。如龙泉村支书刘建银所说："现在种地也不是全部那种原始的方式，像与外界的联系，农产品的推销，还有我们对外界的宣传，扩大影响，网络提供了一个很好的平台，提供了一个非常方便快捷的通道。[①]"通过大喇叭，村民可以让处于村庄内部的所有人都了解自己的信息，传播的效力强大。

总之，龙泉村的信息传播意愿和自我宣传意识很强，该村 100 多条新闻被中央、省、市、县、个人网站（博客）相继转载，让外界较好地了解了龙泉村，其信息传播速率比较高。从目前网站的点击率和留言情况来看，网站在推广龙泉村的蔬菜产品和招商引资上已经产生了一定的作用，未来产生的作用将更大，正如刘建银所言，"龙泉村的网站最重要的是能够让外面的人更快地知道中国有个胡萝卜第一村"。

在生产方面，信息间接地改变了农民的种植结构，使农民以玉米等农作物为主的传统种植方式转向以胡萝卜等蔬菜为主的新型种植方式，并取得了较大的经济利益。在生活方面，部分村民更倾向于上网学习和游戏来消

---

① 山西电视台．软件也要"硬"．农村网络文化站，2006-10-23。

磨时间,减少了赌博、打架等不良行为。在观念上,农民进一步认识了信息的重要性,注重用信息致富,开始了解信息、主动发布信息,行使自己的话语权。

运用信息传播位能理论验证,经信息传播位能公式计算,龙泉村两委的总信息传播位能量比较高。

4.2 案例2描述:“自下而上”的以农民专业合作社为主体的信息传播

4.2.1 案例2的选择

伴随着2007年《中华人民共和国农民专业合作社法》的颁布和实施,农民专业合作社已成为中国农村较普遍的组织形式,作为新农村建设的一股新生力量,其在农村信息化中的作用是不可忽视的。本研究针对一个比较成功的农民专业合作社——浙江‘忘不了’柑橘专业合作社的信息传播范式(谭英,2010)进行探索性研究,以期从传播学的角度,以“农民为中心需求”,考察和验证浙江“忘不了”柑橘专业合作社的信息传播位能状况,从理论上探寻“自下而上”的信息传播范式的依据。

本研究选择浙江“忘不了”柑橘专业合作社作为调查对象,是出于以下两点考虑:

第一,浙江“忘不了”柑橘专业合作社位于浙江省中国无核蜜橘之乡临海市涌泉镇,是临海市“示范农民专业合作社”,为临海目前规模最大、实力最强的一家集柑橘、杨梅、枇杷等水果种植、加工、销售为一体的农民专业合作经济组织。

据悉,“忘不了”商标 1999 年注册,2005 年认定为浙江省著名商标,在浙江省内柑橘行业享有很高的知名度,临海市是台州市的一个县级市。浙江省是我国农民专业合作社起步最早、发展最成熟的地区;浙江省台州市作为国家最早建立农民专业合作社建设试点的地区,其合作社的发展起步也较早,发展也比较规范。2008 年 9 月,浙江省农业厅首次评出 50 家省级优秀示范性农民专业合作社,台州市占 13 席,数量全省第一,这其中就有浙江“忘不了”柑橘专业合作社。2007 年 7 月 1 日,《农民专业合作社法》正式实施后,该农民专业合作社正式注册为企业法人,并借此更名为“浙江‘忘不了’柑橘专业合作社”。10 年来,浙江“忘不了”柑橘专业合作社的发展经验以及在农村信息化进程中取得的经验也必然能给其他地区的农民专业合作社提供指导和借鉴。

第二,浙江忘不了柑橘专业合作社成立后,始终坚持以农民为主体,服务为宗旨,为橘农提供种植、采收、销售方面一条龙技术、信息服务,在促进柑橘产业提升,实现“农业增效、果农增收”等方面,取得了一定的成效。

从 2002 年至今,合作社的发展取得了合作社盈利、入社社员增收、消费者满意三赢的局面。“不吃不知道,一吃忘不了”这一句醒目的广告词已经走出浙江,在大江南北喊响。2009 年 11 月 18 日,经浙江省银监局核准,由浙江“忘不了”柑橘专业合作社理事长冯贻法创办的草根银行“农村资金互助社”在临海市涌泉镇正式成立,这又是我国农村金融改革发展史上的一件大事。营业第一天,这家“草根银行”吸收社员存款 230 多万元,向社员发放贷款 107 万元。据了解,这家资金互助社目前有社员 103 名,注册资本 350 万元,是目前全国规模较大的农村资金互助社之一。

合作社理事长冯贻法在接受记者采访时说:“合作社的发展到今天一步也离不开信息化”,冯贻法为什么会有如此感叹,作为一种特殊的企业组织,他是怎样运用信息带动发展的,他是怎样一种信息传播主体,他又是如何代表农民说话的,“忘不了”农民专业合作社旺盛长久的生命动力在哪里,引用信息位能理论来验证这一代表农民利益的“自下而上”的信息传播拉动力，可能会对当下各界探讨农村信息化提供一些参考依据，也可进一步完善信息传播位能理论。

4.2.2 案例2:浙江“忘不了”农民专业合作社简介

(1)“忘不了”农民专业合作社概况

浙江“忘不了”柑橘专业合作社创建于2002年10月，位于中国无核蜜橘之乡——临海市柑橘产业重镇涌泉，地处环境十分优越，气候独特，种植柑橘、杨梅历史悠久。系农业部、浙江省、台州市级“示范性农民专业合作社”、台州市“十佳农民专业合作社”；现有社员143人，连接社员柑橘基地8 100亩，杨梅基地5 000亩，其中柑橘科技核心示范基地1 100亩，柑橘科技示范、观光休闲园200亩。建有办公、培训等综合用房1 380米^2，出境柑橘包装厂一个，橘果贮藏库350米^2，固定资产达1 280万元，年销售产值6 000多万元。下设农产品配送中心两家，浙江省、台州市、临海市三级柑橘区域科技创新服务中心等，是临海目前规模最大、实力最强的一家集柑橘、杨梅、枇杷等水果种植、加工、销售为一体的农民专业合作经济组织。

建社以来，始终坚持稳健务实的发展战略方针，紧紧围绕产业搞合作、实施科技兴社，为实现“农业增效，农民增收”这一目标，规范管理，强化服务，诚信经营，合作社制定了《柑橘生产技术操作规程》、《果品质量技术标准》和《果品质量安全管理手册》及田间档案记录等管理和质量追溯制度，做到岗位职责明确，管理制度和安全管理服务体系健全。同时，在运作中运用科技与创新，大力开展实施品牌战略，注重产品质量和品牌创立，依托信息技术和信息服务进行品牌宣传，在北京、上海、南京、常州、杭州等全国十多个大中城市开设销售网点，产品实行统一质量标准，统一分级包装、统一品牌上市，使产品知名度、信誉度、美誉度不断提高；注册的“忘不了”商标和

"忘不了"的柑橘品牌，2002年荣获浙江省柑橘博览会金奖，被中国果品流通协会评为"中华名果"；2003—2005年连续三年荣获浙江省农业博览会金奖；2003年被临海市人民政府授予"临海无核蜜橘十大精品"；2004年荣获"中国（温州）特色农业博览会金奖"，被台州市工商局认定为"台州市著名商标"；2005年荣获台州市首届"十大农业品牌"和"浙江省著名商标"；2006年"忘不了"蜜橘是被浙江省第十三届运动会唯一指定的柑橘销售产品，并荣获台州市知名商品、浙江名牌产品、中国绿色食品；2008年荣获浙江省名品正牌农产品等荣誉称号，"忘不了"柑橘、杨梅等产品深受消费者的青睐，取得了合作社盈利，入社社员增收，消费者满意三赢的新局面。

(2)浙江"忘不了"柑橘专业合作社的信息传播环境

1)浙江"忘不了"柑橘专业合作社信息传播的内部环境

①浙江"忘不了"柑橘专业合作社成立的背景及经营理念。涌泉柑橘合作社成立于2002年10月，当时，国内柑橘市场竞争激烈，而国外一些果品也大举进军我国，作为涌泉镇的第一大产业，柑橘业面临着国内外的双重压力。原先那种一家一户的生产模式，显然已不适应千变万化的市场，更不利于涌泉柑橘整个产业的提升。在这样的情况下，涌泉柑橘产业合作社应运而生。作为合作社发起人之一的冯贻法，把自己注册的"忘不了"品牌无偿捐给合作社，这使得合作社一开始就有了品牌运作的平台。

在合作社成立之初，如何把大家组织在一起，把社员的产品卖出去，是合作社最简单、最直接的理念。随着合作社的发展和柑橘产业的发展，合作社的经营理念也在发生转变，从简单的生产、经营合作向整个产业合作转变，做大做强向产业的深层次纵深发展。"农业增效，农民增收"，成为了合作社发展的主要目标。

②浙江"忘不了"柑橘专业合作社的内部组织结构。浙江省"忘不了"柑橘专业合作社根据《浙江省合作社示范章程》制定了合作社章程和有关规章

制度，坚持“民办、民管、民受益”的原则，做到入社自愿、退社自由，利益共享、风险共担，民主管理、自求发展。合作社的重大事项广泛听取社员和股东意见，民主决策。日常工作在理事会的直接领导下进行，对收购、运销、财务等工作，内部分工明确，纪律严明，工作井然有序，赏罚分明，既有分工又紧密协作。合作社由理事会和监事会管理日常工作，理事会下设科技开发部、生产基地部、农资服务部、营销部、办公室和财务室，每个部又下设许多小组，每个部和小组均有一个信息联络员与办公室联系。对每一个岗位的职责都做出了明确的规定，并且各岗位职责制作上墙。

另外，浙江省“忘不了”柑橘专业合作社在内部管理上创造了新的合作社管理模式，实行内部分级管理，使合作社的组织结构逐步从“合作社—社员”这种无中间机构的组织向“合作社—生产小组—社员”具有科层组织的结构转变。社员被分成若干个生产小组，每个小组与合作社的企业成员建立稳定平等的合作关系。合作社对社员也建立了明文规定的奖惩机制。

12 个生产小组，每个小组分别由“1 个发起人＋若干农户”组成，相互订立合同，以“五统一”(统一土壤化验、统一品种搭配、统一用肥用药、统一栽培标准、统一原料采购)为基础，形成紧密型的合作关系。这种合同关系以相对稳定的合作关系为基础，其中的发起人可以是专业贩销大户，也可以是农业龙头企业，或者是非本村的商业企业(超市、水果专业批发市场、加工企业等)，完全打破了常规的当地人合作、农户之间合作，而是企业与农民平等合作(周霖，2007)。

③浙江省“忘不了”柑橘专业合作社的人员构成。浙江省“忘不了”柑橘专业合作社有社员 143 人，带动农户 1 500 户，其中种植大户 130 户，贩运大户 15 户，农民技师 5 人。合作社聘请省柑橘研究所为合作社常年技术顾问单位，引进技术人员 8 人，其中本科生人 1 人，中专生 1 人，农民技术员 6 人(表 4-6)。

表 4-6　浙江省“忘不了”柑橘专业合作社高级管理人员与技术顾问

姓名	合作社职务	简介
冯贻法	理事长	高级技术员
徐建国	总顾问	省柑橘研究所副所长 研究员
戴世勇	名誉理事长	涌泉镇党委书记
金宝富	顾问	市科技局副局长
林日运	顾问	市特产局党委委员
鲍雨林	技术顾问	推广研究员
邵宝富	技术顾问	高级农艺师
应明再	技术顾问	涌泉林业特产站站长 农艺师
张　林	科技特派员	浙江省柑橘研究所

注:资料来源:谭英.新农村“自下而上”信息传播范式研究.中国农业大学出版社,2010:253。

作为理事长的冯贻法是合作社的核心人物,在他的名片上可以看到他拥有多个头衔:浙江“忘不了”柑橘专业合作社理事长、临海市橘乡农产品配送中心总经理、浙江省柑橘产业协会副会长、台州市柑橘产业协会常务副会长、台州市农民专业合作社联合会副会长、临海市农民专业合作社联合会会长、临海市柑橘产业协会副会长、临海市杨梅产业协会副会长、浙江省第十一届人大代表、台州市第三届人大代表、临海市人大常委会委员。

从浙江“忘不了”柑橘专业合作社信息传播的内部环境中可以看出,浙江“忘不了”柑橘专业合作社是顺应市场形势,由村民主动发起成立的,有共同的信息需求和共同的奋斗目标。合作社从成立开始就重视品牌建设,具有很强的信息传播意识。合作社有完整而严密的内部组织结构,分工明确,奖惩分明,管理层信息沟通良好。“合作社—社员小组—社员”的创新管理模式能赋予普通社员和企业社员平等的话语权,也让合作社内部的信息反馈更加有力。

2)浙江“忘不了”柑橘专业合作社信息传播的外部环境

合作社虽然是农民自己的组织,但绝不是孤立存在的,尤其政府的支持对其发展壮大有着不可或缺的作用，这也是浙江省农民专业合作社蓬勃发展的一大经验和优势。涌泉柑橘产业的健康、快速发展，与政府的优质服务是密不可分的。

①涌泉镇的农业信息化建设状况。信息化的推进为涌泉蜜橘的成名发挥了重要作用。现代信息技术已经在涌泉柑橘产业领域渗透，形成具有现代农业特征的信息农业。2007 年上半年，该镇开通了中国无核蜜橘网，从而为橘农及时了解产业政策、市场销售、供需定价、定期施肥、除虫等方面信息提供了平台。橘农可以在网上发布产品信息，农民专业合作社在网上发展“订单橘业”，有力地推动了该镇产销衔接，浙江“忘不了”柑橘产业合作社还成为台州市“订单农业”的示范单位。现代远程教育网络的普及也为广大橘农提供了信息服务平台。

该镇重点针对 50 岁上下的人群，通过三种渠道进行农技知识培训：积极开展支农服务队巡回指导，成立了一支由林特、农技等部门专家和乡土农技人才组成的支农服务队，常年为橘农提供技术服务；邀请专家授课，2007 年组织了 4 次专家讲座，参加群众达 3 000 余人次；利用远程教育平台扩大培训范围，自 2006 年 10 月份起，全镇 39 个行政村、3 个合作社都接通了宽带、开通了农民信箱，并多次组织农户参加农技知识远程学习，组织专家讲课，进行现场直播活动，收到了良好的效果。同时，切实增强农民经纪人队伍的市场开拓能力、经营管理能力，全镇常年从事柑橘经销的农民已达 800 多人。2007 年 4 月份，该镇邀请了全镇 50 余名经销大户召开座谈会，就国家的有关政策、市场信息、行业自律等方面进行了交流，并对他们进行了集中培训，努力提高经纪人队伍的整体素质。

该镇与省柑橘研究所建立友好单位，研究所连续 3 年派出高级技术人员到该镇担任农村工作指导员，并选派专业技术员常驻浙江“忘不了”柑橘产业合作社帮助搞开发研究。另一方面进行合作共享，在技术引进推广上求突破。镇政府和民间组织与省柑橘研究所以及日本、韩国的水果专家密切联系，得到现代化技术的支持和应用，如现代化钢结构大棚、滴灌技术、地膜覆盖、测土配方施肥等。新技术的应用不断提升了产业价值，如大棚种植技术可延长柑橘采摘期至次年 2 月份，使经济效益增长近 3 倍。

②利用多种传媒手段打造名牌产品。合作社对打造名牌产品的重视如同重视自己的眼睛一样，通过强化对品牌的监督管理，促使现有品牌与品质相符。首先，他们利用组织传播即与上级相关部门的关系如联合工商部门，积极开展橘果抽检监测工作，加强对“临海蜜橘”证明商标和原产地保护标志使用单位的监督管理。

充分利用人际传播的手段，组织开展品牌保护知识宣传，如每到集市日，便组织人员到集市推销，并介绍本社产品，增强橘农和专业合作社对商标品牌的运用和保护意识。还通过涌泉镇举办的柑橘节，提高涌泉柑橘的知名度，2007 年又投入资金 120 万元，重点建设柑橘文化展示厅、品橘村长廊，并开展橘乡采风摄影展、诗画比赛等活动。在此基础上，以观光采摘、果树认养、游购住吃玩为一体的三种模式为发展方向，鼓励民间资本投资建设农业休闲农庄。作为临海蜜橘的代表——涌泉蜜橘也因此而声名远扬（柯甫志、张新阳等，2006）。

利用大众传播的手段，如运用临海市电视、报纸、网络等多种媒介，加大宣传力度，努力提高临海蜜橘的知名度。如在 2008 年 1 月 9 日举办的第一届农民信箱网上农博会上，临海市浙江“忘不了”柑橘专业合作社，抓住这次网上农博会的机会，发起宣传攻势，宣传自己这张浙江无核蜜橘名牌，在农民信箱供求信息栏目中发布“忘不了”柑橘出售信息等，使柑橘专业合作社的“忘不了”牌无核蜜橘备受追捧。浙江省省长柴松岳等领导闻讯后，陪同上海市有关领导前来品尝临海蜜橘，使优质优价效应进一步得到显示，被省政府称为“这就是效益农业”。同时，临海市政府还投资 50 多万元，在出入临海的交通要道竖了三块“中国无核蜜橘之乡——临海”的宣传牌，让南来北往的人都知道临海盛产无核蜜橘。

另外，还在中央电视台上数次宣传临海蜜橘。从浙江"忘不了"柑橘专业合作社信息传播的外部环境来看，浙江"忘不了"柑橘专业合作社所在地涌泉镇的政府有关部门重视农村信息化建设和合作社在信息化建设中的作用，他们搭建的"中国无核蜜橘网"、"农民信箱"、"现代远程教育网络"等信息网络平台为合作社开拓了新的信息来源，实现了新的经营方式，提供了新的信息传播工具；他们组织的各种培训不仅提高了合作社管理层的市场开拓能力、经营管理能力、政策法规解读能力和信息利用水平，也提高了涌泉镇经纪人队伍的整体素质，满足了合作社对后备人才的需求；他们与上层信息技术部门和国外相关机构的联系为合作社提供了宝贵的信息技术资源；他们对品牌建设的重视和对信息传播环境的清理为合作社的品牌建设搭建了一个高质量的平台，"临海蜜橘"的知名度打造工程也让涌泉蜜橘和"忘不了"品牌声名远扬。

4.2.3 "忘不了"柑橘专业合作社的信息传播位能应用

(1)传者：柑橘农民专业合作社信息传播主体的构成

信息传播主体一般指主动传播信息的个体或组织，简称传者，柑橘农民专业合作社信息传播主体主要由合作社信息服务人员组成，承担合作社信息上传下达的任务。信息员通常是合作社推选出来的、善于沟通和写作的干部和农民。信息部(办公室)直接受合作社理事会领导，并与合作社各职能部门保持着紧密的联系。

合作社的管理人员和信息员本身也是合作社的社员，合作社的管理工作实际上管理的是合作社的生产和产品，而不是合作社的社员，合作社的所有工作都是为社员提供服务的，因此，合作社每个部门职责明确，各司其职又相互配合，首先保证了信息在合作社人员之间是畅通无阻的。从一定程度上说，合作社信息员的行为代表的是合作社和农民的行为，为了叙述的方便，下文中将“合作社信息传播主体”简称为“合作社”。

1)合作社承担着“外传内达”的重任

合作社作为社员与外部相关部门或人员进行信息沟通的中介组织，要将从外界环境和各种渠道收集的农业信息加以整理后传递给社员，要解答社员提出的问题，满足社员的要求，同时要将社员反馈的信息和提出的要求通过各种渠道反馈给社会和相关部门。此外，合作社还承担着推广合作社产品品牌的职能，对外界发布合作社产品的供销信息并树立品牌形象，这是单个农户的力量所难以实现的。

调查了解到，浙江“忘不了”柑橘专业合作社所在地为农民提供信息服务的主体主要有四个：浙江“忘不了”柑橘专业合作社、政府相关部门（如农业局、农技站等）、种子或肥料公司等其他企业事业单位以及科协等其他社会团体。根据问卷的统计结果，社员获取信息服务的情况（图 4-1），在接受调查的 50 位社员中，有 92％的社员获得过浙江“忘不了”柑橘专业合作社的信息服务，有 22％的社员获得过政府相关部门的信息服务，有 14％的社员接受过种子或肥料公司等其他企业、事业单位的信息服务，有 8％的社员接受过科协等其他社会团体的信息服务。这一结果表明浙江“忘不了”柑橘专业合作社是社员的最重要的信息服务者，履行了其信息传播职能。

调查数据（图 4-2）也表明，合作社是社员最信任的农业信息来源，合作社理应为社员提供信息服务。将选择某信息渠道的社员数除以参与此项调查的社员总数（50 人），得出的百分比即代表社员对从该信息渠道获得农业信息的信任程度，百分比的数值越大，则对该信息渠道的信任度越高。社员认为获得最有用的农业信息的渠道按信任度从高到低依次为农民专业合作社（84％）、广播电视（60％）、互联网（26％）、农产品销售市场（24％）、村能人（18％）、种子或肥料公司等其他企事业单位（18％）、报刊书籍（16％）、村委会村信息员或农技员（14％）、科协等其他社会团体

(6%)。而非社员认为获得最有用的农业信息的渠道按信任度,从高到低依次为广播电视(58%)、村能人(36%)、互联网(24%)、农产品销售市场(22%)、报刊书籍(22%)、种子或肥料公司等其他企事业单位(20%)、村委会村信息员或农技员(12%)、科协等其他社会团体(6%)。可见,比起村民普遍比较信任的广播电视上的农业信息,社员认为农民专业合作社提供的农业信息更加有用。

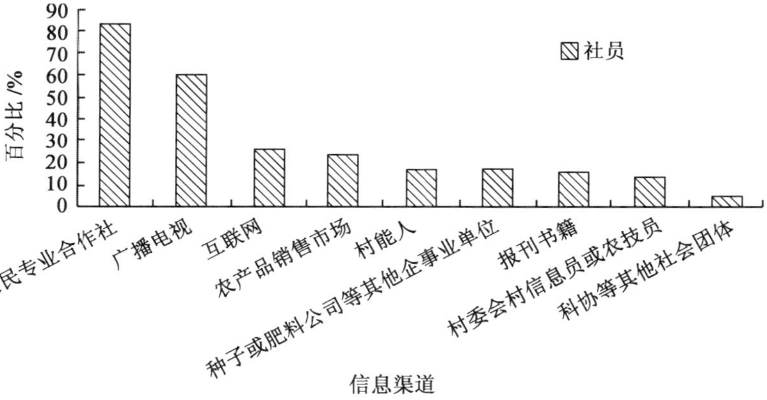

图 4-2 社员最信任的农业信息来源(多项选择)

2)合作社是反映农民意见和发布农民信息的有力中介

浙江"忘不了"柑橘专业合作社是社员和当地农民的信息联络点,合作社有专人负责农民信箱工作,不定期发布产业信息,帮助农民将农产品供需信息发布到网上,合作社通过农民信箱还能与对口部门及同行业交流信息,及时将遇到的问题反映给有关部门。作为一个示范性的农民专业合作社,经常会有上级政府领导来合作社调研,合作社就抓住机会,在调研时向政府、专业协会等有关部门反映农民(社员)的意见和建议。合作社理事长冯贻法作为临海市人大常委会委员,更是经常和领导见面,汇报合作社的发展情况。

(2)信息分量的挖掘状况

“忘不了”专业合作社传播的信息内容主要取决于农民的信息需求——农民需要哪些信息以及农民需要合作社为自己发布哪些信息。合作社采集和传播的信息内容主要有以下几个方面。

1)信息采集的种类

①市场行情信息。合作社不定期地将收集到的市场行情进行分析后，提出指导性意见，然后传达给社员。例如，2007 年冬天发生了雪灾，合作社判断，雪灾之后橘子的价格肯定是要下降的，社员要是不把橘子尽快卖出去是要赔钱的。于是合作社传递给社员的信息是这样的：现在价格下降了，储藏家里的橘子要尽快卖掉。

②柑橘生产技术及其培训信息。浙江“忘不了”柑橘专业合作社社员因为合作社的培训提高了自己的技术水平，大多成为了村里的技术能人。浙江“忘不了”柑橘专业合作社里已取得农民技术员以上职称资格的有 44 人，持有农民绿色证书的有 52 人，专业上岗培训达 100%。村民冯贻新家有 5 亩柑橘，在未入社前，高质量的橘果只有 10%。入社后经过培训，他掌握了种植技术，今年优质果达到 90%，价格也从原来的每千克 4 元提高到 10 元。有的还可以卖到每千克 50～70 元。一些典型的事例就会被信息员采集和加工后，通过网络等媒介向各界发布。

③气象灾害预报及应对措施信息。浙江台州是一个台风灾害多发的地区，在夏、秋季节泛滥的台风对于枝繁叶茂的橘树来说是一个很大的威胁。做好充分的准备工作对于减少农业损失是非常重要的。这时，合作社就会加强与气象部门和农业部门的沟通，将准确的气象预报及时地告诉社员：台风什么时候会来，应该做好什么工作。

柑橘的成熟季节是秋、冬季节，要想柑橘卖上好价钱，最好将柑橘保鲜到春节。这样，寒潮或者暖冬的天气对橘农的收入有很大的影响。合作社就会对天气变化和市场状况进行监测，指导社员在合适的时候出售柑橘。

④社员的困难和需求信息。出于对合作社的信任，合作社社员已经养成了有事找合作社的习惯。橘树有了病虫害，告诉合作社，合作社派技术人员去帮助治疗。遇到一些难以解决的事情，告诉合作社，合作社帮助找相关部门解决。

⑤合作社的品牌信息。浙江“忘不了”柑橘专业合作社制定了一整套为自己塑造品牌形象的方案。一是合作社改名“升级”，由临海市涌泉柑橘产业合作社更名为浙江“忘不了”柑橘专业合作社，以省冠名，扩大知名度。二是积极参加各种展销会和评奖活动。三是在各种大众媒体投放广告。四是通过举办“摄影展”、“柑橘节”等活动来吸引媒体的目光，弘扬合作社柑橘文化，并建立了自己的网站。四是通过全国各地的销售点、产品配送中心展示自己的产品，通过产地编码制度向消费者保证产品的品质，显示合作社的实力。五是通过改善产品包装提升品牌形象。

⑥合作社通过制定《社员小组制度》和《田间档案记录制度》准确收集社员的生产信息。浙江“忘不了”柑橘专业合作社有12个社员小组，12个发起社员各带一个小组，每个小组成员有11个，共143户，同时带动了周边10个村庄的1 500户农民加入到合作社的生产销售当中。“质量第一，用户至上”是合作社的宗旨，为了实现追求优质安全产品的目标，合作社编制了《柑橘质量安全管理手册》，建立了《田间档案记录管理制度》，各管理组配备1、2名田间监控员，对遵守技术规程、田间档案记录完整的社员，其橘果收购按高于社员自销价格的5%～10%收购或在市场滞销时以平等价格优先收购，同时对产品销售严把质量关，实行机械分级、打蜡、精美包装，提高果品档次，强化了社员安全优质生产意识和推广了无公害柑橘生产技术（张林、徐建国等，2004）。

田间档案记录，是指社员将自己的果园有多少亩土地，什么时候打的药，打了什么药，用了多少量等田间操作如实记录在册。《田间档案记录制度》是绿色食品标准的要求，本来应该是由社员自己记载的，但是现在由于有的社员的文化程度偏低，认不得几个字，让社员自己来记载还是没有办法实现的。合作社统一农资供应以后就解决了这个问题，现在是由合作社来代替社员统一记载的。比如，合作社会通知社员什么时候该打药了，社员会到合作社来买农药，合作社就知道他什么时候打了什么农药，社员买了什么农药，合作社就记载什么农药，诸如这样来记载。

2)合作社信息分量的采掘状况

所发布的信息被省级以上新闻媒体发表的称为重量级信息。如“海蜜橘为什么这样甜——中国无核蜜橘之乡临海探秘”，由《浙江日报》的2009年10月，000018版刊发。“50元一千克　浙江临海中国最贵柑橘畅销”由2010年11月30日的《中国新闻网》发表。有时，市级以下新闻媒体发表的轻量级信息也会随着不同媒体转载而升级。如信息“泥腿子当起银行家　冯贻法成浙江农民办银行第一人”，最早是2009年11月19日的台州市发表的，后被《中国金融网》、《新华网浙江频道》、《农博网》、《中国网络电视台》等媒介转载。

调查了解到，浙江“忘不了”专业合作社每年向外界发布的重量级的信息占所发布信息总数的30%～40%，这些信息的传播倍率也比较高。

3)合作社信息分量的评估分值

对一条信息分量的评估，一般应从三方面考察。其一，该信息是否是新的事实、新的信息和普遍的兴趣；其二，具备价值要素越多其信息分量越重，价值要素一般有5个：真实度、重要度、时新度、显著度、接近度；其三，每一个价值要素又相对应三个层面，如真实度又包括信息内容是否属实、描述事实是否准确、描述事实是否全面。

以“50元一千克　浙江临海中国最贵柑橘畅销”为例(附录2)，按照信息的真实度、重要度、时新度、显著度、接近度进行评估，并根据每一要素相对应的分异程度对该信息分量的轻重打分，经信息分量的演算公式，最后得出该信息的信息分量值：

$$M = \sum_{i=1}^{n}(Bi\sum_{j=1}^{l}Cij)，设\ Bi = 1, Ci = 1 \quad M = \sum Cij = 101$$

(3)信息收发平台的情况

1)基于互联网的信息收发平台

①农民信箱是合作社—社员—合作社收发信息的平台。2005年浙江省在全省启动了“百万农民信箱”工程，浙江农民信箱采取给每个社员设立一个可管理的免费实名制信箱的办法，使注册用户能够利用电脑和手机短信进行网上交流，快速、方便地获得科技、市场信息和系统提供的服务。浙江省农村的手机普及率是很高的，利用农民信箱提供的免费短信群发平台，合作社能够及时、方便地将重要信息传达给每一位社员，个别没有手机的社员则采用相互转告的方式。

合作社通过农民信箱传递给农民的信息内容包括方方面面，比如明天有一个什么方面的培训，什么时间地点；比如台风来了，应该做好什么工作。其中还有很重要的一方面，就是关于市场行情的。当笔者问到合作社是如何为社员提供市场行情方面的信息时，冯贻法理事长立马纠正了笔者的说法：“市场行情这块我们不要用术语，术语农民是不知道的，我们说术语是没有用的。我们就提供价格信息。”合作社每年将收集到的市场行情进行分析后提出指导性意见，通过农民信箱发给社员。

在使用农民信箱向社员传递信息的过程中也遇到一些问题。最让合作社头疼的是，由于现在垃圾短信太多，比如六合彩什么的，导致有的农民不想看短信了，收到农民信箱发过来的短信也被当成垃圾短信直接给删了。为了确保每个社员都收到合作社的短信，以前一条信息发一遍，现在就要发多遍，以引起社员的注意。

②腾讯QQ。调查中了解到，QQ上网是该合作社社员传递各种信息的

主要平台之一。只要添加“411069943”,“忘不了”合作社就会接受和确认。每个社员小组的负责人以及热爱上网聊天的社员都是这个群的成员,社员们利用QQ与社会各界交往或推销产品已经成为一种生活习惯。

③“涌泉远教之声”微博。为了提高广大农民的科技素质,临海市涌泉镇依托互联网技术专门开设了“涌泉远教之声”微博。浙江省“忘不了”柑橘专业合作社理事长冯贻法等6位农业专家受聘成为该镇首批远教微博专家。有着丰富的种植经验的冯贻法说:“今后自己将通过微博定期向各地农民朋友传授当地的种植技术和经验,让他们看到合作社的蜜橘是如何种出来的,这样既有利于打响合作社的品牌,也能了解各地农民朋友需要什么,有哪些困难。”[①]

2011年4月份,远教专家微博开通试运行,至聘请仪式当天已发布60余条微博,内容涉及农业种植、林业特产、渔业养殖、病虫害防治等方面。因为所发布的技术针对性强而且实用,开通一个月以来,农民“粉丝”已经达到10 400多名。

2)基于人际传播的信息传播平台

①培训。合作社制定了完整的社员培训制度,做了详细的培训记录。有关材料显示,2004年合作社邀请日本、韩国和省内外专家讲课,举办各类技术培训班10多期,受训人数达2 000多人,编辑刊物及印发资料3 500多份,有力地提高了社员素质和产品的科技含量。合作社是不设技术股的,所有的技术培训都是免费的,所有的最新技术社员都是免费享有的,合作社无偿教授这些新技术。

合作社的培训内容是合作社主动设计的,不是政府或有关部门安排的大而泛的那种培训。合作社将社员平常反馈过来的问题进行总结之后,对

① “田秀才”微博教种田　开通一个月农民粉丝过万. http://yj.lhdj.gov.cn/info.asp? id=779 临海市党员干部　现代远程教育网,2011-5-16。

社员需要什么内容的培训有一个清楚的了解。在安排培训时,合作社是根据生产的过程来进行的,比如春季需要什么,夏季需要什么;同时是根据实际情况来培训,比如现在柑橘走出口的道路,那么农民的果子该怎么去剪,怎么挑果,合作社都一点一点地进行培训,让农民学了之后马上能用。用冯贻法的话来说:"不根据实际情况就是劳民伤财,技术不能马上用的话,农民回家搓个麻将就忘掉了。"①

合作社的培训大多是以多媒体室内教学的方式进行的,合作社建有1 380 米^2 的办公、培训等综合用房。同时,合作社也在主要生产季节邀请专家顾问到田间地头指导生产,进行技术培训、技术咨询,及时推广柑橘无公害生产,柑橘大棚设施栽培及产后商品化处理技术。有时候专家顾问不能一家一户地去,就到示范基地讲解,请农民来示范基地看,专家统一告诉农民,这是什么病虫害,怎么预防等。

除了农业技术的培训,合作社还经常邀请有关部门的局长对合作社的管理人员进行管理方面的培训,比如市场营销、法律政策等。合作社有四台能上网的电脑,用于合作社日常办公,也可供社员免费上网。但是由于农民文化水平有限,很多连字也不认识,对所有社员进行上网培训是不实际的,合作社只对管理人员和办公室工作人员进行了计算机操作和上网的相关培训。办公室人员(信息员)可以帮助或代理农民上网,比如使用农民信箱等。据目前合作社办公室的小周介绍,目前,开通农民信箱的社员越来越多,他们都学会了基本的上传和下载信息的技术,基本不用找我们帮忙了。今年(2011 年)我们的柑橘又是一个丰收年。

②柑橘示范基地是合作社向社员传递新型生产经营理念的孵化器。农民如果要采取一项新技术,种植一个新品种的话,必须亲眼看到这项新技术、这个新品种的好处,以此降低自身投资的风险。柑橘示范基地就是这样

① 张林,徐建国,石学根.以品牌经营促进专业合作社发展.浙江柑橘,2004,21(4)。

一个地方。合作社现在有5个柑橘示范基地，合作社引进的新品种新技术都要先在示范基地里进行试验，通过基地进行孵化，包括农药使用、测土配方等，都要在基地里先试验出准确的配方，才向农民推广。这些成果通过基地发射出去，使农民亲眼看到，确实这个果子的品质好了。比如地膜覆盖、大棚设施、滴灌技术等，都是需要通过示范基地来推动的。冯贻法说，农业要想搞产业化，必须通过基地孵化，如果没有基地的话，就没有办法做，农民单家单户是很难管理的。合作社聘请了社员中技术好的、家里活比较少的，专门管理合作社的柑橘示范基地。

③学习资料的制作发放是信息的长期传递方式。合作社将"忘不了"的整套管理模式、绿色食品标准等印发给了全体社员，还经常自己编写一些技术手册发给社员。合作社每年订阅50份《农民信息报》，除了留一部分在合作社，大部分发放给了社员。合作社的墙壁上也挂满了各种技术要求的彩图和说明，每一个到合作社来的人都能够清楚地看到，社员每次到合作社来也能重新学习一次。

④社员大会也是传达合作社信息的重要方式之一。合作社每年召开两次社员大会，在社员大会上主要是讨论信贷项目、加大投资等重大项目，传达一些重要决定。由于合作社的社员分布面比较广，来自6个村，社员平时都在自家园地干活，有一些在外地市场干活，所以召开一次社员大会非常困难，时间很难统一，耗费的精力很大。由于开社员大会的压力很大，合作社正考虑将一年两次的社员大会改为一年一次，以多开社员代表大会的方式来弥补。

可见，浙江"忘不了"柑橘专业合作社内部的下行信息传播通过农民信箱免费短信平台的日常传播、社员培训的计划性传播、柑橘基地的示范传播、学习资料的辅助传播和社员大会的特别传播形成了全方位多形式的，长期与短期相结合的、兼顾计划性和灵活性的信息传播网络，内容覆盖了社员日常生产销售需要的方方面面信息需求，包括新品种、新技术、日常生产技术培训、市场行情销售信息、气象灾害预警预防、信贷信息、合作社财务信息等。

⑤手机短信、电话是人们交流信息和发布信息常见方式。在合作社与社员间信息沟通的方式中，人们使用最多的媒介当属电话或手机短信。合作社与社员联系或发布内部信息时，一般首选电话或手机短信，详细信息一般通过《农民信息》或 QQ 空间的“说说”发布。手机使用率高的原因，不仅仅是随身携带方便、随时可与对方联系等特点，对农民来讲使用手机沟通信息最简单最方便。

3)合作社信息收发平台影响力评估值

对于信息收发平台影响力的评估，一般应从三方面考察。其一，要看信息平台的种类，如电视、互联网、报纸等；其二，要看信息平台的级别，如国家级、省级、地市级等；其三，要看该信息对大众的影响力有多大。

以“50 元一千克 浙江临海中国最贵柑橘畅销”为例(附录 2)，该信息首先发表在《中国新闻网》，按信息只在一个平台发布，其信息平台影响力公式为：$H=P+F+D$。

设：信息平台种类《互联网》参考值 P 为 9，信息平台级别国家级 F 为 10(参见表 3-4 的评估分值)按中国人口规模评估其影响范围 $D=13$ 亿人，对应值为 10(参见表 3-5)，最后得出：$H=9+10+10=29$。

(4)信息传播速率状况

信息传播速率主要是指信息传播主体所发布的信息是否能够引起人们的兴趣，是否受到广大受众的关注、看听、点击或转载。其信息的阅读率与转载率越高其信息传播速率越高。

合作社很注重向市场和客户发布信息，在各种渠道都投放了广告，有广播电视广告宣传、有报纸杂志广告宣传、有农业节目宣传、有新闻媒体报道宣传、有活动宣传、有展销会洽谈会宣传、有路边广告牌宣传。在互联网中搜索，还可以看到合作社在许多网站投放了广告，例如有通过“临海市广告营销事务所”发布的广告，有合作社自己在金农网上投放的广告，有合作社通过浙江省农民信箱发布的产品信息。2006年，合作社以12.6万元拍走了第十三届浙江省运会特殊标志会徽、吉祥物“成成”使用权，使该合作社的“忘不了”牌柑橘成了该届运动会的指定产品。2007年，合作社协举办了“忘不了杯”走进涌泉摄影作品展，通过橘花摄影展充分展示了涌泉和“忘不了”的橘文化。合作社连续几年在11月份橘子成熟季节主办了中国(临海)无核蜜橘节，邀请各界人士前来涌泉品尝蜜橘，在各大媒体上都能看到关于“涌泉蜜橘，吃橘带皮”或者“不吃不知道，一吃忘不了”的新闻报道(表4-7)。

表4-7 “忘不了”合作社的信息传播速率状况

信息内容	转载1	转载2	转载3	转载 N 次
“50元一千克 浙江临海中国最贵柑橘畅销” 2010年11月30日 中国新闻网	网易新闻网 2010年11月30日	南方网 2010年11月30日	农民合作社 2010年12月1日	……
“浙江临海诞生国内首件农民专业合作社驰名商标” 2011年5月30日中国新闻网	中国农业新闻网 2011年6月8日	中华合作时报 2011年6月21日	中国网络电视台 2011年12月1日	……
⋮	⋮	⋮	⋮	⋮

合作社信息传播速率评估值：

对信息传播速率的评估，一般应从两方面考察。其一，该信息是否收到大众的关注和阅看，即是否有媒介转载，转载的媒介越多说明其关注度越高；其二，该信息大概有多少人关注，该信息对大众的影响力如何。

以“50元一千克 浙江临海中国最贵柑橘畅销”为例(附录2)，该信息由中国新闻网、网易新闻网、南方网、农民合作社网、浙江农民信箱等媒介转载，按不同媒介的访问量累加评估，预估1亿人阅读，其关注度评估值为 $N=8$，按信息传播速率的公式计算：$G=N$

则：信息的传播倍率为 $G=N=8$。

4.2.4 农民专业合作社某条信息传播位能计算

检验信息传播位能的三个指标分别是信息分量、信息传播速率、信息收发平台。综合以上三个要素的评估值，“50元一千克　浙江临海中国最贵柑橘畅销”信息传播位能计算结果如下：

$$E_c = MGH$$

$$M = \sum Cij = 101, G = N = 8,$$

$$H = P + F + D = 29$$

$$E_c = \sum Cij\ N(P + F + D) = 101 \times 8 \times 29 = 23\ 432(\text{指数})$$

假设信息传播位能最大量值为：

$$E_{max} = MGH = 150 \times 10 \times 30 = 45\ 000$$

那么，“50元一千克　浙江临海中国最贵柑橘畅销”的信息传播位能标准化指数即为：

$$E_I = E_c / E_{max} \times 100 = 23\ 432/45\ 000 \times 100 = 52.07$$

注：这仅仅是一条信息的位能量。

4.2.5 小结

通过对浙江“忘不了”农民专业合作社信息传播位能的分析和检验，有以下几点发现。

(1)信息传播主体所发布的某一条信息，若信息分量重、信息传播速率大、信息收发平台的影响力大，其信息传播位能就比较大。

(2)信息传播主体所发布的某一条信息，首先投放的信息收发平台级别高，其影响力的评估分值就高。

(3)组织化的信息传播主体的潜在位能很大；合作社如果经常有创新成果，有新的新闻、新的信息或有价值的信息出现，即信息分量重的信息比较多，该信息传播组织的总体信息位能量就大。进而就会受到更多大众的关注，该组织的话语地位会逐渐增大，也会促进农民的信息意识增强和提高其参与社区或组织建设的积极性。

4.3 龙泉村村委会与浙江"忘不了"农民专业合作社信息位能比较

4.3.1 相同类型信息传播下位者在信息传播位能转化的不同阶段有一定的差异性

信息传播位能的转化一般有三个阶段：信息员队伍建设阶段、信息采掘阶段、信息发布阶段。一般情况下，不同的信息传播主体在信息传播位能转化的过程中有相同或不同的特征。但是同一类型的组织化的乡村信息传播主体在转化中也呈现出相同或不同特征。

案例1与案例2同属组织化的乡村信息传播主体，从研究的角度讲，二者有可比性。

(1)信息员队伍建设阶段

案例1山西龙泉村两委与案例2"忘不了"柑橘农民专业合作社在信息员队伍建设阶段呈现的共同点比较多。

1)二者的带头人都有带领农民致富的决心和责任心

领导者的思想高度决定了一个团队的思想高度。二者的带头人都有较强的责任心和为社会作贡献的心。“一人富不算富”的价值观使得二人均舍弃了个人富裕的生活，而带领众多村民或社员投身到共同致富的道路上来。二者都有较多的致富经验和管理经验，在他们的带领下，其群体组织均取得了骄人的成绩，也同时获得了很多集体荣誉与个人荣誉。

2)二者都有较强的信息意识和创新意识

龙泉村胡萝卜村与“忘不了”柑橘专业合作社，都注重打造产品品牌，从刘建银打造的“中国胡萝卜第一村”，到“忘不了”的中国驰名商标，都能看出二者均有较强的信息意识和创新意识。同时，也能看出二者均善于借用互联网、电视台等媒介对外传播自己的产品，使自己的产品走出了国门，走红了国内。

3)二者都有较强的学习意识和培训意识

由于两个信息传播主体的负责人本身均有爱学习的习惯，所以非常注重农民的各种培训。龙泉村多次组织村经济人和农民学习贸易、市场营销、信息技术等专题；合作社定期组织社员学习各种种植新技术和信息技术；在3年的时间里，两个团队的综合素质均得到不同程度的提高，农民的信息意识和商品逐渐加强，同时也增强了农民的自信心。调查中了解到，两个团队的队员对其所在的群体组织满意度和信奉度均比较高。

4)二者都注重组织管理和组织传播

由案例1和案例2得知，二者都注重组织管理和组织传播。龙泉村专门建立信息员队伍和农村经纪人队伍，并制定了各种管理制度和胡萝卜专业协会章程。村级信息员将其收集到的反馈信息张贴在村里的公告栏上，供村民观看和监督。一套健全的责任制保证了龙泉村上传下达的信息传播。

“忘不了”柑橘合作社也制定了合作社章程，形成了统一产品价格，统一销售，统一宣传的规范化管理局面。合作社由于非常注重各个部门与社员的沟通，与每个社员利益同均，每个社员既是某部门中的一员，又是兼职信息员，形成了以合作社为代表的内外、上下的良性互动。

(2)信息采掘阶段

信息采掘阶段主要指信息传播主体不仅要对组织内部的信息进行采集、采写和编辑，还要对组织外部的信息进行甄别、筛选和加工处理。在这个阶段案例1与案例2呈现出不同的特征。

1)龙泉村更注重对组织内部信息的采写，不仅注重挖掘有分量的信息，而且所采集的信息种类比较丰富，重视传播人文理念

从应县龙泉村网站设置的10个主题栏目中便可看出，龙泉村向外部传播的信息不仅仅是胡萝卜产品销售信息，还在传播一种文化理念，信息内容既有村容村貌、龙泉文化、龙泉荣誉、蔬菜产销、招商引资、萝卜知识等内容，还包括外界媒体报道龙泉村的新闻报道，而且还有宣传龙泉村的视频材料。

宣传重点为龙泉人的文化理念，即爱民、爱村、爱国、走共同富裕的道路，传递出努力奋斗、积极向上、自立自强的思想。同时，展示该村的产品特色和人文环境，即胡萝卜优质、高产，提供产、供、销一条龙的优质服务，使大众对龙泉村有了更全面的认识和了解。

2)合作社虽然也注重信息分量的采掘，但是合作社传播的信息种类比较单一

主要传播合作社经营的产品信息，还有少量的上级领导参观和社员学习培训的报道，关于合作社及社员价值观等日常生活的报道并不多。

(3)信息发布阶段

在信息发布阶段，两个信息传播主体获取信息的渠道基本一致，均从计算机网络、人际、组织、电视、报纸等渠道获取，但是向外发布信息的渠道却呈现出不同的特征。

1)龙泉村向外发布信息的渠道比较丰富，合作社发布信息的渠道比较单一

由案例1龙泉村两委得知，龙泉村向村外部发布信息的渠道主要有计

算机网络(应县龙泉村网站、我爱我村网站)、电视、电话等,主动购买电脑的农户数较3年前相比有上升的趋势。而且善于借助外界报道的力量塑造该村形象,龙泉村信息员很注重收集新闻媒体报道龙泉村的事迹和新鲜事,甚至不放过收集个人博客的有关龙泉村的信息,因而人民日报、光明日报、人民政协报、山西日报、新华网、新浪网、腾讯网、国家扶贫办网、山西电视台、应县电视台、土豆视频网等,均成为间接发布该村信息的渠道,也就是说,该村的信息传播速率较高。

另外,龙泉村向村内部发送信息及村民向村民发送信息的主要渠道是大喇叭,多数村民表示,大喇叭已成为他们获取市场信息和发布信息的最主要途径。村民反映,大喇叭比较实用、快捷、直接、通俗易懂、传播效果好。村支书向农民介绍村外的新鲜事也常使用村大喇叭,走在龙泉村的大街上,大喇叭悬挂在屋顶的景象已成为龙泉村的一大风景。

而"忘不了"柑橘合作社向外部发送信息的渠道一般通过浙江农民信箱网站中链接的浙江"忘不了"柑橘农民专业合作社的网页和腾讯"忘不了"QQ,与广大客户沟通。合作社发布的信息种类比较单一,主要是柑橘种植技术和产品销售信息。不过,合作社也比较注重借用外界媒体树立自己的形象。

合作社向内部发送信息的渠道主要是依托互联网的农民信箱和手机短信平台。入社的社员共有143户,开通农民信箱的社员就有111户。合作社与社员联系的方式除了人与人面对面地传递信息外,主要是通过农民信息和手机短信。没有开通农民信箱的社员,一般使用电话与合作社联系。

2)与"忘不了"柑橘合作社相比,龙泉村向外部发送信息的数量比较多

两个信息传播主体都注重塑造集体的形象,都有自己的信息发布平台,但是由于山西应县龙泉村是以行政村为单位,向外部发送信息的种类比较丰富,所以,其所采集的信息数量也明显高于以柑橘经营为主的"忘不了"柑橘合作社(表4-8和表4-9)。

表 4-8 应县龙泉村信息采掘数量

	应县龙泉村网站信息栏目									
	村民村务	村容村貌	龙泉文化	蔬菜产销	外界报道	龙泉荣誉	视频资料	招商引资	萝卜知识	来到龙泉
信息数量	12	20	34	26	33	46	35	4	18	1
阅读次数	3 033	8 592	16 568	14 028	12 272	15 151	13 482	1 404	6 659	发布时间：2008-03-30 15:13:40 被阅览数：1 198 次
总计	229 条信息；92 387(阅读次数)									

表 4-9 浙江"忘不了"柑橘农民专业合作信息采掘数量

	浙江"忘不了"柑橘农民专业合作社网页信息栏目							
	企业介绍	企业家风采	企业动态	企业荣誉	产品展厅	供求信息	信息公布	外界报道
信息数量	1	1	20	3	6	3	3	33
总计	70 条信息；注：阅读次数无记录							

(4)比较两个案例中某单条产品信息的信息传播位能量

经演算得知，龙泉村的"胡萝卜第一村的网络故事"信息传播位能量 $E_c=MGH=\sum Cij\ N\ (P+F+D)=98\times 7\times 20=13\ 720$，信息传播位能标准化指数为 30.48"忘不了"柑橘合作社的"50 元一千克　浙江临海中国最贵柑橘畅销"信息传播位能 $E_c=MGH=\sum Cij\ N\ (P+F+D)=101\times 8\times 29=23\ 432$，信息传播位能标准化指数为 52.07；从信息位能量的最后数值来看，后者的信息传播位能要比前者高。

比较发现，后者的信息价值要素中的显著度较之前者大，其信息分量值自然会高一些；另外，该信息首先发表在《中国新闻网》，而前者首先投放的信息收发平台是《山西晚报》，从信息平台的种类与信息平台的级别上看，后者的信息传播速率和影响力的分值都会高于前者，这就是说，一条有价值的信息若选择的信息平台种类与投放的信息平台影响力大，其信息传播位能值就高。

4.3.2 信息传播主体总信息传播位能比较

通过对龙泉村两委与柑橘专业合作社的信息传播位能比较发现，就某一条信息位能量来看，柑橘专业合作社所发布的信息的位能量值大于龙泉村两委。如果将两个信息传播主体所发布的信息总数量进行比较，可能龙泉村两委所发布的信息的位能量值要大于柑橘专业合作社。换句话说，如果龙泉村所发布的信息当中，有价值的信息较多，所选择的信息平台的种类和级别高，该村信息传播主体的总位能量就会高于浙江“忘不了”柑橘合作社。

同时也发现，如果龙泉村所发布的信息再多，有分量的信息不多，而柑橘合作社虽发布的信息数量较少，但信息分量重，所选择的信息平台的种类和级别都比较高，其信息传播主体的总位能量也不会很小。

另外研究还发现，两个有组织的信息传播主体都是依托信息技术，增加其所发布的信息位能量，打造产品品牌，最后带动其队员走向致富的。虽然龙泉村依靠销售胡萝卜取得的总收入仅有 2 100 万元，合作社依靠销售柑橘取得的效益为 6 000 万元，但是，每个信息传播主体与各自自身相比，都较之前 5 年所取得的经济效益高 20～30 倍，这也说明信息传播位能的提高是促进农民增收的关键因素之一。

总之，在“自下而上”信息传播过程中，两个信息传播主体都在以自身不同的特色和方式努力提升信息传播主体的地位。通过转变信息传播位能值，不仅为农民争取了更多的利益表达的机会，也为农民增收作出了较大贡献。

第五章

信息传播下位转化至信息传播上位的影响因素

传播学中，信息传受者之间是平等的关系，从信息流动的方向看，传者为上，信息接受者为下，而且无论传受者的社会地位是高是低、职位是上是下，只要成为传者，才能拥有一定的话语权，如果传者或受者发布的信息常常受到大众的关注和重视，其话语的影响力会随之加大，其信息传播位能量也越能充分发挥出来；如果传者或受者总是沉默寡言，或无人问津，其信息传播位能量便难以挖掘出来。

信息传播位能理论认为，加大信息传播位能量取决于信息分量的挖掘、信息传播速率的增加和信息收发平台的选择。信息传播位能量的增加是信息传播下位者转为上位者的驱动力，而信息传播位能量是否能够增加还受制于诸多因素的影响。也就是说，影响信息传播下位转为信息传播上位的因素是诸多因素综合作用的结果，如信息传播主体所生存的环境、周边环境、组织环境、不同个体的思维习惯、原有知识储备量、交往方式、价值观、偏好、乡土文化等。但是哪些因素起主导作用，哪些因素起辅助作用，这是本章要探讨的问题。

从唯物辩证法的角度分析，外因是变化的条件，内因是变化的根据，外因通过内因而起作用。因而本章将影响因素分为客观因素和主观因素，客观因素是信息传播位能增加的外因和条件，主观因素是信息传播位能增加的内因和动力。

5.1 客观因素的影响

5.1.1 生态环境

生态环境与自然环境由于两者在含义上十分相近，有时人们将其混用，但严格说来，生态环境并不等同于自然环境。自然环境的外延比较广，各种天然因素的总体都可以说是自然环境，但只有具有一定生态关系构成的系统整体才能称为生态环境，即影响人类与生物生存和发展的一切外界条件的总和，叫做生态环境。

生态环境的好坏与农村发展、农民增收均有直接或间接的关系，也可以说，生态环境是经济发展的基础，经济发展了，满足基本物质需求后，人们才会有更高一层面的需求。案例 1 和案例 2 的信息传播位能的增加与其所在的生态环境有直接的和必然的联系。如龙泉村地处山西朔州市东部，应县木塔的东南方，受南部恒山山区冲积扇的影响，这里的土壤以沙性为主，加之昼夜温差大，年均气温 7℃左右，1 月份－10～－9℃，7 月份 23～24℃。年降水量 360 毫米。地下水资源比较丰富，极适宜胡萝卜生长。龙泉村现在种植胡萝卜 4 500 多亩，全村 720 户农民种植萝卜的就达 640 户，占全村总户数的 88.9％，人均占有胡萝卜 1.6 亩，是一个典型的胡萝卜种植专业村。也是该村民依靠其致富的主要原因。

浙江“忘不了”农民专业合作社位于临海省应县金城镇，它的气候温暖湿润、四季分明、土壤肥沃，适合柑橘的生长。临海涌泉一带的农民也有着种柑橘的经验，加之，临海历史上流传下的柑橘品种有早橘、本地早、朱红等，近年引进的品种有胡柚、脐橙、砂糖橘等，品种有上百种。另外，由于临海蜜橘品质最好，专业合作社的成立后决定以临海蜜橘为主导产品。通过信息传播等外力推动，使临海蜜橘的价格陡增，取得骄人的业绩，而这些成绩的取得与他们所处的生态环境有着必然的联系，或者说，生态环境是农产品得以发展的基础条件。

5.1.2 经济环境

农业生产离不开植物生长的环境，同样，农产品的蓬勃发展也离不开经济环境。在发展社会主义市场经济的今天，区位优势和交通优势就是市场优势。从案例1得知，由于该村山西龙泉村村两委注重加大资源开发的力度，抓住交通便利，县城近郊区位优势(半小时内可上大运高速公路，3小时到太原，5小时可达北京)，在抓开发田间机耕路的同时，大抓了村里基础设施的建设，新修了2公里水泥路，出村路以及大街小巷全部实现了硬化，并建设了农村式的小集镇，新建饭店3座、旅馆5座，大型蔬菜冷藏库7座，脱水蔬菜加工厂6座，蔬菜经济人20多位。形成了种、贮、加，产、供、销，运、宿、饮一条龙的社会化服务体系，这为客商提供了便利，创造出了宽松的环境。加上该村随着产业结构的调整，由种植农作物改为蔬菜种植，并以农业及农产品加工为主，为满足大众需求和市场需求，主打产品胡萝卜，使得龙泉村的经济迅速得到发展。[①]

案例2显示，位于浙江临海市中国无核蜜橘之乡主产地——涌泉镇的“忘不了”农民专业合作社，其经济环境更优于山西应县龙泉村，合作社地处浙江第三大水系的灵江下游北岸，位于临海市东南部，东临椒江区，南濒灵

① 龙泉村新农村建设先进材料. http://www.cun365.com 我爱我村网，2008-10-05。

江，北连牛头山水库，西与邵家渡接壤，是台州市的“后花园”，是市级农业示范乡镇。全镇面积 99.5 公里^2，辖 39 个行政村，人口 5.1 万人。陆路与水路配套，交通运输十分便捷。水路与椒江相接，经台州湾出海，可通达上海、宁波等地。陆路有沿江 83 省道绕镇而过，镇区距椒江大桥仅 6 公里，离海门湾 7 公里，距甬台温高速公路入口 25 公里，区位优势十分明显。①

合作社所处的区位优势，使其主要经营的柑橘产业得以迅速发展。据记载，三国时期，涌泉就开始种植柑橘，隋唐以前，列为贡品。自 1984 年开始，涌泉柑橘生产向基地化、产业化、品牌化方向发展，现已成为全市规模最大的无核蜜橘生产基地，柑橘面积达 3.82 万亩。从 1989 年起，涌泉柑橘屡次在省部级以上评比会上夺魁，声名鹊起。全国首家“优质柑橘生产技术引智成果示范基地”，国家“948”项目实施区之一，全国最老的柑橘专业研究机构、国内外有重要影响的省柑橘研究所试验基地，农业部宽皮柑橘项目实施基地等在涌泉建立。1999 年，涌泉蜜橘曾以中国橘价第一贵先后被人民日报等多家国家级媒体报道，在上海市场享有“临海一奇，吃橘带皮”的美誉，销售网络覆盖俄罗斯、加拿大、北京、上海、沈阳等。

5.1.3 政治环境与社会环境

我们国家党三代中央领导集体始终重视“三农”问题，1982—1986 年，中央连续出台了 5 个关于农村工作的“一号文件”，使我国农业和农村经济发展进入新阶段。特别是时隔 18 年后，即 2004—2011 年中央连续颁发 8 个一号文件，以农民增收为中心，每年强调一个中心议题，如“关于促进农民增加收入若干政策的意见”、“关于进一步加强农村工作　提高农业综合生产能力若干政策的意见”、“关于推进社会主义新农村建设的若干意见”、“关于积极发展现代农业　扎实推进社会主义新农村建设的若干意见”、“关于切实

① http://xnc.zjnm.cn/zdxx/dytw/view. 根据涌泉镇概况改编。

加强农业基础建设　进一步促进农业发展农民增收的若干意见”、“关于2009年促进农业稳定发展　农民持续增收的若干意见”、“关于加大统筹城乡发展力度　进一步夯实农业农村发展基础的若干意见”、“关于加快水利改革发展的决定”等一系列的“三农”优惠政策，不仅为农业和农村经济发展提供了很好的政治环境和社会环境，也为广大有志农民提供了各种发展机遇。

机遇对每一个人来说都是平等的，关键看谁能否及时抓住。可以说，案例1和案例2的带头人龙泉村的党支部书记刘建银和“忘不了”专业合作社的负责人冯贻法都同样抓住了这个机遇，他们的每一步发展都与各级政府部门都保持着紧密的关系，在许多“三农”优惠政策的指导下，一天天地壮大起来。

诚然，当今中国农民还表现为民主意识淡薄、民主素质不高。作为民主主体的农民，其参与社会事务的积极性不高。即使参与了民主选举等实践，但对当官的应享有特权常理解为理所当然，宗族宗法观念根深蒂固，参政议政的主动性差。遇到问题时，公民的权利意识非常淡薄，总是寄希望于上级、领导等来为自己做主，而没有主人意识与平等意识。很少有农民能明白“民主选举”、“民主决策”、“民主管理”、“民主监督”这样的概念，但是一个村或一个农村经济合作组织一旦有像龙泉村的党支部书记刘建银和“忘不了”专业合作社的负责人冯贻法这样对民主意识的理解比较深的带头人，其所带领的团队队员的思想素质和参与意识也会有相应的提高。

如案例1中的刘建银在规范民主管理的进程中，带领群众加强党风廉政建设，切实解决人民群众反映强烈的突出问题，同时传播廉政文化，形成了上下齐抓共管的良好局面。特别是在全村开展了评选“廉内助”、“五好文明家庭”、“人民满意的勤廉村官”等活动，形成了浓厚的廉政文化活动氛围，培育了广大群众遵纪守法观念和民主议事意识，提高了监督能力和水平。他还利用群众熟悉的景物，创作适合群众口味的教育内容，在村口、路边设立图文并茂的廉政公益广告、温馨提示牌等，既可对村民进行潜移默化的教育，也便于广大村民接受。他们把上级廉政建设的法律法规、文件资料、制度条文等进行简化处理，把最精髓的部分摘录下来向群众进行宣传，让群众做到好懂易记；为推进社会主义新农村建设奠定了良好的政治基础。短短的5年时间，龙泉村发生了翻天覆地的变化，由一个“告状专业村”变成了“全国文明村”、“萝卜第一村”。刘建银也因此赢得了许多荣誉，先后被评为“应县首届十大杰出青年”、“应县农村调产新闻人物”、“应县两个文明建设标兵”、“应县共产党员标兵”、“朔州市优秀共产党员”、“朔州市文化、文物工作先进工作者”、“朔州市社会治安综合治理先进个人”，并被选举为“朔州市第四届人民代表大会代表”。

这也从侧面反映出，社会环境、经济环境与民主政治是影响农民个人发展的外部因素。

5.1.4 文化环境与信息环境

随着农村经济发展和社会进步，农民对道德建设重要性的认识更加深刻，对追求文明科学、生活方式的愿望更加强烈，对革除各种社会陋习的要求更加迫切。龙泉村支部书记刘建银介绍说，目前龙泉村以“爱国守法、明礼诚信、团结友善、勤俭自强、敬业奉献”为基本道德规范，形成了好邻居好家庭的团结互助，平等友爱、融洽和谐的良好的社会道德风尚和文化环境。

精神文明是物质文明的基础。在推动物质文明的同时，龙泉村党支部抓住文化建设不放松，建立了“夕阳红活动中心”、“农民书屋”、“文体活动室”、“农民文化学校”等文化活动阵地；组建了“兴龙棋社”、“农民合唱队”等文艺队伍。2003年，农民合唱队还在全县举办的庆“七一”文艺晚会上夺得了三等奖。目前，群众的业余文化生活空前繁荣，出现了心平、气顺、政通、人和的良好局面。大开发促进大调整，大调整促进大发展。如今的龙泉，已由贫变富，由过去的单一种植变为粮、经二元结构的跨越，由陈旧落后的面貌变成和谐社会的村庄，由“全县告状第一村”变为“三晋萝卜第一村”，转变为市县闻名的“文明村”，转变为省文明委表彰的省级“文明村”。[①] 龙泉村支书刘建银也因此获得了“山西省特级劳模范”、“山西省优秀村官”、“朔州市十佳支部书记”等荣誉称号。

信息环境指的是一个社会中由个人或群体接触可能的信息及其传播活动的总体构成的环境。在信息社会，信息环境好的标志就是基础通信设施健全，资讯发达。信息传播的物质载体是提高信息传播位能的关键要素之一。信息传播位能得以提升的三个关键指标如信息分量、信息传播速率、信息收发平台均要靠信息技术平台的支撑。调查中了解到，目前，我国农村村民使用最多的电子信息载体主要有三种：一是电视，二是电话，三是网络。电视是农民获取政策、气象、娱乐、生活常识等信息的主要媒介；电话是农民获取和发布市场信息或销售信息、人际交流信息的主要媒介之一；互联网是农民获取和发布行业信息的主要媒介，特别是 2009 年，我国农业信息化呈现爆发性增长，“仅 10 个月内，农业网站就从年初 1 月份的 21 000 家到 10 月份的 31 108 家，数量急剧增长 1 万家，增长幅度达到了 40.7%，创下了历史新高。”(陈东云，2011)

中国互联网信息中心(CNNIC)《报告》显示，截至 2009 年底，我国农村网民达到 10 681 万人，年增长 2 220 万人，年增长率 26.3%。其中，农村手机上网用户约为 7 189 万人，与 2008 年相比增长 3 000 多万人，年增长率 79.3%，远高于农村网民的整体增幅。[②]

第 28 次中国互联网络发展状况统计报告 (2011 年 7 月)显示，截至 2011 年 6 月底，中国网民规模达到 4.85 亿人，较 2010 年底增加 2 770 万人，

① 应县农业综合开发办. 农业开发使龙泉村插上了腾飞的翅膀. 2005-12-31. http://www.yingxian.gov.cn。

② 中国互联网络信息中心. 2009 年中国农村互联网发展状况调查报告. 2010-04-15。

增幅6.1%。2011年上半年,中国微博用户数量从6 311万人快速增长到1.95亿人。目前中国互联网普及率攀升至36.2%,较2010年提高1.9个百分点。农民网民也在持续增长。①

CNNIC《2009报告》虽然谈到了我国农民网民规模保持增长,但从普及率、网民结构、网络应用三方面来看,城乡互联网的使用差距持续拉大。如互联网在城镇的普及率是44.6%,在农村仅为15%;农村网民中30岁以下群体所占比例高达69.2%,其中19岁以下年轻网民所占比重达41.1%;而在全国网民中,30岁以下的年轻群体占61.5%。农村网民中,初中及以下学历的网民占52.1%,远高于城镇中29.2%的占比;其中,初中文化程度的农村网民比例达到39.5%,比城镇高17.6%。不过,我们也从中看到互联网"这张网"在农民中的影响越来越大。

案例1和案例2都验证了较好的信息环境对乡村发展的影响力。如山西龙泉村,中国移动在山西推广了三网合一,龙泉村也因而受益,有线电视和光纤上网已进入农户,还可以接入ADSL宽带,村中有网络文化站,上网非常方便。目前,农民主动购买电脑的农户由5年前的2、3户增长到300多户。2002年,龙泉村没有通互联网时,种植胡萝卜的村民比较少,村民年人均收入仅有800多元,当时龙泉村是个遐迩闻名的落后村。当时,村民种植的胡萝卜主要是自家享用。偶尔有个别农民拉一些胡萝卜到县城去卖,而且销量非常小。2004年后,该村开通了计算机宽网,但当时全国胡萝卜市场正处在低迷的情况,村支书刘建银抱着试试的态度,带领几个大户,在网上轮番发布胡萝卜的供给信息。让他们意想不到的是,他们的胡萝卜很快销售一空。刘建银总结时说:"信息起了大作用,他们没有想到的是在全国胡萝卜市场低迷的情况下,他们抢占市场仍然获得收益"。

---

① 中国互联网络信息中心(CNNIC).《第28次中国互联网络发展状况统计报告》,2011年7月19日在北京发布。

2004—2011年，龙泉村在刘建银的带领下，不断完善村信息化建设，如开展信息技术培训，建立村网站、建设信息员队伍等，使得村民的媒介素养不断提高。明显的变化是种植胡萝卜的村民年人均收入由1.5万元，增长到了3万元。有想法的村民会借用当地市、县电视台发布产品信息，还有的村民开通博客发布自己的产品信息。

从这里也可以看出，仅靠面对面的人际传播产品信息已经远远不能满足人们生活日益增长的需要。农民可以借助信息技术或大众传播渠道等的信息收发平台快速放大他们获取信息和传播信息的渠道，增强其信息传播速率，使其成为闻名的“中国胡萝卜第一村”，成为拥有话语权的村民。同时也看到，村民参与信息传播的积极性明显提高，村民个体及龙泉村及集体的信息传播位能也相应地得到提高，在信息传播界面，原来处于下位的相对弱势的群体农民受者通过自身观念的改变和媒介的力量转为信息传播上位的传者成为可能。

同样，浙江“忘不了”柑橘产业合作社也尝到了信息致富的甜头。浙江台州市信息技术开发得更早，90%的农民都有电脑。2007年上半年，涌泉镇开通了中国无核蜜橘网，从而为橘农及时了解产业政策、市场销售、供需定价、定期施肥、除虫等方面信息提供了平台。橘农可以在网上发布产品信息，农民专业合作社在网上发展“订单橘业”，有力地推动该镇产销衔接。为此，浙江“忘不了”柑橘产业合作社还成为台州市“订单农业”的示范单位；现代远程教育网络的普及也为广大橘农提供了信息服务平台。

总之，好的信息环境可为文化环境、政治环境和经济环境提供了有利的外部条件，同时这些外部因素也成为农民个人的发展及乡村的发展的重要因素。除了以上这些社会环境客观因素外，还应包括信息传播主体本身所在的组织环境和个人文化教育环境等，这些外在的因素构成了信息传播下位者转为信息传播上位者的基本条件，但能否利用好这些条件，还受主观因素掌控。

5.2 主观因素的影响

5.2.1 信息意识与带头人的观念

信息意识是一个具有多种含义的概念。马克思主义认为，意识是物质世界长期发展的产物，是客观世界在人脑中的反映。信息意识作为一种意识也必然是社会发展和信息产业兴起的产物。判断人的信息意识的强弱，主要看他对客观事物或客观事物中有价值信息的感知能力、识别能力、吸收能力和运用能力的综合反映。通俗地讲，就是面对不懂的东西，能积极主动地去寻找答案，并知道到哪里、用什么方法去寻求答案，这就是信息意识。

人们对信息、信息环境、信息活动的了解，以及所采取的行动一般是受信息需求驱使，或者说信息需求的强弱直接影响人们的信息意识或信息行为。而且多数学者研究显示，不同收入类型农民由于知识结构和文化背景不同，其信息需求意识也不相同。

(1)西部地区不同类型农民信息需求意识有明显差异

来自西部地区的调查表明(谭英、王德海等，2003)，社会救济型和极端贫困型农户的科技信息需求意识几乎为零。这个类型的农户获取信息的渠道主要是领导、邻居和亲戚。年龄多为50岁以上，文化程度多为文盲，少数小学文化程度。家庭状况：多为孤寡老人或中年丧偶者，或体弱多病者。主要缺少劳动力。该群体普遍存在靠天吃饭、靠山吃山、靠水吃水的思想，并有等待依靠政府扶贫帮助的想法。对来自媒介的各种信息表示不关心，甚至不听广播、不看电视、不看报纸，即使是看电视，也只看影视剧等文艺娱乐节目。

低收入型农户的科技信息需求意识不明显。但此类受众群体，对多种类别的信息感兴趣。如政策、法规信息、知识性强的科学文化信息、市场方面的农产品销售信息、供求信息、实际操作方面的新技术、新经验等方面的信息。但对于自己最需要的信息，往往回答不出来。用村民的话来说，就是电视里的节目都好看。

这个类型的农户获取信息的渠道主要是大众媒介电视和领导、能人朋友亲戚。该层面的农户多为种植户，年龄文化程度多为小学毕业，对电视中的科普节目、新技术节目看懂得不多，有的年龄稍微大一点的农民根本不看。以种植维持生计，主要被动地接受信息，很少主动地寻找科技信息、致富信息。

中等收入型农户科技信息需求较强。由于此类型的农户多为养殖户或种植户，信息需求较强，他们最需要的信息常常是实际操作层面的信息和市场信息，如新技术的使用，农产品销路信息、天气预报、与三农有关的农村政策、村能人致富经验等，但信息使用的效率较低。这个类型的农户对科技信息的敏感度有所增强，获取信息的渠道明显比贫困型农户和低收入型农户较广。除了电视、广播、人际传播媒介外，开始较多地关注报纸和与农业生产有关的书籍、宣传册，并能够在村能人带头人、技术员和村干部的引导下从中找到自己所需的科技信息。

相对富裕型农户科技信息需求意识较强，能够有选择地获取最看重的信息。这个类型的农民，年龄多为35～45岁，职业多为种植户、养殖大户和生意户(个体户、企业家)。他们一般接受教育的时间较长，多为初中和高中文化程度，或者从事了一段时间的农业劳动后，接受了长短不一的成人教育或新技术培训，对农业政策、市场信息、农产品信息特别敏感，并能较快地利用信息产生效益。他们最看重的是具有稳定的、较高利润的产品信息，偏好产品销路、市场贸易(包括国际市场)和宏观类等方面的信息，个别富裕农户甚至开始使用计算机销售产品。

(2)中、东部地区农民的信息需求意识逐渐加强

通常而言,经济发展比较好,速度比较快的地区,基础设施相对比较完善,交通、电力、电信都比较发达,这些地区农民获取信息的意识比较强烈,获取信息比较主动,对于信息内容的需求也相对明确,获取信息的渠道比较丰富,而且对于大众媒介的依赖和信任程度比较高,信息使用率比较高。相反,经济发展水平比较低的地区农民的信息意识就比较淡薄,信息获取渠道也比较单一。

相关研究显示,中部地区农民的信息需求意识开始增强,信息需求呈多元化。随着中部地区的发展,农业生产结构的调整,农民迫切地希望致富,因此对于信息的渴望和需求日益增强,除了想了解农业相关的科技知识、市场信息,以此来致富,同时还希望了解文化、生活、娱乐等知识,丰富文化知识和业余生活,提高生活水平。中部地区农民最需要的信息按重要程度依次是:实用技术、农业政策、新品种、人才招聘、教育培训、市场信息、气象信息、法律和文化娱乐信息等(谭英,2010)。从中可以看出,农民的信息需求主要是迫切地想以此促进生产和致富,此外,信息需求日益多元化,渴望全方位发展,提高生活质量,跟上现代化步伐。

东部地区农民的信息意识比较强。调查得知,东部地区农民对信息比较敏感,对信息有分析和判断能力,能有效地选取自己所需要的信息,获取信息的能力也较强,他们能比较主动地寻找获取自己需求的信息,对信息需求的种类和数量多于中西部地区农民。文化、健康、教育及娱乐信息的需求有增强的趋势。东部农民获取信息的渠道比较丰富,农民获取市场信息的渠道按重要程度依次为:计算机网络、生意人、电话、信息中介等(谭英,2007)。

另外,计算机网络媒介在东部农村发挥的作用日趋增大。网络媒体的接触和使用在城乡之间、东部地区的农民网络接触率要明显高于中、西部地区。在东部经济较发达的农村,农民拥有电脑率达80%以上,上网销售农产

品或发布旅游信息在我国东部地区的多数农村已经广泛使用(谭英,2010)。

可见,信息意识主要受主观因素信息需求的影响。信息需求意识较强的农民有目标、有想法,获取信息的渠道比较丰富,对信息或有价值的信息有较强的鉴别力和判断力,其使用信息的能力也比较强。其次,信息意识也受地区经济发展水平的影响,正如格式塔派心理学家K·勒温认为,人的行为是由人与环境(心理的生活空间)的相互关系决定的。东部经济发达,有目共睹,其计算机技术和通讯技术的发展也比较迅速,当地农民对新技术的认知也比较强,在大环境的影响下,其信息意识逐渐增强。

(3)带头人的观念直接影响信息传播主体的信息行为及信息传播位能的挖掘

顾名思义,带头人的意思就是领头的人或领导。农民带头人一般是指农村社区中在政治、文化或经济上享有较高的地位或影响力,有较高的政治民主意识,关心农村社区的发展和生活的人。带头人一般具有责任观念、传统道德观念、法律观念、市场观念、创新观念、科技观念和开放观念(见案例1和案例2)。

1)案例1 龙泉村带头人刘建银的观念

山西应县龙泉村的村支部书记刘建银是龙泉村的带头人,出生在龙泉村,在兄妹5人中排行老大。他高中毕业后,由于家境贫寒、债台高筑便噙泪放弃了继续求学的理想,与父亲一道挑起了养家糊口的重担,他放过牛、耕过地、锄过草、砍过柴、掏过粪,也外出打过工,当过煤窑工,还去过广州、深圳打工,搞建筑、做电器,摆过摊,搞推销。在这期间,他经受过磨难,也长了见识,开阔了眼界,他也做了几年水产生意,资产达到100多万元,拥有了自己的楼房和小汽车。

但当他独自一人安静下来的时候,他想到了家乡的父老乡亲,独乐乐不如众乐乐,他先后到“伊利”集团、“蒙牛”集团、寿光、华西等地考察,力求想寻找一条让全村乃至全县人民共同富裕起来的金光大道。2001年,他将2

万余字的考察报告及发展设想呈送给县、镇两级领导，引起了县、镇领导的高度重视，同时得到了全村群众的赏识。

也许是他这颗赤诚的心和责任心，使他 2002 年重返故土，回到四年没有支部书记的家乡龙泉村。由于村里宗族矛盾，争权夺利时时发生，打架斗殴杀人的、告状上访闹事的层出不穷。“大告三六九，小告天天有”，成了远近闻名的“告状专业村”，领导头疼的“大乱村”。干部没人想当、没人敢当，在这种情况下，刘建银毅然担任了龙泉村党支部书记。用他的话来说：“我的根在龙泉，我发誓要让这片土地改变面貌。”

正是由于他有这份改变龙泉村面貌的心愿，以及他的道德观念、开放观念和创新观念，促使他勇敢地带领全村农民打造出了一个闻名遐迩的中国“胡萝卜”第一村。刘建银说：“我们手中的权力是人民给的，不为人民谋利益，就不配当共产党的干部，天大地大老百姓的事最大。”

刘建银还是个科技观念和市场观很强的人，建设龙泉村分几步走，如何调整产业结构都是通过相关专家考证、政府支持后干起来的，如召集大家筹钱修公路、建设“万亩生态森林公园”，发展蔬菜建大棚，建网站、在网上推销胡萝卜，组织“夕阳红战斗队”、“青年突击队”、“半边天战斗队”、“义务护树队”等，在他带领下，龙泉村的面貌焕然一新。

用信息化打造贫穷落后的农村是一条农民致富的高速公路。刘建银在首届信息化扶贫年会暨中国村络工程启动仪式上作为典型发言引起了众人的关注：“建设新农村需要新农民，新农民需要新信息，新信息培养了新农民，新农民创造着新农村，信息化带来的不仅是直接的经济效益，更重要的是衍生了新的力量和新的观念。”“不是网络选择农民，而是农民选择了网络。农民选择了网络，是放弃了低级的锄头，选择了高级的鼠标，其实，鼠标和锄头一样，都是工具。时代呼唤使用鼠标的农民。”从这些话语中可以看出，带头人的思想和观念直接影响着他带领的集体“信息传播主体”的信息意识和信息行为。

在刘建银的带领下，龙泉村成立了信息服务小组，利用村网络文化站，帮助村民采掘找信息发布信息，完全由被动接受信息的受者（下位）转至为信息传者（上位），其信息传播位能量逐渐增大。

2）案例2“忘不了”柑橘专业合作社带头人冯贻法的观念

浙江“忘不了”柑橘专业合作社的带头人冯贻法，是涌泉当地的一个普通农民，一直从事柑橘种植。他善于思考，肯于钻研，有着较高的柑橘栽培技术水平。2002年，他与其他志同道合的朋友一起创办了临海首家农民专业合作社——“忘不了”专业合作社。几年来，迅速发展成为临海市乃至整个台州规模最大、管理最规范的农民专业合作社。[①]

冯贻法带领社员打造柑橘“忘不了”品牌，使合作社年销售产值6 000多万元，与他具有的几种观念分不开。

①冯贻法与刘建银一样都具有较强的责任观念和科技观念。冯贻法说：“一个人富不算富。”冯贻法在工作和生活中意识到，不但要做给群众看，更要带着群众干。为使更多的橘农能得到技术指导，使更多的橘农尽快致富。2007年，冯贻法又在自己的“忘不了”科技观光园内专门划出一块土地，建立了临海首个远教示范基地，并邀请专家在基地内开展了多次辅导讲课，并进行了现场录播，从而使课堂上学到的理论与现场实践操作相结合，巩固了远程教育的成果。2008年以来，通过该社远教站点培训的橘农有近10 000余人，合作社社员中有农民技术员以上职称资格的44人，持有农民绿色证书的52人，专业上岗培训达100％。

②冯贻法有较强的信息意识和品牌意识。冯贻法说，品牌这块是多方面的，首先有质量，有质量也必须要开拓市场，开拓市场必须要广告宣传。浙江“忘不了”柑橘专业合作社究竟是如何打造和维护自己的“忘不了”品牌

---

① 临海市人民政府．依托远教平台，带领橘农致富——浙江忘不了柑橘专业合作社理事长冯贻法同志先进事迹．http://www.linhai.gov.cn/，2009-12-02。

的呢？

一是合作社改名"升级"。随着合作社业务范围不断拓展，原先冠县、市行政区划的名称在一定程度上限制了其进一步发展，《合作社法》出台后对合作社命名有了新规定，趁此机会，当时全国仅此三家农民专业合作社以省冠名。2011 年 5 月 27 日，国家工商总局认定浙江"忘不了"柑橘专业合作社的"忘不了"商标为驰名商标，这是国内首件以农民专业合作社名义获得的中国驰名商标。[①] 浙江"忘不了"柑橘专业合作社自建社以来，始终坚持"创品牌、拓市场、增效益"为发展目标，品牌意识深入社心。

二是积极参加各种展销会和评奖活动。合作社主动积极参与政府和各界召开的产品展销会、推介会、农产品博览会、评优评奖活动，宣传介绍合作社产品品牌、种类，提高合作社产品知名度，如 2003 年 11 月，合作社以"不吃不知道，一吃忘不了"的口号参加台州市政府在上海举办的台州农产品展销会，700 多箱的"忘不了"蜜橘，不到一天被抢购一空，赢得消费者的好评。合作社生产的柑橘已经取得了绿色食品、无公害农产品称号。"忘不了"也经常参评著名商标、名牌产品活动。

三是广告投放。浙江"忘不了"柑橘专业合作社通过各种方式，在各种渠道都投放了广告，有广播电视广告宣传、有报纸杂志广告宣传、有农业节目宣传、有新闻媒体报道宣传、有活动宣传、有展销会洽谈会宣传、有路边广告牌宣传。在互联网中搜索，还可以看到合作社在许多网站投放了广告，例如有通过"临海市一见喜广告营销事务所"发布的广告，有合作社自己在金农网上投放的广告，有合作社通过浙江省农民信箱发布的产品信息。2006 年，合作社以 12.6 万元拍走了第十三届浙江省运会特殊标志会徽、吉祥物"成成"使用权，使该合作社的"忘不了"牌柑橘成了该届运动会的指定产品。

① "忘不了"商标认定为"中国驰名商标". http://xnc.zjnm.cn/zdxx/dytw/view 浙江农民信箱网，浙江忘不了农民专业合作社网页，企业动态。

2007年，合作社协办了“忘不了杯”走进涌泉摄影作品展，通过橘花摄影展充分展示了涌泉和“忘不了”的橘文化。合作社连续几年在11月份橘子成熟季节主办了中国(临海)无核蜜橘节，邀请各界人士前来涌泉品尝蜜橘，在各大媒体上都能看到关于“涌泉蜜橘，吃橘带皮”或者“不吃不知道，一吃忘不了”的新闻报道。

四是农产品配送中心和产地编码制度对品牌起到规范作用。配送中心的创建，较好地解决了传统农业产业链存在的“缺环”问题——即缺失包装、品牌、销售、信息、技术等服务环节。临海市橘乡农产品配送中心是浙江“忘不了”柑橘专业合作社的下属部门，它不仅配送产品，而且实现了信息和技术的双向配送。临海市橘乡农产品配送中心的主要职能是本区域名优农产品的展示展销和本社产品的主要销售窗口，因此配送中心是合作社产品的长期展示橱窗，产品要进入这个橱窗也必须符合一定的要求。另外，浙江“忘不了”柑橘专业合作社实行了产地编码制度，合作社出品的每一件产品都能够通过上网查到其产地和生产过程。产地编码制度是优质农产品进入大中城市超市的需要，对品牌起到良好的规范作用。反过来说，通过农产品配送中心和产地编码制度，合作社也向消费者保证了产品的品质，证实了自己的实力。

五是改善产品包装。产品包装的好坏向消费者传递的信息直接关系到产品质量的好坏、价格的高低甚至品牌的可信与否。因此，注重市场对包装的反馈并及时修改是非常重要的。合作社设专人监督品牌的使用，严格控制包装箱流入市场，以防止有人盗用合作社的包装，有损合作社的品牌形象。(王悠悠，2009)

(4)信息传播位能的潜能的发挥与带头人的价值观取向有直接的关系

带头人的思想和观念决定着整个团队的思想和观念，正如一个哲人所说，“领导的思想高度就是团队的思想高度”，领导带头带得好，整个团队就兴旺和谐,上行下效是管理学的精髓。特别是对于我国农业脆弱、农民居住分散、农民组织化程度低等的特性而言,有一个好的带头人,能够以身作则地、身先士卒地带领群众大干真干,群众自然会听从跟从。从案例1和案例2中的两个信息传播主体的带头人的观念看,也能看出两个领导人严于律己、管理有方。从他们取得的辉煌业绩和发展前景来看,也证明了一个永恒的规律,观念决定思想,思想决定行动,行动决定习惯,习惯决定性格,性格决定命运。

同时,也说明了农村发展不仅要靠外界干预和支持,更重要的是建立正确的价值观和利他观。走内生式发展的道路,是农村社区可持续发展的根本动力。从刘建银与冯贻法身上,我们已经看到他们起到了模范带头作用,称得上是百姓的表率,由于他们的种种先进观念,使得他们所在的社区发生了天翻地覆的变化,使得村民开始重新认识自己,找到自己的发展方向,使他们开始摆脱外界依赖,回归到主体发展的地位,开始积极应对各种挑战,开始注重提高自己的综合素质,开始积极参与社区建设(表5-1)。这就是内生式发展模式所说的"自我导向"(self-oriented)的发展过程,透过这种过程,一方面使乡村达到自己想要的发展目标,另一方面挖掘自身才能把利用乡土资源所创造出来的总价值重新分配在该地区内,使本社区日趋美好。

从某种意义上讲,挖掘信息传播位能的过程也是个体自身综合素质提高的过程,也是信息传播主体发挥潜能的过程。

表5-1 从一个细节看信息传播主体参与信息传播的变化状况

信息传播主体	年度变化	事例1	事例2	资料来源
山西应县龙泉村	2006—2011年	主动购买电脑的人数由5户上升到300多户	到村网络文化站的上网查阅信息人数由2～3人上升至8～10人	村支书介绍
浙江"忘不了"柑橘专业合作社	2006—2011年	使用农民信箱收发信息的人数由50户上升到111户	入社社员数由132户增加到143户	办公室人员介绍

5.2.2 自信与意愿

(1)自信与过度自信

自信,从词义上理解,就是自己相信自己;有自信心,保持一种健康的心理状态叫做自信。古人说,自信源于实力。这就是说自信的人一般是有实力的人,不论是经济实力,为人处事能力、文化知识能力,还是管理能力、创新能力等方面,只要有一方面能得到众人的信赖,都可能成为自信的人。

自信是古今中外几乎人人提倡的一种品质。大部分人都希望自己变得更自信,这一方面是能认知自己的优势对自己有积极评价,另一方面是发自内心的自我肯定并相信自己。在生活中,自信常常能带来良好的社会关系;但是在经济学中,自信也可能给金融市场带来不小的影响。在金融学领域,有一个关于市场的“过度自信理论”(overconfidence theory),该理论认为,人是过度自信的,尤其对其自身知识的准确性过度自信。人们系统性地低估某类信息并高估其他信息。

过度自信的人在做决策时,会过度估计突出而能引人注意的信息,尤其会过度估计与其已经存在的信念一致的信息,并倾向于收集那些支持其信念的信息,而忽略那些不支持其信念的信息。这样有可能导致错误的决策。不过,心理学家们的研究也发现,一些职业领域如外科医生和护士、心理学家、投资银行家、工程师、律师、投资者往往与过度自信联系得比较密切。这些研究成果从另一个角度也说明,从事农业生产的农民自信度比较低。

(2)广大农民自信低,利益表达意愿弱与多种原因有关

通过中国知网以“农民自信”为主题搜索文献,其结果是零篇。不过搜索“农民地位”的相关文献研究还不少。多数文献研究结果显示,我国农民地位低下的原因,一般分为客观原因和主观原因。客观原因表现在:首先,我国长期以来实行“以农养工”向城市倾斜的政策,忽视农民的利益和地位;

其次，实行严格的二元户籍管理制度，造成城乡待遇差异拉大。第三，国家相关法规政策尚有忽视对农民地位和利益保护的地方。比如《中华人民共和国劳动法》规定："在中华人民共和国境内的企业、个体经济组织和与之形成劳动关系的劳动者，适用本法。""国家机关、事业组织、社会团体和与之建立劳动合同关系的劳动者，依照本法执行。"而大部分在农村种地的农民被排除在《劳动法》之外，农村大部分劳动者的基本权利也就无从保护了。

从主观上讲，"农民地位低下是与其利益表达不畅、自身力量不足以有效维护自己的合法权益有关。我国农民利益表达不畅，一方面由于他们是一个政治上的弱势集团，另一方面是农民居住的分散性、生产方式的封闭性、社会交往的局限性、思想观念上的保守性、利益关系上的自私性，群体行为上的不团结性，长期以来未形成一个紧密而庞大的利益集团，人数众多的优势被组织程度低下所抵消，缺乏利益表达和利益综合的组织，因而表现出的群体力量是极微弱的"（张晓雯，2003）。尽管近10余年来，党和政府坚持以人为本，将"三农"工作提到重要日程上来，出台了一系列惠农政策和相关的法律法规，使农民的利益得到极大保护，城乡差异也在逐渐缩小，农民地位也在逐渐提高，但是与农民交流中了解到，广大农民的自信心不足，责任感不强，利益表达意愿较弱。

当问及农民对致富有什么想法时，多数农民说，"我们没啥本事，每天除在地里忙活还能做啥"。他们对集体的事也不怎么关心，遇到困难的事能自己解决的绝不找领导反映。当然，近几年，从农民投诉上告的数量来看，农民自我保护的意识有所增加，通过媒体进行利益表达的意愿在逐渐增多。可见，农民的自信、责任感与信息共享意愿的改变与社会大环境有直接的联系。

(3)自信与意愿是信息传播位能提升的重要因素

从某种意义上讲，自信也是一种信念，即人对自身力量的一种确信，深信自己一定能做成某件事，实现所追求的目标。或者说自信是人走向成功的重要因素，但不是必然因素。仅有自信，没有目标意愿，没有坚持不懈的努力，也很难接近成功。也就是说，有了自信还需要有利益表达意愿，有目标，再加上责任心和毅力才可能取得成功。

由案例1得知，龙泉村党支部书记刘建银经常在村网或博客里发表一些随想和杂谈①，如：

“如果想要在各处都受欢迎，那就是面带微笑，发自内心的微笑。”——自信

“今天太宝贵，不应该为酸苦的忧虑和辛涩的悔恨所消蚀，把下巴抬高，使思想焕发出光彩，像春阳下跳跃的山泉，抓住今天，它不再回来。”——自信

“成功的秘诀很简单，无论何时何地，不管怎样，我也决不允许自己有一点点灰心丧气。”——自信、毅力

“你的意志力量，是决定你成败的力量，要想成功，先要有正确的思想方法和思维方式，你思想所要得，都可以实现。”——毅力

“生活是由无数烦恼组成的一串念珠，但得微笑着数完它。”——自信

“只有努力寻找的人才能找到；大门只会对叩门人敞开。”——意愿

“不登高山，不知道天有多高；不到深沟，不知道地有多厚。不入社会，不知道深浅，不失败，不知道成功的喜悦。”——自信、毅力、意愿

“不是环境创造人，乃是人创造环境。只要有心［坚持，信念，爱心］，你可以改变你的世界。”——意愿、自信、毅力、责任

从以上几段话语中，可以看出刘建银是个有毅力、有责任、有抱负、有利益表达意愿的人，而且是性格坚强、自信的阳光男子汉。如果他没有这些品

① 刘建银．我的几点理念．http：//www.1390349.com/news/default.asp？cataid＝50 应县龙泉网站。

质，他不会放弃水产老板的生意从城市回到农村，如果他没有自信、理想和利益表达的愿望，他所在的村也不会走信息致富的路子，成为国内著名的“胡萝卜第一村”。很显然，如果刘建银没有这些素质，没有意愿走信息化的路子，其所在的信息传播位能就可能就是零，因为决定信息传播主体位能量的动力因素是自信和利益表达的意愿。

同样，案例 2 柑橘专业合作社的负责人冯贻法具备的这些素质也说明了这个道理。在村民们眼里，冯贻法是一个“不安分”的人。改革开放初期，当家家户户都在忙着发展粮食生产时，跟随父母务农的冯贻法就尝试着将当地的农副产品贩到城里，做点小生意，慢慢地“挣了一些钱”。20 世纪 90 年代中后期，涌泉镇家家户户开始种柑橘，冯贻法抓住机遇办起了一家选果机厂。

赚到钱的冯贻法并没有就此满足。他发现，柑橘、杨梅等农产品往往是一家一户拿去销售，遇到丰收时，市场供大于求，价格反而低了，当时农产品大多没有商标，消费者也难以分辨出优劣，好东西价格也上不去。“老冯头”感觉到，什么产品都得有个名头，让买的人可以辨认，于是，他出钱注册了“忘不了”商标。2002 年 10 月，他发起组建了“忘不了”柑橘专业合作社。目前“忘不了”已成为临海规模最大、实力最强的农民专业社（杨军雄、应建勇，2010）。近几年来，合作社销售柑橘基本保持 6 000 吨，销售额保持在 6 000 万元左右。2008 年，一场冻灾，让很多橘农损失严重，即使在这样的年份，合作社的销售额仍然达到了 5 800 万元。2010 年销售额又达到 6 580 万元。该社办公室人员说：“2011 年是个丰产年，‘忘不了’产品销售有望超过去年。”

冯贻法的“不安分”不仅表现在他是种植柑橘的技术高手，更重要的是他有想法、有思想、自信敢干，还在于他有利益表达的意愿，有带领广大农户致富的责任心，而这些素质又促使和支配采取一系列行动，打造“忘不了”品牌，在浙江农民信箱建网页，以增强其信息传播位能，以信息带动致富。

总之，自信源于信念和实力，意愿决定行动和结果，自信是行动的基础保障，利益表达意愿是其行动的主宰，其有无意愿决定其是否采取行动。意愿表达是影响其行为的关键，有表达的意愿，才会去捕捉有价值的信息。换句话说，正因为有冯贻法带领农民学习柑橘高产高质的技术，鼓励农民学习信息技术，上网收集信息和发布信息，最终使该合作社成为大众关注的全国农民专业合作社的排头兵，其信息传播位能自然不断增加。

传播学家麦奎尔曾提出传播的说服矩阵，总结出媒介信息对人行为的影响，他的模式是：接触—注意—引起兴趣—理解—获得—态度改变—记忆—当有行动的机会时：提取新态度的信息—根据新信息做出行动决定—行动—如果依新态度采取的行动未得到强化，则新态度受到损害，否则获得巩固。（刘晓红、卜卫，2001）心中有梦想，有信心，有意愿表达等阳光心态，就会主动寻找媒介、寻找信息，进而接纳新生事物，最终自愿使自己行为改变。

5.2.3 自我认知与基本需求

俗话说："人贵有自知之明。"老子也曾说过："知人者智，自知者明，胜人者有力，自胜者强。"（《道德经》第三十三章）这句话揭示了生活中的一个现象，多数人常常喜欢关注他人的信息，对他人了解的多，而对自己却缺乏了解，甚至对自己没有准确的认知，以至于有的人总认为自己无所不知，聪明能干；有的人总认为不行、笨拙、能力差，尽管别人都坚持说他聪明能干，为此，圣贤人发出感叹，自知者明，自胜者强。意思是说，能够真正了解自己的人，才是自我觉醒的人；人难得去审视自己、反省自己，能够了解自己的才是有智慧的人，能够战胜自己的人才是最强的人。

(1)自我认知的重要性

人人都想了解自己，也认为自我认知很重要，但是又常常认为自己最了解自己，而忽视自我的认知。我们真的认识自己吗？怎样才能更好地认识自我呢？约瑟夫·鲁夫特(Joseph Luft)和哈灵顿·英哈姆(Harrington Lngham)研究出一个著名“乔哈里之窗”理论，该理论认为，通过这个窗口(图5-1、图5-2)，人们可以很好地对自己有一个明晰的认知和判断。

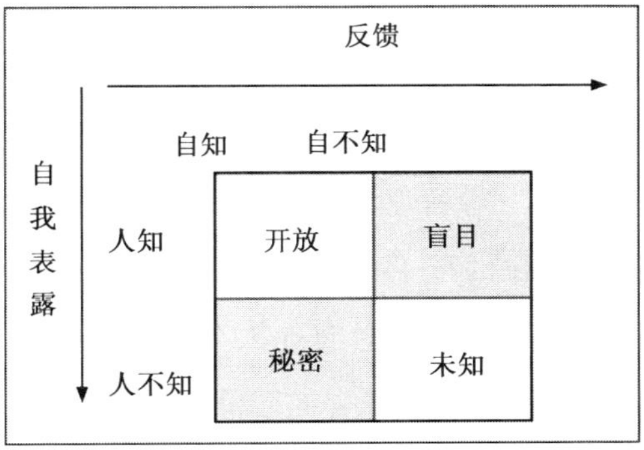

图 5-1　“乔哈里之窗”

他知	开诚布公的自我（公共区）	无知的自我（潜在区）
他不知	封闭的自我（私人区）	盲目的自我（盲点）
	你知	你不知

图 5-2　“乔哈里之窗”的解读

这四个窗口的含义分别是：窗格一，开放区。表示的是你和他人都知道的关于你的情况。比如，你的名字、年龄、职业等。对他人开放的信息越多，表明与他人的关系越亲密。也容易与更多的人交往，个人发展的机会也会越多。

窗格二，盲区。这个区域包括的是别人知道但你并不知道的关于你的信息。有的人有一块很大的盲区，因为他们早忘记了他们自己的缺点或者优点。有时候，人们会感到不得不寻求外界的帮助或治疗来减小他们的盲区。

窗格三，隐藏区。代表的是隐藏起来的自我。它包括自己知道的关于自己的，但由于害怕别人反对而不想让别人知道的信息。《为什么我害怕告诉你我是谁》(Why am I afraid to tell you who I am?)一书的作者约翰·鲍威尔是这样表达害怕别人反对的心理的："如果我告诉你我是谁，你可能并不会喜欢我真实的样子。"有时候要想隐藏起来不让别人知道是非常费力的，偶尔我们每个人也都觉得有必要让那些对我们来说很重要的人真正地了解我们，并接受我们现在的样子。

当然，每个人都有权利决定何时向他人分享内心最深处的思想、感受和打算，同样，当完全自曝信息并不符合自己的利益时，也可以决定继续隐藏信息到某个时候。每人都允许保留自己的小秘密。

窗格四，是自己天性中的未知区。它包含的是自己与他人都不知道的关于自己的信息。其实，教育以及生活经验将有助于人们将这些神秘的部分拉出水面。只有到那时，我们才能够研究这部分的内容。我们每个人可能都曾经做过一些让你自己、也让别人大吃一惊的事情，我们经常会和朋友一起惊呼"哇！我从不知道我还能做这个！"或是"我还不知道你能做这个！"

自我认知重在对自己的认知有多少，"乔哈里之窗"理论告诉我们，人若想真正地了解自己，认知自己现在具备的能力和未来的潜力，首先要解决的问题是，能够理智地分析自己的盲区和未知区。对于自己的盲区，若要减少无知的自我，就要尽量虚心地听取别人的意见，请他人指出我们的优点和缺点，然后自己重新审视自己的言行，并做出发扬优点、剔除缺点的决策，这样便能使自己的盲区变小。对待自己的未知区，最好的方式就是不断积累学习和实践经验，激发自己的潜能，不断提升自己的素质和能力，使自己的未知区变小。

其次，若想更充分地认知自己的个人价值和社会价值，就要想办法扩大自己的开放区和隐藏区。通过自己的努力，把自己的优势展现出来，让自己的成功与更多人分享，广泛结交良师益友，以仁爱诚信立足社会，自己的人生就有可能重新去书写。

大量的实例证明，有自我认知能力的人一般都是自我觉醒的人。自我觉醒的人是知道回头反省的人，谦卑做人的人，虚心好学的人，勇于开放自己的人。而且具备这些素质的人，往往是有正确知见、科学思维，努力好学积极向上的人。这些素质也是成功人士必备的素质，可见，能够真正做到自我认知多么重要。

另外，如果人与人之间缺乏足够多的开放区，那么就很难达到有深度或很重要的交流。为此，增加开放区范围，同时降低隐藏区、盲区和未知区的范围应是个体或组织与他人或组织交往是否取得成效的重要途径。我们都在思考他人，而他人也都在思考我们。问题在于我们是否有能力而且愿意去与他人分享我们正在思考的东西。

(2)农民自我认知的能力不高与基本需求有直接的关系

调查中了解到，多数农民对自己的认知能力都比较差，多数农民并不知道自己的优势是什么，自己的不足是什么，从众心理很重。究其原因发现这些人的基本需求层次不高，对自己的需求常常局限在最低层，广大农民比较注重生理上的需要、安全上的需要和感情上的需要，而对高层次的尊重需求和自我实现需求不高。这与多数学者的研究结果一致，即我国多数农民仍然存在小富即安和满足现状等传统观念，习惯于传统的农业生产方式，“日出而作，日落而息”，这本无可厚非，但是停留在懒惰、等靠的状态，往往会意志消沉，越发不思进取，越发不想学习。导致其对自我认知程度较低，成为行动的落后者。

马斯洛的需求理论认为，每个层次的需求与满足的程度因人而异，也决定了个体的人格发展境界，在新农村建设的过程中，有的农民已经意识到自己是变革的主体，于是，其思想观念与价值取向、生活方式与行为规范均发生了可喜的变化。在满足了简单的生理需求和感情需求后，开始积极地在市场中开拓进取、自强自立，追求多元文化的新型生活，向更高层次的精神需求靠拢，如遵守社会公德与规范，崇尚自由与平等，尊重民主，希望个人生活更好，并寻求个人最大的发展。与那些需求层次不高，自我认知不够的农民相比，这些人一般对身边发生的新鲜事比较感兴趣，比较喜欢收看新闻，关注国家新政策的出台，对信息的认知和敏感度较高，获取信息的能力也较高。

总之，自我认知的过程是一个永远不会静止的动态过程。因为，我们周围的环境在不断地变化，所以我们的感知和认知也在不断地变化。同时，由于我们每一个人的文化背景、性别、过去的经历不同，我们感知世界、看待事物的方式和角度也不同。所以，提高自我认知的能力，重要的还在于树立正确的人生观和价值观。

5.2.4 主动学习与创新

在当今科学技术迅猛发展、知识和信息日益膨胀、城乡差距日益缩小，知识更新频率加快的时代，学习成为个人或组织的一种必需品。学习是一种对未知领域不断探究的过程，分主动学习与被动学习。主动学习者一般有明确的目的或目标，并常常把学习看做一项非常有趣而愉快的活动，学习的效率就高；被动学习者一般对自己未来发展方向不明确，并把学习当作一件枯燥乏味的事、无奈的事，学习效率就低。

众所周知，在信息社会，不学习就意味着放弃自我，并逐渐被社会淘汰。善于学习者往往能够应对各种挑战，把握各种机会，更好地生存与发展。另外，从国际社会的背景看，各个国家已将终身教育和学习化社会两个概念，作为未来社会形态的构想和追求目标。党的十六大报告在阐述全面建设小康社会的宏伟目标时，明确提出要“形成全民学习、终身学习的学习型社会，促进人的全面发展。”可见全民学习、终身学习，不仅是个人发展的需要，也是社会发展和社会创新的需要，已成为社会发展的必然趋势。

(1)农民对学习的态度

多年的乡村实践研究发现，多数农民学习的积极性不高，主要原因有以下几点。①文化程度不高。留在村里务农的农民多是半文盲、小学和初中文化程度，对自己的认知不够，认为自己文化程度低，记忆能力差，学不会高深的技术。②自信心不足。对于简单可操作的农业知识还愿意接受学习，但是对于复杂的、难学的新技术表示冷淡，或处于被迫无奈地学习，学习效率不高。③没有时间学习。多数农民由于承担着主要劳动力、照顾父母和子女等多重任务，每天为生计劳碌，没有时间看书或参加技能培训，导致学习兴趣缺乏。④缺乏职业辅导。个别想学新技术的农民，或遇到生产技术难题的农民，又找不到懂技术的人帮助。⑤懒散的生活习惯。长期松散的劳作时间和繁重的体力活，导致其养成了懒学的习惯。

这些主客观原因致使农民不能专心投入于某类知识的学习，也障碍了他们对于学习的认知，进而产生一系列不利的影响。

(2)农村信息化促进农民主动学习

在山西应县龙泉村和“忘不了”柑橘专业合作社调查时，发现一个类似的现象。自从接通了互联网，龙泉村与柑橘合作社一夜闻名大江南北，过去平静的小村庄开始热闹起来。比如龙泉村，自村里建了网络文化站后，农民开始了解“信息”一词；当通过网络销售出自家的胡萝卜时，才开始关注计算机的用途；当外地客户到村里购买自己的胡萝卜时，才开始希望了解关注外地的供求信息；当外地漂亮的姑娘嫁到龙泉村时，村里的人们才知道，网络这玩意很神奇，又能找票子，又能找媳妇。

网络正在改变农民的生活。在应县龙泉村网络文化站，每天早早地就有村民排队上网，不少村民手里还带着个小本子记录有价值的信息。村民赵全宝说:“俺每天到网络文化站转一遭,地里的胡萝卜已经长成,俺上网查查,看到哪能卖个好价钱!”村支书刘建银感慨地说:“过去村民农闲时不是聚众打麻将,就是东家长西家短地扯闲话,现在好了,不出村,天下大事都知道!”(鲍丹,2007)

“忘不了”柑橘专业合作社更是利用信息化推动农民学习。如他们以“远教+合作社+基地”教学模式,推进农民学-产-成果转化。“实用、实效”是该社开展远教工作的目标,为使教学活动更符合农村实际,他们在“忘不了”科技园建立了全镇首个“远教实践示范基地”,将“柑橘文化园”、“品橘村”、“柑橘博物馆”等都作为实践基地范畴。定期组织社员及周边群众到基地内培训,学习先进种植技术和科学发展的理念,通过实践基地教学,使社员和群众开阔了视野,拓宽了思路,掌握了技术,使晚熟采收、大枝修剪、高接换种等新技术得到广泛推广,使滴灌、大棚、地膜覆盖等现代设施栽培得到推广应用。[①]

案例1和案例2均善于利用互联网技术和通信技术,使农民获得了各种技术信息、市场信息、农产品买卖信息,有力地带动了农民学习意识,进而使农民主体意识增强。

(3)主动学习与创新是积蓄信息传播位能量的源头

在当今社会,创新一词已经渗透到我们生活中的方方面面,大到国家的方针政策和战略规划,建立创新型社会、科教兴国、走自主创新的道路,小到柴米油盐酱醋茶,处处都在自觉与不自觉地使用着“创新”这两个字。

什么是创新?美国经济学家熊彼特在其《经济发展理论》一书中首次提出了创新的概念。他认为,创新是对“生产要素的重新组合”,具体来说,包括以下五个方面:①生产一种新产品,也就是消费者还不熟悉的产品,或是

---

① 临海市人民政府. 以远程教育为平台,推进合作产业发展——记浙江忘不了柑橘专业合作社远程教育工作,http://www.linhai.gov.cn。

已有产品的一种新用途和新特性;②采用一种新的生产方法,也就是在有关的制造部门中未曾采用的方法。这种方法不一定非要建立在科学新发现的基础上,它可以是以新的商业方式来处理某种产品;③开辟一个新的市场,就是使产品进入以前不曾进入的市场,不管这个市场以前是否存在过;④获得一种原材料或半成品的新的供给来源,不管这种来源是已经存在的还是第一次创造出来的;⑤实现一种新的企业组织形式,例如建立一种垄断地位,或打破一种垄断地位。

也就是说,创新并不一定是全新的东西,旧的东西以新的形式出现或以新的方式结合也是创新。创新是生产要素的重新组合,其目的是获取潜在的利润。

从案例 1 和案例 2 均可看出,两个不同的信息传播主体,都有着创新理念,或者说,创新精神在两个案例中无处不在,无时不有。

从龙泉村种植胡萝卜的分类销售到胡萝卜的冷贮、加工和运输;从柑橘合作社建立自己的品牌,由省冠名到中国驰名商标,从柑橘种植注重质量的细节,从柑橘分档次销售的做法,从单一品种经营到多种经营,很多做法都体现出与众不同的想法。经济学家德鲁克认为,创新是市场或社会的变化。不是某种发明,不是主观的,是客观的,是作用于外界的;它为客户带来更大好处,为社会带来更多财富,以及更高的价值和满足。

可见,创新是认识,而不是做工作。企业家精神永远需要关注市场,以市场为导向,落实到结果。

德鲁克也说了创新需要知识,但更需要灵活性,并非在所有的知识基础上的创新都是重要的。他认为,创新虽然离不开知识,但创新更需要的是在实践中对社会各个领域人们活动的观察、认识和分析,以及做事的勤奋和毅力。

总之,有目的地选择学习,主动地不断学习,不断积累,不断创新均是武装和增强信息传播主体的内涵量的要素,换句话说就是主动学习与创新是积蓄信息传播位能量的源头。

第六章

信息传播下位者转为信息传播上位者的策略研究

经典物理对重力势能(位能)的理解是当一个物体处在一个位置,相对于参照平面,重力可以对物体做多少功,使物体获得多少其他形式的能量,就说重力势能是多少,但并不是说重力势能为0就不具备做功的能力,这是由其相对性决定的。重力做正功时,重力势能减小,反之,则增大。每个物体所处的方位不同都会产生不同的位能,人作为一个有活动能力的物体,即人在生物界中作为脑力最发达的动物,其所处的“位置”(地位)不同也会产生不同的位能量,而且每一个个体均存有无量的潜能,如何将其潜在的位能充分发挥出来,是不同学科专家和学者始终探讨的问题。同样,在人与人交往的社会空间里,个体的人或组织既可能是传者,也可能是受者,是做信息的接受者(下位信宿),还是做信息的传播者(上位信源),完全取决于个体或组织利益表达的意愿。当然,若处于信息传播下位者有利益表达的意愿而无科学的方法或策略也难以使自己的信息传播位能提升。

美国农村社会学家(传播学学者)罗杰斯认为,大众媒介发出信息并直接“流”向传播对象的社会过程称为信息流(郭庆光,1999),也称为“自上而下”的信息传播,信息源(传者)即传播主体将信息编码后,通过某种渠道(媒介)传递给信宿即受者的过程。反之,“自下而上”的传播过程即为信息接收者(信宿)经过信息解码后,转为信息传播主体(传者)时,再通过该渠道或其他渠道将信息反馈或传递给原信息传播主体(现为信宿)的过程,“自上而下”与“自下而上”的信息流如此循环往复,就是传播学者施拉姆所说的环形传播模式,也称为双向传播模式,反之就是单项的“自上而下”的信息传播。

长期处于信息传播下位的农民如何提升自己的信息传播位能,可从影响信息传播下位者转为信息传播上位者的因素中归纳出以下策略。

6.1 他助式信息传播位能转化:外界干预

影响信息传播下位者转为信息传播上位者的主要因素有客观因素和主观因素。客观因素主要指不依赖主观意识而存在的各种外部条件,如历史遗留下的自然、政治、经济、文化、信息等环境。根据辩证唯物主义的主观能动性学说即人在实践中认识客观规律,并根据客观规律自觉改造世界,推动事物发展的能力和作用,总结出信息传播下位者转为信息传播上位者在外界干预下的他助式信息传播位能转化策略。

6.1.1 政府辅助

“自下而上”的信息传播体系,强调的是以“农民为中心”的信息传播过程,即以农民为主体的个人或组织,将其内部筛选、加工、处理后的信息,通过某种媒介或渠道(大众、组织、人际)向上一级相关信息服务组织或向外界大众(个体或群体)发布和传送信息的过程。作为社会脆弱群体的农民,他们发布信息的渠道是否通畅还需要政府的支持和保障。

(1)政府部门要为农民提供良好的信息收发平台，为农村建立各种信息化基础设施提供政策和经济上的支持

如浙江“忘不了”柑橘农民专业合作社，就是在政府的大力支持和辅助下，依托浙江“百万农民信箱工程”，利用互联网技术和通信技术，通过农民的实名制注册，建立浙江“忘不了”柑橘农民专业合作社网页①，让农民借助电脑和手机短信进行网上双向交流，快速、便捷地获得各类免费科技、市场信息和系统提供的服务而受益的典型案例之一。

“农民信箱”是根据“数字浙江”建设的总体规划和“以用促建”的原则，通过研究开发方便、实用和可管理的系统应用软件，利用互联网技术，借助现有的农技服务体系和运营商的网络设备，以低成本构建的农民网上交互的信息化平台。使农民能够借助电脑和手机短信进行网上交流，快速、便捷、免费地获得各种技术信息、市场信息、农产品买卖信息和系统提供的其他服务。

农民信箱分系统信箱和普通电子信箱两部分。全省农民、专业合作社、农业龙头企业和其他人员都可申请注册登记。系统信箱是给注册用户开设的可管理信箱，用户可在任何有 Inter 网接入地上网，收发信件；也可通过系统信箱发送手机短信。普通电子信箱是给注册用户开设的 POP3 电子信箱，主要用于对系统信箱以外的对象收发邮件。农民信箱系统用户按从事专业、行业、主营品种、职级、职称列为 13 大类、280 个小类和买进、卖出两个方向。

这一工程的实施，无疑为构筑农民网上社会提供了有力的支持。据悉 2010 年底，全省注册用户已达到 100 万户以上。

(2)营造支持农民信息传播位能提升的氛围

在“自下而上”的信息传播体系中，政府作为辅助角色，应在村庄与外界

① http://xnc.zjnm.cn/zdxx/index.jsp? zdid=2013 浙江忘不了柑橘农民专业合作社网页。

的交流中，起到嫁接桥梁和穿针引线的作用，需帮助不同农民信息传播主体获得有利于其所在社区发展的项目或投资，形成制度化的程序，吸引社会各界关注农民，尊重农民的话语权。

比如，山西应县龙泉村在各级政府的辅助下，积极响应政府号召，运用国家每年补偿退耕还林 100 多万元的资金建设龙泉生态森林公园，该生态园建成之后，不仅改善了生态环境，而且给群众带来了第一笔可观的收入。由于龙泉村的生态环境好，2006 年，全国著名的乳业巨头雅士利投资 4.5 亿元落户在这片风光秀美的土地上。

再比如，2009 年浙江省出台了《浙江省商标专用权质押贷款暂行规定》，为此，临海市工商局与临海农村信用联社决定，在全国率先试水以商标专用权质押贷款新模式。浙江忘不了柑橘专业合作社凭着年销售额近 6 000 万元，凭着一个“忘不了”浙江省冠名的商标（2011 年已升级为中国驰名商标），经专家评估，“忘不了”注册商标的评估值为 2 156 万元。据此，临海农村信用联社决定对该合作社综合授信最高额 1 000 万元人民币，首次办理商标专用权抵押贷款 200 万元。

拿着贷款合同，冯贻法对合作社的发展充满信心，他说：“柑橘的采摘销售季节即将到来，这笔商标抵押的贷款，解了我们添置加工设备的资金难题。”临海市工商局局长刘丰说：“商标是无形资产，在许多发达国家商标质押贷款占所有贷款比例在 10%以上。因此，唤醒知名商标这一沉睡资产，对于缓解当前‘三农’贷款难、担保难等问题很有必要。”①

另外，大众传播机构应多从农民的需求出发开展对农传播，采取多种措施针对农民的反馈信息调整自己传播的信息内容，并采取农民喜爱的方式满足农民的信息需求。

---

① 洪卫，陶晓庆，等. 首尝甜头的知名商标 一个"忘不了" 授信一千万. 浙江日报，2009-08-27。

(3)政府要协助和支持农民建立有组织的信息传播主体,聚合农民的集体力量

针对农业的行业特点和性质,以及广大农民受教育的文化程度普遍较低的状况,政府扶持建立不同特色的、以农民为主体的基层信息传播组织是当前提升农民信息传播位能的有力措施。

1)基层政府部门辅助,组建信息员队伍

山西应县龙泉村,2002年以前,过去是远近闻名的告状村和贫困村,村里4年没支部书记,干部之间互相拆台,你争我夺,两委班子一盘散沙,党员和村民人心涣散。村里财务管理混乱,账目不清,干部手里尽是"包包账"、"断头账"。集体经济匮乏,群众收入不高,成了名副其实的"空壳村"。就是在这种情况下,县乡政府决定将有管理经验的出生于龙泉村的刘建银同志请回家乡,承担村党支部书记,整顿领导班子,抓经济建设。加之,刘建银个人拥有立志改变家乡落后面貌的信念和带领村民走信息化致富的道路的决心,很快组建了龙泉村新的领导班子,并组建信息员队伍,建立了信息员责任制度。

如龙泉村的科普惠农服务站里,村书记刘建银、村主任孙友清以及村干部祁存才、刘仕强、刘贵明等分别担任信息员,其职责主要包括三个方面:一是负责科普惠农信息栏目日常管理与维护,定期更换信息栏内容;二是了解本地农民生产、加工、经营方面的需求和销售动态;三是负责调查农民的接受能力,并及时反馈,提高信息内容的针对性和实效性。

在乡镇领导积极支持下,龙泉村两委依托互联网信息技术,发挥本村特色产品优势,创出信息致富的新路子。如征集村民意见,大胆进行调整产业结构,建立胡萝卜专业协会,制定各种能够章程,借助各种信息媒介,统一口径向外传播龙泉村的文化和经济特色,开设了电脑网上交易,形成了上下联动、内外互补、全方位、多层次的营销网络。将龙泉村打造成了国内知名的"中国胡萝卜第一村"。

由于个体农民整体上文化程度不高，要解决其对信息把握不准，利用不好的问题，必须要选拔综合素质较高的信息员。这些信息员代表广大农民采集、加工、处理和发布信息，可确保其信息的传播效果。如在浙江“忘不了”柑橘专业合作社中，市场开拓部和科技服务部是合作社的主要信息部门，分别为社员提供市场信息服务和科技信息服务，在合作社制定的《岗位工作责任制度》也详细规定了它们的工作任务。合作社对引进的顾问、技术人员也都制订了详细的职责要求，比如科技特派员的工作职责里就包括：深入开展科普宣传和实用技术培训活动。都要给自己的工作制订详细的年度工作计划。如在主要生产季节邀请专家顾问到田间地头指导生产，进行技术培训、技术咨询，及时推广柑橘无公害生产，柑橘大棚设施栽培及产后商品化处理技术。有时候专家顾问不能一家一户地去，就到示范基地讲解。

另外，合作社将“忘不了”的整套管理模式、绿色食品标准等印发给了全体社员，还经常自己编写一些技术手册发给社员。合作社每年订阅50份《农民信息报》，除了留一部分在合作社，大部分都发放给了社员。合作社的墙壁上也挂满了各种技术要求的彩图和说明，每一个到合作社来的人都能够清楚地看到，社员每次到合作社来也能重新学习一次，进而调动个体农民积极参与集体活动，增强利益表达的信心。

2)组织化的信息传播主体可确保挖掘有分量的信息

基于有组织的信息传播主体，在“自下而上”的信息传播体系中承担着“上传下达”的责任，不仅要注重信息的收集和发布，更重要的是组织个体农民形成一个合作的崭新的市场主体，提高信息分量的采掘力。如浙江柑橘专业合作社，得到各级政府部门的鼓励和支持，借助信息技术和产品优势，发布有价值的信息，使其成为台州市发展规模农业、品牌农业、绿色农业和效益农业的主导力量。

台州市农业部门介绍，浙江临海不少柑橘合作社聚合农户个体力量，实施统一生产管理、统一技术标准、统一产品质量、统一包装、统一品牌、统一销售的“六统一”标准化生产经营，通过互联网技术的传播和放大，其产品已遍布杭州、上海、北京、山东、辽宁、江苏等地，一些精品柑橘还远销到俄罗斯、哈萨克斯坦等多个国家。

“忘不了”柑橘专业合作社理事长冯贻法说，散户的柑橘每千克最多只能卖到 4 元，而农民专业合作社以销售精品蜜橘为主，产品价格一般每千克超过 12 元，而精品蜜橘的价格可以卖到 60 元。

在调查中了解到，当遇到突发事件的时候，合作社能在第一时间为社员答疑解惑、分析现状，并提出应对之策。社员合作社的信奉度很高，调研数据表明，社员对于合作社提供的信息服务的满意度远远高于其他信息服务组织。如 2008 年四川广元旺苍暴发的柑橘大实蝇疫情（简称“柑橘蛆虫风波”）给全国的柑橘销售带来很大影响，这势必也波及到了浙江省临海市涌泉镇的柑橘销售。合作社及时发布信息，引导社员积极应对，为社员提供俄罗斯需求柑橘的信息，为社员打开了销路。在内销不景气的情况下，合作社柑橘的外销量剧增，销售额仍然达到了 5 800 万元。

可见，浙江“忘不了”柑橘专业合作社信息传播主体扮演了“中介和把关人”的角色，控制着社会上的农业信息源与社员之间的信息传递。合作社为社员提供的信息是经过整理加工的，能够起到直接指导社员生产销售的作用。合作社要积极利用各种先进的信息传播工具，如互联网和短信平台等，并采取灵活的措施抵抗不良信息环境对社员信息接收的干扰。合作社还要主动向社外相关信息服务组织反映社员的意见和发布社员的各种信息诉求，并承担宣传合作社、塑造品牌形象的任务。由于农民专业合作社能够提供大量经过整理具有针对性的信息，以及农民独自面对多变的市场环境的困难和信息获取解读能力的不足，因此社员对农民专业合作社这一信息传播主体的依存程度、信奉度和满意度较高；社员在困难面前的自信心得到了增强；社员的信息水平和技术水平得到了提高。

总之，各级相关政府部门要为不同基层信息传播主体的发展提供宽松的政策环境，并根据他们信息反馈及时调整自己的服务内容，以增强其辐射和带动作用，最终促进农村和谐发展。

6.1.2 信息技术培训

关于加强农民培训问题，一直是党和政府高度重视的问题，特别是，进入 2000 年来，随着信息技术的发展，对农民的培训的模式也在不断地更新和创新。

早期的农民培训主要表现为两种形式，一是围绕区域农业主导业进行的农业科技培训，二是手工匠人跟师学型培训。20 世纪 80 年代以来，开始以农业职业中学、农业广播电视学校等形式开展的农民培训，利用网络技术对农民进行远程教育的成功范例逐渐增多。培训的内容也随着不同类型农民的需求日趋多样化，如种养殖实用技术、新技术、市场经营管理、安全生产、疾病防疫、家政服务等。加之，政策实施的培训配套措施和支撑体系不断强化，发起的农民培训专项行动不断出台，如 2003 年启动的国家星火科技培训专项行动，2004 年农业部、财政部和科技部等 6 部委联合组织实施的农村劳动力转移培训阳光工程，浙江省从 2001 年开始实施"百万农民培训工程"、"百万职工双证教育培训工程"、"失地农民培训工程"、"十万技能人才培训工程"，以及"外来农民工教育培训工程"等，使亿万农民提高了科技素质，增强了劳动技能。

然而，纵观近些年来取得的农民培训成果，发现有两方面的培训明显不足。一方面是信息技术培训，另一方面是人文素质培训（见第六章 6.2）。这两大内容不仅是现代新型农民必备的素质，也是提升农民信息传播位能的关键素质。

(1)信息技术培训需求现状

信息技术是指研究信息如何产生、获取、表示、传输、变换、识别和应用的科学技术。其中用在教育领域的信息技术主要包括音像技术、卫星电视广播技术、多媒体计算机技术、人工智能技术网络技术和虚拟现实仿真技术等。本研究中所指的信息技术培训主要指计算机信息获取、分析、处理的工具等基本操作技术。

多年的乡村传播调研发现,2006 年以前,经济欠发达地区的农民对学习上网技术的热情不是很高,除了少数富裕农户购置了电脑,运用网络查阅自己需要的信息外,多数农户对电脑没有印象,有个别农户买电脑也主要是孩子玩游戏、聊天用。对所调查的人数中仅有一半人认为学习上网技术有必要,还有一半农民认为没有必要,究其原因主要有四个:一是计算机网络基础设施不健全,没有宽带,网速较慢。二是对互联网技术和计算机技术的服务功能了解不多。三是文化程度普遍较低。四是对自己的学习能力缺乏信心,信息需求意识不强等。

但是,经济较发达地区的农民则认为学习计算机操作技术非常有必要,而且学习热情也比较高。究其原因主要也有四个:一是农村互联网建设发展比较迅速。如上海、江苏、广东、北京、天津、浙江、贵州、山东、吉林等一批省市已经实现乡乡通宽带。构成了农村信息服务的基础平台。[①] 二是信息需求意识比较高,信息收发渠道比较丰富。三是乡镇政府网站比较多,农民拥有电脑率达 80%以上。四是对信息员进行计算机操作技术培训的次数比较多等。当然,无论是经济欠发达地区,还是经济发达地区的农民学习是否有信息技术的培训需求和愿望除了受以上几种因素的影响外,也同样受自然环境、文化环境等其他客观原因的影响。

另外,调查得知,由于信息技术的迅猛发展,对于已经完成信息技术的硬件设施的乡村居民来说,简单的计算机操作技术已经远远不能满足广大

① 工业和信息化部村村通电话工程工作简报. http://www.miit.gov.cn/col/col4589/index.html 2009-12-29。

农民的需求，他们仍然渴望有专人进村对农民进行计算机网络技术使用和维护的培训。

山西应县金城镇副镇长赵弟民介绍，山西省“三网融合”工程之所以能够很早地进入龙泉村，与龙泉村村干部的积极争取以及配合有相当大的关系。在村网络文化站建成后，龙泉村村干部又多次帮助农民尽快掌握电脑操作技术。龙泉村村两委主要从以下两个方面对农民进行网络培训：一方面在政府和科研部门的支持下，利用专业技术人员和大学生下乡对农民进行网络知识培训。另一方面让本村了解电脑技术较多的农民帮助其他农民学习电脑操作技术。但是刘建银也谈到，目前对农民进行的网络技术培训还很不足，一两次的培训很难保证效果，很多农民还不会上网了查找信息和发布信息。到目前为止，能够下乡对农民进行信息技术培训的人依然非常有限。他指出村里的网站没办法做得更好，主要还是技术问题，现在村干部们还有很多网络技术没有搞明白。

随着农村网民数量的增加，以及农民信息技术培训需求层次的提高，在现阶段加强农民信息技术培训非常必要。

(2)加强信息技术培训是影响信息传播位能的关键要素之一

提升信息传播位能的三个关键指标信息分量、信息传播速率、信息收发平台均与信息技术的掌握有紧密的关系。

经济的发展刺激信息的需求，而信息的传播反过来推动了经济的发展。当物质需求得到满足后，人们逐渐开始追求更高层次的精神需求，如尊重需求、自我实现需求等。而满足这些需求的最快捷、最直接的途径之一就是将选择和采写有价值的信息通过计算机网络媒介传播出去。

为此，有组织的信息传播主体应邀请相关信息技术专家，根据当地农民的不同需求，制订适合的、详细的信息技术培训计划，定期完成培训内容中的各种要求。鉴于目前农民生计的需要占主导地位，信息技术培训的内容层次可定为初级与中级。

初级培训内容一般包括：基本的计算机操作、信息处理的原则、文本处理、电子表格、个人交流的信息收发平台的运用（如农民信箱、QQ、微博等）网络导航和信息资源的查询等。

中级培训内容一般包括：使用计算机系统运行软件能获取、开发和显示数据，并发布成果，还能对计算机系统的硬件和软件的运行质量进行评价并在必要时掌握基础的故障发现和处理方法。

总之，加强信技术培训的重点，不是简单的技术培训，而应加强农民在信息社会利用信息技术解决实际问题的能力。

6.1.3 社会支持与激励

在“自下而上”的信息传播体系中，以农民为中心的信息传播主体作为基层信息传播组织无论在硬件设施还是软件建设方面均比较薄弱，还需要社会各界相关组织和爱心人士伸出援助之手，协助和支持农民信息传播主体加强自身建设，提高综合素质，扶持信息收发平台的构建，进而提升其信息传播位能。

(1)大众传媒及相关行业信息传播组织的配合

在“自上而下”的信息传播体系中，作为公共空间大众传媒或相关信息传播组织应对处于信息传播下位者农民受众提供更多利益表达的空间。正如孙立平所说：“弱势群体他们掌握的资源很少，尽管可能人数众多，但他们的声音很难在社会中发表出来。我们不能不承认的一个事实是，涉及弱势群体的利益的时候，往往要靠政府和大众媒体来为他们说话，他们自己的声音是很微弱的。说句老实话，如果政府和媒体都不为他们说话，他们自己很难具有有效地表达和追求自己利益的手段。”（孙立平，2003）在现阶段，农民作为人数最多的社会脆弱群体，作为“自上而下”的受者或“自下而上”的传者均需要大众传播等相关信息服务组织给予更多的关注,如重视农民的需求和利益诉求,建立良好的反馈机制,使农民与政府间,农民与社会不同利益阶层间更好地互动。

另外,扶持农村基层信息传播组织构建“自下而上”的信息传播体系,赋予该信息传播主体更多利益表达的权利,如开设固定专栏,关注农民的声音,“将农民的真实呼声与利益诉求进行提炼与融合,化无数个微弱、含糊的声音为清晰有力、掷地有声的合法要求,基于国家法律法规和政策的框架,争取和维护自身的合法权益”(周海涛,2004)。

(2)建立人才引进与培训机制

农村基层信息传播组织要发挥理想的功能,实现预期的组织目标,除了具备合理的组织结构外,还要有一个过硬的内部群体成员,如内部群体成员的整体素质、领导与管理才能如何,直接决定该信息传播组织位能发挥的效果。农村基层信息传播组织面临的一个很大的问题是农民的文化程度普遍较低,管理比较松散,发展后劲不足。这些也将导致信息传播的过程之中对信息把握不准、不能挖掘有价值信息的问题。为解决这个问题,需要社会各界力量,扶持其建立积极的人才引进与培训机制。

比如,浙江省“忘不了”柑橘专业合作社现有社员 143 人,带动农户 1 500 多户,其中种植大户 130 多户,贩运大户 15 户,农民技师 6 人。合作社聘请省柑橘研究所为合作社常年技术顾问单位,引进技术人员 8 人,其中本科生 1 人,中专生 1 人,农民技术员 6 人。在人才引进的同时,合作社还通过临海市户外智能远教视频平台积极组织农民参加培训,提高现有人员素质。合作社利用现有条件投入资金 20 余万元,改建了一个能容纳 160 人的标准化播放室,配置了电脑、投影仪,网络、闭路接入,为教学活动提供了良好的环境。在软件设施建设上,建立了档案室,制订了规章制度,规范操作运行,促使远程教育服务进一步向规范化、标准化方向发展。为确保学习收看正常化，制订年度教学计划，在定期组织社员学习的同时，聘请有关专家为常年技术顾问，结合产业特点开展服务，确保教学技术有人辅导，终点有人管理。

另外，“忘不了”专业合作社为使培训活动更加符合农村实际，在“忘不了”科技园建立了全镇首个“远教实践示范基地”，将“柑橘文化园”、“品橘村”、“柑橘博物馆”等都作为实践基地范畴。定期组织社员及周边群众到基地内培训，学习先进种植技术和科学发展的理念，通过实践基地教学，使社员和群众开阔了视野，拓宽了思路，使滴灌、大棚、地膜覆盖等现代设施栽培得到推广应用。目前，全镇建有地膜覆盖 2 000 多亩，滴灌 300 余亩，大棚 200 多亩。①

(3)建立有力的奖惩机制

从激励的含义来看，激励既包括激发、鼓励以及用利益来诱导的意思，也包括约束和规划的意思。奖励和惩罚是两种最基本的激励措施。激励的两方面含义是对立统一的，激发导致一种行为的发生，约束则是对所激发行为加以规范，使其符合一定的方向，并限制在一定的时空范围内，奖励和惩罚措施在激发员工的有效行为方面是相辅相成的(林夏竹，2010)。

奖惩作为外界干预下的激励方式，一般分为物质奖励和精神奖励。合理的奖惩制度，不仅可增强信息传播主体信息分量的采掘力，也可间接地促进有价值信息的传播或转载，提高信息传播速率，增强其信息传播的效果。

在浙江“忘不了”柑橘专业合作社制定的《全面质量管理手册》中就对社员的奖惩机制做出了明确的规定，如：对有突出贡献的社员实行经济奖励和精神奖励相结合的办法给予奖励，对违反要求的给予必要的处罚；对公司提出切实可行性的建设性意见，并得到采纳的，给予建议人 200～300 元的奖

① 以远程教育为平台，推进合作产业发展——记浙江“忘不了”柑橘专业合作社远程教育工作. http://www.linhai.gov.cn/programs/xxgk/gkml/view.jsp? id=17306 临海市人民政府网。

励。为了准确地获得社员的生产信息,保证合作社产品的质量,合作社还建立了《田间档案记录管理制度》,让社员详细记录自己的每一次田间操作情况,比如何时打的药,用的什么药,药量是多少,施了什么化肥等。各管理组配备 1～2 名田间监控员,对遵守技术规程、田间档案记录完整的社员,其橘果收购按高于社员自销价格的 5%～10%收购或在市场滞销时以平等价格优先收购。这一制度,既强化了社员安全优质生产意识和推广了无公害柑橘生产技术,又使社员能够更加积极主动地整合个人的信息并上报给合作社。合作社掌握了更加准确的社员信息,反过来也能为社员提供更加贴切的服务。

(4)建立合理的利益分配机制(激励机制)

农村基层信息传播组织作为引导农民、服务农民的信息中介,在“自下而上”的信息传播体系中主要担负着信息“上传下达”的角色,控制着社会上的农业信息源与农民之间的信息传递,既要负责外部传播(上行传播),又要负责内部传播(下行传播),这就需要解决与相关信息服务组织、与农民之间的关系平衡问题。

如农民专业合作社信息传播组织居于主体地位,是“自下而上”信息传播体系中的传者,也是代表农民利益信息中介。合作社之所以能够将信息主动有效地传递给社员,并且与社员保持良好的信息沟通,正是因为社员与合作社的利益是一致的。社员在合作社中不是属于从属地位,每一个社员都是合作社的主人。要确保社员的主体地位,就必须要建立一个合理的利益分配机制,从管理学的角度看,也称为激励机制。

把民营企业的股份制引入农民专业合作社,虽然在一定程度上缓解了农民的卖难之痛,但是这种纯粹基于产销的合作关系并不能让大部分直接从事生产的农民享受产后的利润,农民在合作社中仍处于从属地位,无法对农民形成持久的凝聚力。什么样的合作社才能确保农民的主体地位?怎样的股权结构才能真正惠及生产性社员？2004 年,《台州市农民专业合作社管理办法》出台,使合作社的发展更加规范。该办法的核心是在产权制度上确立和规范合作机制和激励机制。具体的规定：一是限制一股独大。不管是法人社员还是自然人社员,单个社员的股金不得超过股金总数的 20%。二是合作社股金总额的 2/3 必须向生产性社员或生产小组配置。三是生产者社员或生产小组的股金比例与其交货配额相一致。四是从事销售的社员或销售小组的股金比例与销售配额相一致。五是允许合作社销售非社员的同质的农产品,数量在不超过本社社员交货总量部分视同农户自产自销。

在这样的政策导向下,合作社的“大股东”纷纷稀释股权。浙江“忘不了”柑橘专业合作社成立之初只有 5 名社员交纳股金 3 万元享有股权,后来加入的 130 个社员没有股权,只交纳入会费 100 元。多数人不满这样的股权设置,不少社员不向合作社交柑橘。在临海政府部门的帮助下合作社重新设置股权,并规定每股须拥有 5 亩柑橘,不足 5 亩的种植户可组成联合社员,全社共设 600 股,每股股金 600 元。改革后,这家合作社社员家家持股,其中持 1 股者最多。

通过对合作社股权设置的改造,合作社的分配制度和激励制度也更趋完善。浙江“忘不了”柑橘专业合作社 2004 年 4 月 1 日通过的合作社章程规定：合作社的 12 个社员小组,每组设股份 50 股,股金 3 万元,平均承担合作社的柑橘交售量,全社共计股金总额 36 万元;社员代表大会是合作社的最高权力机构,每 10 股设置 1 个表决权,既可一人多票,也可多人一票(推选代表投票),但单个社员的表决权数不得超过总表决权数的 20%;合作社的盈余在提取资产服务费(15%)、公积金(25%)、公益金(5%)之后的余额部分按股分红到小组(张晓山,2004)。

另外,合作社的办公人员(兼职信息服务人员),还承担着定期或不定期地向社员(农民)发送农业政策、种植新技术、培训、产品销售、气象等各种信息,并及时将农民的需求信息与相关信息组织发送,使分散的个体农民的信息传播能量放大，进而提高了合作社的声誉，其信息传播位能逐步提升。

依靠外界干预的力量促进农民信息传播主体位能提升的策略可能还有很多，但这些外在的激励措施仅仅是变化的条件，真正促使其变化的力量还在于农民内心是否有坚定的利他的信念和意愿。

6.2 自助式信息传播位能转化：自主学习

顾名思义，自主学习是以学员作为学习的主体，通过学员独立的分析、探索、实践、质疑、创造等方法来实现学习目标。自主学习是与传统的接受学习相对应的一种现代化学习方式，倡导主动学习的精神。近些年来，党和国家非常重视农民的教育问题，在全国城乡实行9年免费义务教育，并大力支持农民成人教育和职业教育，各种农民技术或职业培训在广大农村层层推开，农民科学文化素质得到较大提高。然而，在广大农村农民被动学习的局面仍然比较严重。为什么多数农民不喜欢学习，或者说主动学习科学知识的积极性不高，农民学什么、怎样学能够促使农民由被动学习转为主动学习，进而养成自主学习的习惯，尽快走进学习型社会，这是自助式信息传播位能转化要探讨的问题。

研究发现，农民主动学习科学知识的积极性不高的主要原因主要有两方面：一方面，我国农民科学素质明显偏低，我国8亿多农村人口平均受教育年限只有7.3年，科学素质水平只有城市居民的1/6左右，其中受过专业技能培训的仅占9.1%，接受过农业职业教育的不足5%，绝大多数农村劳动力仍属于体力型和传统经验型农民，尚未掌握现代生产技术（冯华，2006）。另一方面，农民科学素质不高与忽视人文科学素质的教育有关，在各种成人教育和职业培训中，仍然可以看出技术技能培训的内容占主导地位，而涉及美德教育即人文素质教育的内容非常少。“这种重技能轻人文的教育弘扬了农民职业技术教育，却忽视了农民的价值、道德、审美、理想、情操等方面的人文内容（肖金长，2010）。”无论是学校教育、家庭教育和社会教育都存在重视知识、技能教育而忽视人文素质教育的现象。

人文一词，最早出现在《周易》，“观人之文，效法天地自然之道，化性起伪，以成就天下人的美德，此是‘人文’的本来意义。”“素养即素质和修养，其实质就是将人类优秀文化成果通过知识传授、环境熏陶等教育过程，使其内化为人的人格、气质修养，成为人相对稳定的内在品质（孟汇荣，2010）。”人文科学素质是人在学习各种人文社会科学知识后形成的内在素养和品质，主要体现在人的世界观、人生观、价值观上，内容包括人生的道德、信念、理想、价值追求、礼仪文化、民族文化传统等（李姗姗、漆国江，2010）。这就是说，人文素质主要指理想人格的培育并不断体现出来一种文明为人处事的生活方式。也就是通过人作为社会性存在应遵守的伦理规范等人文科学知识的学习和认知，不断实践和感悟，进而内化为一种理念、一种精神，并在该精神的导引下付诸行动中，使其道德修养和精神世界塑造、不断提升的过程。

人文科学素质的内容主要应包括美德知识教育、价值观的建立、行为规范学习、文明生活方式的养成四个方面。人文素质教育强调对人本身的教育，强调继承和发扬人类优秀的经典文化，并要求在实践中感悟圣贤的智慧，从而发现自己的不足，在自己的后天发展中主动加以修正，不断进取，不断完善自己的过程。它对人的其他技能素质和能力的培养具有很强的渗透力和影响力。也就是说人文科学素质是个人发展的内因。

在乡村发展的背景下，农民人文素质的提高虽然受特定的地理环境和经济基础的制约，但其认知方式、价值观念、风俗习惯、宗教信仰、语言符号、知识技能、行为规范、组织结构、劳动创造等在内的文化特质，具有显著的乡土性、多样性、封闭性、传承性等特点，对其传播人文思想，使其充分认识自我价值和自身的社会价值，并立志学好本领，回报父母回报社会，塑造健全人格、培养全面发展的德才兼备的高素质村民，才能承担重任，推动乡村建设。

6.2.1 加强人文科学素质培养

(1)美德知识的学习

在中华优秀传统文化中，道德作为修身主要内容，成为人人必须遵循的行为规范，道德的内涵是指按照自然规律做人做事一定会受益。所谓“德者，得也”(管仲，1995)。麦金泰尔(1995)则认为，“美德是一个人所具有的做道德所要求的做事习惯或气质，它是人们渴望具有的一种稳定的气质、习惯或特性”。“美德作为一种知识系统，是一套融美德概念、美德内容、美德产生机制、美德发生规律等为一体的知识体系(刘倩倩，2009)。”美德知识以做人之道为其教育的主要内容，其核心内容是中国的传统文化所倡导的以“仁”为其核心的思想知识体系，具体为八德“孝、悌、忠、信、礼、义、廉、耻”，用五个字概括八德的内涵，即为仁、义、礼、智、信(五常)，这“五常”贯穿于中华道德伦理的发展进程中，是中国价值体系中的最核心的内容。只有以这些知识的传授为基础，才能使人从“毛坯”状态中脱离出来，由自然的存在升华为文化的存在，作为真正的自由的人存在。在这个意义上，个体的人文素质的高低，与其所认识的美德知识的广度与深度密切关联。这也是提高人文素质的第一步。

(2)价值观的建立

价值观是中国古代哲学的重要内容之一。价值观念是一个民族社会长期生活实践和文化积淀的产物，是指一个人对周围的客观事物(包括人、事、物)的意义、重要性的总评价和总看法。价值观作为决定人的行为的心理基础，一方面表现为价值取向、价值追求，凝结为一定的价值目标；另一方面表现为价值尺度和准则，成为人们判断价值事物有无价值及价值大小的评价标准。什么是美，什么是丑，什么是善，什么是恶，不同的价值取向判断事物的标准不一样。正确的价值观对整个社会的精神风貌有积极向上的引导和教化的作用，对善恶的判断和评价有明确的标准。我国社会主义核心价值观就强调，在个人层面要用“爱国、敬业、诚实、友善”的行为标准约束自己。

有了判断事物的标准，便能知道应该做什么、选择什么，发现对自己、对他人、对社会的意义，进而大胆设计自己，确定并实现奋斗目标。正确的价值观一旦确立，便具有相对稳定性，并影响其行为取向朝着有利于大众、有利于社会的方向发展，对个人乃至社会整体都会产生不可估量的作用。反之，不健康的价值观一旦建立，无论对个人乃至整个社会和谐发展会产生破坏性的作用。如对幸福观的理解，有些人觉得财富名望就是幸福，于是拼命敛财，最终成为金钱的奴隶；而有些人则觉得精神的富有才是真正的幸福，于是在物质获取上懂得适可而止，把更多的精力投放到精神追求上，不断反省内观，为人施仁友善提高自己的道德修养，幸福感从内向外不断涌现，从而快乐地工作和生活。可见，进行美德认知的教育对形成正确的价值观有着重要的作用。这是提高人文素质的第二步。

(3)行为规范的学习

行为规范是道德价值的外显，是道德修养对人的行为层面的衍射，透过对个体行为习惯和言谈举止的观测，能够较真切地了解该个体的道德修养的深浅程度，同时行为规范是在美德知识的学习、内化和实践的基础上形成的规范的言谈举止，是处于人文素质提升的第三个阶段；如果仅仅停留在美德知识的积累，不进行道德修养的内化，不去认真实践，就会出现知道很多知识，明白很多道理，人文素养却不高的情况，所以行为规范的外显(知行合一)是人文素养提升中最重要也最关键的一步。

道德修养的内化是一个不断反观自身的螺旋向上的发展过程，主要方式为深刻地自我反思和自我约束，不断完善灵魂深处的缺陷与不足，净化自己的思想，努力提升自身修养，以逐渐培养良好的道德行为习惯，是一个主观的自我努力过程。只有把“知”和“行”统一起来，才能称得上“圆满”，才能成为一位有较高人文科学素养的人。正如习近平主席所说：“培育社会主义核心价值观必须立足中华优秀传统文化”，我国古圣先贤早在 2 500 年前就为我们总结出一套知行合一的行为规范，其内容一般有以下几个方面。

1)孝敬父母，友爱兄弟姐妹

古语有云：“百善孝为先”，《孝经·三才章》写道：“夫孝，天之经也，地之义也，民之行也。”孝敬父母乃是天经地义的事，是中华民族的传统美德，养父母之身(小孝)、顺父母之心(中孝)、存父母之志(大孝)，是孝敬父母的三个层面，能够将此三个层面付诸行动的人，一般不会坐等肯老、碌碌无为，而会肩负责任、发奋学习，友爱兄弟姐妹，辛勤劳作，为父母增光，以报答父母的养育之恩，创造良好和谐的家庭气氛，同时回报社会。这是美德知识的根基。

2)谨言慎行，诚实守信

个人的言行举止是其内在修养的外在显现，且具有表率作用，所以作为一个有道德修养的人对于自己的行为举止一般会严以律己，谨言慎行，不夸大其词也不妄自菲薄，行为处事要有度，懂方寸，知进退，做人诚实忠诚，做事尽心尽力，这些传统美德，是与人交往的基础，也是身心、家庭和社会和谐的保障。

3)亲近圣贤，积极进取

选择良师益友作为自己学习的榜样，是不断提升规范自身行为的捷径之一，也是提升人文科学素养的动力之一。亲近圣贤的最佳方式是学习经典著作，接受圣贤教诲。用圣贤的教诲启迪自己的智慧，熏陶自己的身心，并将其教诲落实到行为上。

4)知书达理,修身养性

“子曰:‘质胜文则野,文胜质则史。文质彬彬,然后君子。’(《论语·雍也》)”这句话的意思是说,一个品格高尚、礼仪修养高雅的人必须具备两种素质,即德与才(质与文)才能称得上君子。也就是说做人既要培养自己的道德品质,也要学习一些科学文化知识,像君子那样为人处事言行有礼,永远能保持一颗清静心、平等心、仁爱心,从而达到修身养性的目的。

5)仁爱无私,豁达平和

尊圣敬贤、仁慈博爱是理想人格的体现。人人都希望得到一份关爱和尊重,如果每个人都能以爱己之心去爱他人,爱父母之心爱他人父母。爱兄弟姐妹之心爱护周围的人,家庭和谐、社会祥和、世界和平的日子便不会久远,这是美德知识的核心内容。

(4)文明生活方式的养成

生活方式一般是指生产活动以外的其他各种活动,是人们在一定的生活交往关系中对生活资料的利用形式和享用形式,包括消费方式、日常交往方式、闲暇活动方式、公共生活方式等方面,通过生活质量、生活水平、生活结构、生活观念等形式表现出来(门忠民,1996)。文明健康的生活方式,是在正确人生观指导下的生活方式,个人按照美德知识的内容来行事,处处体现出内化的道德修养。文明健康的生活方式有助于个人乃至社会生活质量和幸福度的提高。文明的生活方式主要包括以下几个方面。

1)良好的卫生习惯、生活习惯和环保意识

良好的卫生习惯、生活习惯包括吃、穿、住、行的方方面面。俗话说“病从口入”,膳食搭配、饮食习惯的好坏、适当的运动锻炼、有益身心健康的文体活动等将影响着机体和身心的健康状况。饮食、起居、穿衣、行住坐卧均有很多科学知识,这些习惯的养成均是身体健康、生活幸福的基础,并决定着生活质量。

除此之外，对生存环境的爱护意识也是文明生活方式的直接体现。

2)和谐稳定的家庭关系和邻里关系

处理好家庭成员的关系及邻里关系是一个人文明生活的组成部分。对待父母、子女、夫妻、兄弟姐妹、领导、员工、邻里能够做到互尊互敬，互谅互让互助，仁爱、平等、和平，其家庭必然和谐，社会必然和谐，世界必然和谐。

3)积极向上的心理状态

具有良好心理状态的人能够恰当地评价自己、应对日常生活中的各种压力、有效率地工作和学习等，同时也有助于养成乐观、开朗、豁达的生活态度，进而更好地适应社会的发展。

对农民进行理想人格的培养即人文素质的提高是人全面发展的基础和重要内容。俄国教育学家乌申斯基说："在教育中，一切都应以教育者的人格为基础，因为只有人格才能影响性格，只有人格才能形成性格。"(杜修旺、郭世钦，2006)人文素质教育的一个主要功能是人的人格得以完善和人的灵魂得以塑造。在农村，除摒弃农民落后的思想意识外，更应该塑造农民良好的品性，使农民本有的正直、诚实、宽容、善良的精神风貌复兴，鼓励其自尊、自信、自强、自立，帮助农民塑造健全的人格。同时，积极加强对农民各种心理素质的培养，提升其人格魅力。

诚然，当社会急剧转型时期，农民价值观念很容易变得无序，很容易受到历史上遗留下来的封建思想残余和小农意识等落后观念的影响，一些倒退的、落后的、愚昧的文化重新占据人们的心灵。甚至在城市里打工的农民还会将城市中的一些"负文化"也带回家乡，带入农村，冲击着农村社会中淳朴仁厚的价值观念，使一些农民的价值取向发生偏差和失衡。许多农民竞争意识、进取意识仅仅立足于一个"钱"字，集体主义、公德意识淡薄，不懂法、不学法、不守法，出现精神空虚、信仰危机的情况，但是，如果能够及早地对农民朋友进行人文科学素质教育，向农民朋友传播美德知识内容，引导其建立正确价值观和人生观，树立远大志向，规划个人的一生，形成良好的道德品质，遵循社会行为规范，认知与追求文明生活方式，摒弃陈规陋习，勤奋学习科学文化知识和技能，努力实现和发挥个人价值和社会价值的作用，在一定的时期内，农民的人文素质会逐渐提高，成为新农村建设中的新型农民。著名学者贺雪峰先生也提出，进行乡村文化建设，提高农民精神层面的收益，是当前最有意义也是最有事情可做的领域（贺雪峰，2005）。

6.2.2 人文科学素质的培养对提升信息传播位能起决定性的作用

从人文科学素质培训的内容来看，具备良好的人文科学素质对个人的发展起决定性的作用，是科学素质的重要内容之一。同样对农民信息传播主体来讲，加强人文科学素质的培养，可使农民明确人生的奋斗目标和正确的价值观取向，或者说唤醒其求真的勇气、向善的本性和科学的生活理念，进而引导他们破除封闭保守、急功近利、小富即安、随心所欲、自由散漫的小农思想和意识，不断增强自立意识、进取意识、效率意识、规则意识、卫生意识、生态意识、民主法制意识和自主学习意识，学会和善于正确处理个人与社会、竞争与协作等关系，激发自身潜在的能量，成为信息的传播者。

当然，强调人文科学素质的培养的重要性，并不是说对公民进行自然科学素质培养不重要，如同强调科教兴国，并不是说人文科学素质的培养不重要，培养德才兼备的人才始终是我国最终的教育目标。不同的是，德在前，才在后，“德者，本也，财者，末也”（礼记·大学），由于历史的原因，以往我国农民成人教育的重点主要是农民的生计教育，认为只有提高农民的生活技能，农民的生存发展才有出路。诚然，提高农民的谋生技能非常重要，殊不知这种重技能轻人文的教育后果，可能又会使农民个人发展方向更加盲目和浮躁。正如日本教育家井深大所指出的“忘记了教育方向”，“丢掉了教育的另一半”。[①] 人文科学素质的提升是唤起主体意识觉醒的过程，是个人发展日趋全面和完善的动力因子。

本研究强调人文科学素质的培养或培训，旨在说明思想观念决定行动的真理，培养自主学习的习惯，加强对自己的全面认知和对学习型社会的认知。我国农民人文素质普遍不高的重要原因：一是轻视自己的地位、作用和潜能，对自己不能做出客观正确的自我评价，从而不能对自己的行为进行自我激励、自我控制和自我调节，导致形成不健康的心理品质，造成自我保护意识差、利益表达意愿不高；其二，心中无志向，不思进取，懒惰等靠，不知道家贫不劳、混日子是大不孝等做人常识，逐渐成为社会上的脆弱群体。

为此，加强农民人文科学素质的培养，其目的是学习做人的科学常识，培养正确的价值观念，调动其学习科学知识的积极性，提高公民的综合科学素质。正确价值观念是激发人们学科学和爱科学的动力，也是激发农民充分发挥个人价值和社会价值的内源动力。在正确观念的导引下，发奋学习科学技术知识，勇于创新，才能更好地参与社区建设。为此，将人文科学素质的内容纳入我国长期的科普培训计划之中，无疑是促进公民个人素质全面发展和可持续性发展的重要举措。

另外，培养农民自主的学习能力是社会发展的需要。面对 21 世纪的挑战，适应科学技术飞速发展的形势，适应职业转换和知识更新频率加快的要求，每个人都应明白终身学习的重要性，正如联合国教科文组织出版的《学会生存》一书中所讲的：“未来的文盲不是不识字的人，而是没有学会怎样学习的人”，而终身学习一般不在学校里进行，也没有教师陪伴在身边，全靠一个人的自主学习能力。可见，自主学习能力已成为 21 世纪人类生存的基本能力，而具备这一能力将对提升信息传播主体位能有直接的推动作用。

---

① 北京大学哲学系外国哲学史教研室. 西方哲学原著选读(上). 北京：商务印书馆，1981：345。

6.2.3 增强农民创新精神

在当今信息社会，创新一词如同信息一词高频出现在人们的生活中。创新的含义也随着时间的推移不断博弈，创新成为由新思想转化到具体行动的过程。如何增强农民的创新精神，这主要取决于乡村创新主体对新思想新观念的认知。

(1)乡村创新主体

作为从事农业生产、产品加工、运输、营销的农民来讲，农业技术创新是指“新的农业技术成果从产生到转化为现实生产力的过程。它包括农业新技术设想的产生、研究开发、商业化生产、市场营销或推广应用等一系列的活动。直接参与农业技术创新活动的行为主体主要是农业研发机构（包括高校）、农业技术推广与中介服务机构、农业科技企业和用户（作为农业生产经营者的农户、企业以及农民组织等）。”（高启杰，2004）

农业技术创新主体是指直接参与农业技术创新过程或者为农业技术创新过程提供条件保障与服务从而对农业技术创新过程产生实际影响和作出实际贡献的机构与人员。创新主体应当是在农业技术创新活动中能够自主设计农业技术创新行为目标，自由选择农业技术创新行为方式，独立负责行为后果并获得经济利益的能动的个人或经济有机体。在涉及多方合作的农业技术创新过程中，各方都应当是主体地位平等的自主人（高启杰，2004）。

由此看来，由个体农户参与的代表农民利益的农村基层信息传播组织如以村委会为主体的信息传播中介、农民专业合作社、专业协会、农村经济人等均可称为创新主体。

(2)“自下而上”的农民信息传播组织的创新特征

“自下而上”的信息传播过程也可称为信息产品的创新过程，一般从五个方面体现其创新过程，传者（该组织信息服务人员，简称信息员）根据技术发展信息、市场需求信息和农民信息需求，将采集或收集的信息（内容）进行加工，形成新的设想后，将采写的信息通过适合的媒介（渠道或创新机会），在适当的环境与创新政策的鼓励下，将信息分发给需要的受者，其有价值的信息产品若能再经过不同渠道的转载（信息传播速率放大）、其信息产品将会产生巨大的效应（传播效果）。

组织化的农民信息传播组织，主要扮演着“上传下达”、“下达上传”的中介和“把关人”的角色，即专职或兼职信息员从农民那里收集并整理信息后，将其上传给外部相关的信息机构，再把从外部获取的信息经过编辑后传递给农民，这就是韦斯特利-麦克莱恩模式，也可成为以组织为主体的信息传播活动。其创新阶段一般表现在以下三个方面。

1)信息的判断力

作为代表农民利益表达的“发言人”，该信息传播主体首先要对来自内部信源农民或来自外部信源的相关组织或个体的信息进行审查、筛选，从而发现有价值的信息或创新机会，然后进入信息的加工和采写阶段。有时，需要深入农户收集信息需求和各种创新设想，进而发现创新机会，进入采写阶段。而这个过程是否能够体现出创新性，重要的还在于信息员（发言人）是否有敏锐的眼光和审时度势的判断力。

2)信息的采掘力

将采集和收集来的信息如何进行加工处理，是挖掘信息分量的重要环节，也是体现创新精神的重要环节。创新精神属于科学精神和科学思想范畴，是进行创新活动必须具备的一些心理特征，包括创新意识、创新兴趣、创新胆量、创新决心，以及相关的思维活动。信息产品本身的特性时效性决定了创新具有时效性。采写什么信息能够引起大众的注意，选取什么角度、选取哪些新闻事实可以体现出信息的价值和分量，这都需要具备判断力和整合力，以保证有价值的信息产生较大的影响力。

另外，由于事物是发展变化的，不仅组织的外部环境和内部环境在不断发生变化，而且组织的创新能力也要不断积累、不断提高，决定创新能力的创新要素也都要进行动态调整。创新的动态性也决定了信息传播主体应不断提高自身的综合素质，以应对各种突如其来的变化。

3)信息发布平台的选择力

对于所采写的信息以什么方式发出，什么时机发出，选择什么渠道发出发送都需要有创新思维和创新意识。信息产品发送的时机适合，所选择的媒介或渠道影响力大，信息产品所产生的创新效果就好，其信息传播位能量相对就高。

总之，创新是适应信息化和经济全球化的客观要求。面对当今这个信息化、经济全球一体化时代，谁能最快满足用户需求谁就赢得了市场。所以应把创新的基因渗入到每个个体的农民或农村信息传播组织中去，使每个个体的农民的内在潜质调动起来，积极参与所在社区的集体活动，为实现自己的个人价值或社会价值而努力。

(2)农民信息传播主体创新精神的培养

创新精神是一种勇于抛弃旧思想旧事物、创立新思想新事物的精神。例如，不满足已有认识，不断追求新知识，勇于尝试新技术，接受新思想；不满足现有的生活生产方式、方法、工具、材料、物品，根据实际需要或新的情况，不断进行改革和革新，以形成一种积极向上、勇猛精进的气氛。

创新是知识经济时代的一个显著标志。江泽民同志在全国科技大会上指出："创新是一个民族进步的灵魂，是国家兴旺发达的不竭动力"，"一个没有创新能力的民族，难以屹立于世界民族之林"。"教育在培养民族创新精神和培养创造性人才方面，肩负着特殊的使命。"如何培养有创新精神的人才，或者说，如何使农民信息传播主体具有创新精神，可借鉴国外著名大学在创新型人才培养方面取得的成功经验。

如哈佛大学的创新型人才培养的 5 项标准是：①能够清晰而明白地写

作;②应该对认识和理解世界、社会和我们自身的方法具有一种判断鉴别的能力;③对自己的文化和其他文化有广阔的视野,并在这样的考虑之下安排自己的生活;④了解并思考过道德和伦理问题,在做道德选择时具有判断力;⑤在某些知识领域应当具有较高的专业水平。[①] 由此得到启发,培养农民个体或信息传播组织的创新精神可从以下几点入手。

1)要有明确的创新目标,有意识地学习人文科学知识和新闻采写知识

正如在中国人民大学校长纪宝成所说:“人文学科有助于开拓视野,形成思维的整体性;有助于养成批判意识,超越传统规范;有助于培养宽泛广博、触类旁通、交融互补的综合思维;特别是有助于培养人的想象力。”可见,掌握人文科学基础知识是树立明确的人生目标、创新目标的基础,有了目标将其付诸于行动,采编成文,发表在有影响力的信息收发平台上,然后产生效果。

2)创新不仅需要良好的思维能力,还需要有健全的人格,有“追求科学、崇尚真理”和“对国家负责”的使命。

具备创新精神的人,一般具有高度的社会责任感、追求真理和献身科学的品质,善于与他人团结合作的协作精神,以及敢为天下先吃苦的勇气。

3)对所学习知识和技术要有怀疑态度

创新精神提倡独立思考、不人云亦云,并不是不倾听别人的意见、孤芳自赏、固执己见、狂妄自大,而是培养不迷信任何权威,敢于对专家教授怀疑的精神。怀疑是发自内在的创造潜能,它激发人们去钻研,去探索。事物总在不断地变化,有些知识现在适用,将来不一定适用。现在传授的知识不一定没有缺陷和疏漏。农民可结合自己的实践经验大胆创新。

4)培养农民追求创新的欲望

创新的欲望从哪里来,正确的答案是从学习和实践中来。农民在自主

① 张明正.怎样培养创新型人才.科学思维研究者张明正的博客,2006-08-07。

学习或接受培训的过程中，如果没有强烈的追求创新欲望，无论怎样谦虚和好学，最终都是模仿或抄袭，要创新，就要有坚持不懈的努力，勇敢面对困难和克服困难的决心。

5）培养农民有求异的观念

求异实质上就是换个角度思考，从多个角度思考，并把结果进行比较，最后做出不同常人的选择。据了解，多数农民有从众的心理，即“人云亦云”。创新不是简单的模仿。要有创新精神和创新成果，必须要有求异的观念。求异者往往要比常人看问题更深刻，更全面。

6）培养具有一生求学不止、学而不厌的能力

国际21世纪教育委员会在《教育——财富蕴藏其中》的报告中提出，终身教育必须建立在学会求知、学会做事、学会共同生活、学会生存四个支柱上，这四个支柱也可以视为一个人四个方面的素质或能力。其中特别是学会学习的能力更是一项核心能力，学会学习也就是学会生存，学会创业，学会创造，学会发展，学会适应并跟上时代前进和变化的步伐（周南照，2010）。

第七章

结论与讨论

7.1 研究结论

7.1.1 信息传播位能理论的内涵及要素特征

(1)理论内涵

信息传播位能由信息分量、信息传播速率和信息收发平台构成,即信息传播位能是三要素的乘积,它与三要素之间的关系呈正相关关系。信息传播主体潜在位能量的大小,是由信源所在的位置决定的,成为传者的机会越大,其所采掘和编发的信息分量越重、有价值的信息数量越多,信息传播速率越高,信息收发平台的影响力越大、影响的范围越广,其信息传播主体的总位能就越大;反之,其信息传播位能就越小。

采集、加工、处理和编发有分量、有价值的信息是受者关注这一信息的基础要素,这一信息借助有影响的信息收发平台传播出去是受者关注这一信息的机缘要素,对该信息的关注程度是决定受者是否看听或转载的“加速度”要素，三者相辅相成缺一不可。

信息分量的挖掘取决于信息传播主体（传者）的综合素质，人的综合素质包括思想素质、政治素质、道德素质、文化素质、科技素质等。前三者思想素质、政治素质、道德素质是判断信息、采写信息是否真实和正确的保证，后二者文化素质和科技素质是采掘信息是否准确、是否实用、是否有针对性、是否能引起社会广泛兴趣的保证。信息质量开采的如何是信息传播位能是否能充分发挥的基础要素。其综合素质越高，对信息的选择、判断和挖掘力越强，或者说，传者综合素质的提高是信息传播位能提高的“加速度”。

另外，信息传播位能得到充分体现还在于信息传播主体是否有信息传播的意愿，信息传播意愿是信息传播位能的“导火线”。信息传播的意愿主要来自两方面：一方面，是否愿意实现个人的社会价值，即人所拥有的隐性知识与显性知识是否愿意让众人共享，为社会作些贡献。另一方面，人的个人价值是否愿意体现。如果此人没有信息传播意愿，或者空有意愿而没有采挖信息的能力，也没有求助他人帮助的能力，其信息传播位能就会等于零。

(2)信息传播位能要素特征

1)信息分量的轻重由信息的真实度、重要度、时新度、显著度和接近度在该信息中所占的比例多少而体现，比重越大，其信息分量越重；所采掘的信息中所包含的有价值的信息数量越多其信息分量越重，反之，信息分量越少。

2)所采掘的信息被受重视和喜爱程度的多少，决定不同级别信息媒介的选择和转载，被不同媒介转载的次数及阅看次数越多，其信息传播速率的分值越大。

3)所采掘的信息首次投放的信息收发平台级别越高，其信息收发平台的分值就越大。

7.1.2 信息传播位能转化的过程发现

(1)信息传播下位者转为信息传播上位者一般需要的条件

1)有成为传者的意愿,有代表弱势群群体利益表达的愿望。

2)有较强的信息需求意识,有一定的判断信息、采写信息的能力或借助他人和媒体发布信息的能力。

3)有较高层次的精神需求,有尊重的需求。

4)有一定的学习能力和创新精神。

这类农户一般为种养殖大户,或当地的带头人或意见领袖。思维比较活跃,获取信息的能力比较强,接受新生事物的能力比较强,参与乡村建设和信息传播的动力比较足,这类农户一般较早接触计算机网络媒体,较早品尝信息致富的果实;甚至有的农户还建有博客,时常发布一些有价值的信息。

(2)组织化的信息传播主体有助于提升信息传播位能

组织化程度比较强的农民信息传播主体诸如村委会、农民专业合作社、农民田间学校等,能够比较好地满足农民的信息需求和培训需求,能够聚合分散农户的力量,统一加工、处理和分发信息,并保证信息分量的开掘和信息传播的影响力,对个体农民有较强的带动和辐射作用,对增强农民自信心,提高农民自身建设的能力有重要的促进作用。

(3)案例应用"自下而上"信息传播位能理论的发现

1)信息传播主体所发布的单条信息,若信息分量重、信息传播速率大、信息收发平台的影响力大,其信息传播位能分值就比较大。

2)信息传播主体所发布的单条信息,首先选择的信息平台的种类和级别越高,其影响力的评估分值就越高。

3)组织化的信息传播主体的潜在位能很大;如果经常有创新成果,有新的新闻、新的信息或有价值的信息出现,即信息分量重的信息数量比较多,就会受到更多大众的关注,其信息传播位能总量和指数会逐渐增大,也会促进农民的信息意识增强和提高参与社区或组织建设的积极性。

4)组织化的信息传播主体如果所发布的信息,其有价值的信息较多,所选择的信息平台的种类和级别高,该村信息传播主体的总位能量就会高。反之,其所发布的信息再多,如果有分量的信息不多,所选择的信息平台的种类和级别不高,其信息传播主体的总位能量也不会高。同样,组织化的信息传播主体如果所挖掘的信息数量少,但信息分量重,所选择的信息平台的种类和级别高,其信息传播主体的总位能量也不会小。

5)有组织的信息传播主体依托信息技术,增加其所发布信息的位能指数,打造产品品牌,对促进农民增收有较大的推动作用。同时,有助于增强农民的话语权。

6)不同的信息传播主体,在信息传播位能转化的不同阶段有一定的差异性。信息传播位能的转化一般有三个阶段:信息员队伍建设阶段、信息采掘阶段、信息发布阶段。一般情况下,不同类型的信息传播主体在信息传播位能转化的过程中有不同的特征。但是同一类型的组织化的乡村信息传播主体在转化中也呈现出相同或不同特征。

在第一阶段(信息员队伍建设阶段)表现出的共同特征有:①二者的带头人都有带领农民致富的决心和责任心。②二者都有较强的信息意识和创新意识。③二者都有较强的学习意识和培训意识;二者都注重组织管理和组织传播。调查发现,龙泉村的村民与“忘不了”柑橘合作社的队员对组织化的信息服务满意度和信奉度均比较高。

在第二阶段(信息采掘阶段)两个乡村信息传播主体呈现出相同与不同的特征。相同的特征:①二者都注重对组织内部信息的采写。②二者都注重借助大众媒介的力量扩大自己的影响力。不同的特征:①龙泉村不仅注重挖掘有分量的信息，而且所采集的信息种类比较丰富，同时重视传播人文理念。②合作社虽然也注重信息分量的采掘，但是合作社传播的信息种类比较单一。

在第三阶段（信息发布阶段）两个信息传播主体获取信息的渠道基本一致，均从计算机网络、人际、组织、电视、报纸等渠道获取，但是所发布信息的渠道却呈现出不同的特征。如：①龙泉村向外发布信息的渠道比较丰富，合作社发布信息的渠道比较单一；龙泉村向村外部发布信息的渠道主要有计算机网络（应县龙泉村网站、我爱我村网站）、电视、电话等，而“忘不了”柑橘合作社向外部发送信息的渠道一般通过浙江农民信箱、腾讯忘不了 QQ，与广大客户沟通。合作社发布的信息种类比较单一，主要是柑橘种植技术和产品销售信息。②与“忘不了”柑橘合作社相比，龙泉村向外部发送信息的数量比较多。

(4)推动信息传播下位者转为信息传播上位者的关键因素来自内部

研究发现，影响信息传播下位者转为信息传播上位者的因素除了自然环境、经济环境、政治环境、社会文化环境和信息小环境等外部因素外，关键的因素来自内部主观因素的影响。

1)信息传播位能的提升与信息意识、与带头人的观念有直接的关系

虽然中东部地区农民的需求意识强于西部地区，但是如果西部地区带头人的信息意识较强，对提升其信息传播位能也有很大作用；带头人的观念直接影响信息传播主体的信息行为及信息传播位能的挖掘，即带头人具有较强的责任观念、科技观念、信息意识和品牌意识，有助于其信息传播主体对信息分量的挖掘、信息传播速率的提高和信息收发平台的影响力放大；信息传播位能的潜能的发挥与带头人的价值观取向有直接的关系；提升信息传播位能的过程也是提升信息传播主体自身综合素质的过程。

2)信息传播位能的提升与自信、利益表达意愿有直接的关系

农民自信度普遍较低,利益表达意愿弱与多种原因有关;自信与意愿是信息传播位能提升的重要因素;自信源于实力,意愿决定行动,自信是行动的基础保障,利益表达意愿是其行动的主宰,其有无意愿决定其是否采取行动。

3)信息传播位能的提升与自我认知、基本需求有直接的关系

农民自我认知的能力不高与基本需求有直接的关系;有自我认知能力的人一般都是自我觉醒的人。自我觉醒的人一般是知道回头反省的人,谦卑做人的人,虚心好学的人,勇于开放自己的人。而且具备这些素质的人,往往是有正确知见、科学思维,努力好学积极向上的人。这些素质也是成功人士必备的素质。

自我认知能力不强的人,常常停留在低层次的需求上,其表现为懒惰、等靠、不想学习,一般为行动的落后者。反之,会向更高层次的精神需求靠拢,如遵守社会公德与规范,尊重民主,并寻求个人最大的发展,对身边发生的新鲜事比较感兴趣,比较喜欢收看新闻,关注国家新政策的出台,对信息的认知和敏感度较高,获取信息的能力也较高。提高自我认知的能力重要的还在于增强人文科学素养,树立正确的人生观和价值观。

4)信息传播位能的提升与主动学习、创新精神有直接关系

多数农民学习的积极性不高,主要原因有四点。一是文化程度不高,科学素质偏低,对自己的认知不够,自信心不足。对于简单可操作的农业知识还愿意接受学习,但是对于复杂的难学的新技术表示冷淡,或处于被迫无奈地学习,学习效率不高。二是与忽视人文科学素质教育有关。人文科学素质的内容包括美德知识教育、价值观的建立、行为规范学习和文明生活方式的养成四个方面。重技能轻人文的培训,往往导致农民不思进取、懒学和无动力。另外,多数农民由于是主要劳动力承担着照顾父母和子女等多重任务,每天为生计劳碌,没有时间看书或参加技能培训,导致学习兴趣缺乏。

加之懒散的生活习惯制约，导致其养成了懒学的习惯。为此，加强农民人文科学素质的培养非常必要。农村信息化也可促进农民主动学习；网络正在改变农民的生活，利用互联网技术和通信技术，使农民获得了各种技术信息、市场信息、农产品买卖信息，有力地带动了农民学习意识，进而使农民主体意识增强。

5)主动学习与创新是积蓄信息传播位能量的源头

创新虽然离不开知识，但创新更需要的是在实践中对社会各个领域人们活动的观察、认识和分析，以及做事的勤奋和毅力，以便取得圆满的结果。有目的地选择学习，主动地不断学习，不断积累，不断创新，不断有新的成果出现，才能蓄积信息传播位能量，其信息能量一旦被开采，成为大众共享的信息，其信息传播位能会逐渐增高。一旦停止了学习与创新，其信息传播位能又会隐没，等待下一次的新发现，所以说是主动学习与创新是积蓄信息传播位能量的源头。

7.1.3 信息传播位能提升的策略

乡村“自下而上”信息传播位能提升的策略主要包括以下两个方面。

(1)依靠外界干预而采取的他助式信息传播位能转化策略

1)政府辅助

政府部门要为农民提供良好的信息收发平台，为农村建立各种信息化基础设施提供政策和经济上的支持；营造支持农民信息传播位能提升的氛围；政府要协助和支持农民建立有组织的信息传播主体，聚合农民的集体力量；并根据他们信息反馈及时调整自己的服务内容，以增强其辐射和带动作用，最终促进农村和谐发展。

2)信息技术培训

随着农村网民数量的增加，以及农民信息技术培训需求层次的提高，在现阶段加强农民信息技术培训非常必要;加强信息技术培训是影响信息传播位能的关键要素之一;加强信息技术培训的重点,不是简单的技术培训,而应提倡农民在信息社会利用信息技术解决实际问题的能力。

3)社会支持与激励

在“自下而上”的信息传播体系中,以农民为中心的信息传播主体作为基层信息传播组织无论在硬件设施还是软件建设方面均比较薄弱,还需要社会各界相关组织和爱心人士伸出援助之手协助和支持农民信息传播主体加强自身建设,提高其综合素质,扶持信息收发平台的构建,进而提升其信息传播位能。如大众传媒及相关行业信息传播组织可配合农村基层信息传播组织,建立人才引进与培训机制,建立有力的奖惩机制,建立双方合理的利益分配机制(激励机制)。

(2)依托自主学习的自助式信息传播位能转化

1)加强人文科学素质培养

人文科学素质主要指理想人性的培育并不断体现出来的一种文明为人处事的生活方式。通过人作为社会性存在应遵守的伦理规范等人文科学知识的学习和认知,不断实践和感悟,形成利他即利己的价值观,进而内化在行动中使其道德修养不断提升的过程。公民科学素质普遍不高的主要原因,与广泛流行的狭义科学观有关,与忽视人文科学素质的教育有关,导致价值观取向不明,障碍人的全面发展和社会可持续发展。人文科学素质的培训应列入长期的农民培训计划之中。公民人文素质的内容主要包括美德教育的认知、价值观的建立、行为规范学习,文明生活方式的养成四个方面。人文科学素质的培养对提升信息传播位能起决定性的作用;自主学习能力已成为21世纪人类生存的基本能力,而具备这一能力将对提升信息传播主体位能有直接的推动作用。

2)增强创新精神

创新是对“生产要素的重新组合”(熊彼特)。“自下而上”的农民信息传播组织的创新特征一般表现在三个方面:信息的判断力;信息的采掘力;信息发布平台的选择力。农民信息传播主体创新精神的培养，可从以下几点入手:要有明确的创新目标,有意识地学习人文科学知识;创新不仅需要良好的思维能力,还需要有健全的人格,有“追求科学、崇尚真理”和“对国家负责”的使命;培养农民求知、求新的欲望;培养农民求异的观念;培养具有一生求学不止、学而不厌的能力,养成自主学习的习惯,成为学习型社会中的一员。

7.2 研究的创新与不足

本研究的主要特色在于将物理学中的“位能”概念引入传播学中,探讨个体或组织通过改变信息传播中的受传位置而产生的信息传播位能差现象,从理论层面探讨“自下而上”信息传播过程中关键要素间的内在联系,进而具体研究处于信息传播下位者转为信息传播上位者的过程,深入剖析信息传播位能转化过程中的影响要素及乡村“自下而上”的信息传播位能提升的策略。

7.2.1 创新点

(1)构建了信息传播位能理论

本研究将物理学中的“位能”概念移植传播学中,建立了一种新的理论即信息传播位能理论。提出信息传播位能由信息分量、信息传播速率和信息收发平台构成,其量值为三要素的乘积,并与三要素呈正相关关系。将其要素内涵量化，可计算出任何一条信息的位能量及信息传播位能指数。信息传播潜在位能量的大小，由信源所在的位置决定，所发布的信息分量越重、信息传播速率越高、信息收发平台的影响力越大，信息的传播位能量就越大，不仅为传播主体挖掘信息传播潜力提供了理论参考，而且对促进“自下而上”的信息传播有重要的指导意义和应用价值。

(2)通过典型个案验证提出提升农民信息传播位能的途径

论述了处于信息传播下位的农民转为信息传播上位的不同阶段特征，分析了影响其转化的要素，提出了“自下而上”的信息传播位能提升的途径。一是个体信息传播主体选择信息发布平台的种类影响范围广及级别较高，可提高其影响力；二是组织化的信息传播主体所发布的有价值信息多，所选择的信息平台的种类和级别高，其总位能潜在量就大；三是传播主体依托先进的信息技术可加快信息传播速率，可增加信息传播位能量，对促进农民增收有较大的推动作用。

(3)分析了“自下而上”信息传播的内在影响因素与转化策略

推动信息传播下位者转为信息传播上位者的关键因素来自内部，信息传播位能的提升与信息意识、带头人的观念，自信、利益表达意愿、自我认知、基本需求、主动学习、创新精神都有直接关系。

乡村“自下而上”信息传播位能提升的策略有：他助式和自助式信息传播位能转化策略。针对农民集体失语现象的研究，始终停留在现状描述、影响因素、外部干预措施方面，从理论层面探讨乡村“自下而上”的信息传播位能提升的策略的研究也属空白。

7.2.2 研究的不足

本研究涉及自然科学与人文科学的如何结合的问题，可能还有些主客观因素没有涉及。虽然曾用四个案例做了验证(论文中仅选了 2 个)，结果都符合信息传播位能理论的要求，但是第5、第6……案例是否也完全符合，这可能还需要时间验证，尽管本研究前后累计有6年多的时间，但感觉还应多一些样本，做更深入的研究。另外，对于信息传播位能转化过程的研究，涉及的主客观因素也很多，受到时间及实验条件的限制，可能还有些影响因素没有涉及。不过本人立志从事乡村传播研究，在将来的工作和学习中还将继续研究下去，为城乡的和谐发展尽一份力。

7.3 讨论:未来研究方向

7.3.1 建立完善的“自下而上”的信息传播体系

基于信息传播位能理论即相关理论的启示，以及研究发现中的问题，本研究者认为，当前构建组织化的“自下而上”的信息传播体系是解决信息“最后一公里”的有效途径之一，以农民为中心，将“最后一公里”调至为“第一公里”的理念，不仅理论上可行，在实践上也取得了较好的效果，如促进农民增收，增强其话语权，提升其信息传播位能等，对激发农民加快自身建设，参与乡村建设有重要的推动作用。但是，要想让更多的农民觉醒，让更多的农民受益，还应建立更加完善的“自下而上”的信息传播体系，用更多的案例验证信息传播位能原理，这也是今后相关学者进一步探讨的问题。

在“自下而上”的信息传播体系中，还应注重研究以下三方面的内容。

(1)快速提高农民的综合素质

在信息社会，如何运用信息技术解决生活中的实际问题，最直接的问题还是农民教育问题，针对目前农民的需求和教育现状，快速提高农民的综合素质是唯一的一条途径。但是如何调整培训计划，使农民树立正确思想价值观念、增强其社会责任感、养成自主学习的习惯，具备较强的判断力和创新能力等还需要进一步地研究。

如在对农民实施人文科学素质培训与自然科学素质培训过程中，应让其先学什么，后学什么，再学什么，哪些内容是长抓不懈的内容，都需要进一步探讨，以弥补当前农民教育中存在的不足。

(2)应该建立专业的信息人才队伍

面对社会分工越来越细化，各种专业化的协会或合作组织越来越多，构建“自下而上”的信息传播体系，至关重要的是建立一支有专业知识的信息人才队伍。这里所指的专业是不仅有较强的农业基础知识，还应有较强的新闻采写基本知识和信息技术传播知识，这样才能保证信息传播主体采掘到有价值有分量的信息，并有较强的信息获取力、解读力和利用力。

在“自下而上”的信息传播体系中应如何培养一支过硬的专家型信息员队伍，如何围绕“专业”二字打造专业优势。建立何种培训制度和信息员规章制度等都需要进一步探讨。

(3)针对农村特点探讨信息传播管理机制

乡村“自下而上”的信息传播体系是强调以农民为中心的，针对农民需求的、有农业特色的信息传播体系，为此，应进一步探讨有农村特色的信息传播管理机制。信息的管理工作应谁负责牵头，设立组长、副组长以及组员，明确各自的职责分工。比如怎样与外部相关信息机构沟通，如何交换信息；如何与内部村民进行信息互动等，均要进一步探讨。

另外，为保证挖掘到有价值的信息，更重要的是如何调动每一个村民参与本社区的建设的积极性，共同打造自己的产品品牌和树立自身的形象。信息员如何配合组织制订完善的自我计划，如浙江“忘不了”柑橘专业合作社和龙泉村均有自己的产品品牌。他们向外部发送信息的重点多是围绕产品品牌做文章，如何学习种植新技术，保证产品质量，如何推销产品，合作社改名“升级”、积极参加各种展销会和评奖活动、大量的广告投放、不断提高产品质量、提升品牌形象，如何搞好售后服务等，均为积蓄信息传播位能量做了大量的工作。

总之，建立信息传播管理机制的目的是促进组织内部与组织外部平等交流和互动，也让信息传播主体内部的信息反馈更加有力。

7.3.2 健全“自上而下”与“自下而上”的对接机制

机制泛指一个工作系统的组织或部分之间相互作用的过程和方式。对接机制是事物发展运行的动力学机理。运行机制的建立与完善，会构成事物发展的内在动力和外在的推动力。根据“自上而下”与“自下而上”的信息传播活动的特点，信息上下互动的运行机制主要包括：供求机制、利益分配机制、竞争机制（自我完善机制）、风险机制、反馈机制、评价机制，并且这6种机制并不是独立存在的，也不是独立在传播活动中起作用，它们之间相互作用、相互影响、相互制约，共同构成“自上而下”与“自下而上”的运行机制，成为涉农信息传播活动运行和发展的基础和依据。

以农户信息需求为导向，建立并完善有效的涉农信息服务组织与农户间信息传播供求机制，弥补信息传播方和信息需求方之间的误差，降低传播过程中的各种传播障碍，以使涉农信息的供求得以平衡与协调，才能较好地解决信息不对称现象，有效地提高涉农信息的利用率。在当前的“自上而下”的信息传播体系中，多数学者研究表明，电视是农民获取信息的主要渠道，但并不是农民获取市场信息的渠道，农民最喜欢看的电视节目主要的影视剧和综艺娱乐节目，可见，电视媒介的对农信息服务功能主要应体现在人文素质教育方面。然而在当前的“自上而下”的对农信息服务中，大众传播媒介所提供的涉农信息并不能很好地满足农民的需求，“自下而上”的信息传播体系所传播的信息应当与哪些涉农信息服务机构对接，对接的内容及对接的方式等都需要进一步地探讨。

7.3.3 提升弱势群体的信息传播位能需要政府的扶持与配合

作为社会脆弱群体的农民，在信息传播位能转化之始，政府部门一方面要辅助农村建立各种信息化基础设施，提供政策支持；另一方面政府还需要营造支持农民享有话语权的氛围及建立完善地发布信息的渠道，形成制度化的程序，尊重农民的话语权，切实保护农民的利益。

政府、媒体、企业等外部组织在乡村“自下而上”的信息传播体系中应扮演什么角色，如何扶持配合农民增强自信心、增强信息传播意识、满足利益双方的需求等均需要在今后的研究中进一步探讨和分析。

总之，如何通过信息的良性互动促进城乡一体化，消除社会不公，促进农民增收，使个体得到全面发展，使城乡社会愈加和谐发展是一个永远探讨不完的话题。

参考文献

[1] Denhardt, Robert B.. *Managing human behavior in Public and Non-profit organizations*. *California*, U. S. A: SAGE Publications, 2001: 148-149.

[2] Diane M. Beck, Sabine Kastner. *Top-down and bottom-up mechanisms in biasing competition in the human brain*. Vision Research, 49(10), 2009: 1154-1165.

[3] Katz, Elihu and Lazarsfeld, Paul F., *Personal Influence*, The Free Press, Glencoe, Lllinois, 1955: 21.

[4] Lasswell, Harold. *The Structure and Function of Communicationin Society*, The Communicationin of Ldeas, Harper and Brothers, New York, 1948.

[5] Lazarsfeld, Parl F. Bemald Berelson & Hazel Gaudet, 1944. *The People's Choice: How the Voter Makes up his mind in A presidential Election*, New York: Columbia University Press. Reprinted in 1948, 1968.

[6] McQuail, D. & Windahl, S., *Communication Models*, Longman, London & New York, 1981: 10.

[7] Parl F. Lazarsfeld, Bemald Berelson & Hazel Gaudet, *The People's Choice*, New York: Columbia University Press. 1948: 151.

[8] Richardson, D., *The Internet and Rural and Agricultural Development*. FAO, Rome, Italy. 1997.

[9] Ferdinand de Saussure. *Course in General Linguistics*. London: Peter

Owen,1960.

[10] Susan Langer. *Philosophy in New Key*. Cambridge, MA: Harvard University Press,1942:67.

[11] US OTA(Office of Technology Assessment). *Impacts on agricultural research and extension*. In *Technology, Public Policy and the Changing Structure of American Agriculture*. US Congress, Washington, DC. ,1986:374.

[12] 艾丰. 新闻采访方法论. 北京:人民日报出版社,1999.

[13] 奥雷利奥・佩西. 人类的素质. 北京:中国展望出版社,1988.

[14] 鲍丹. 山西农村网络文化站惠及千万农民. 人民日报,2007-05-27.

[15] 查尔斯・J・福克斯,休・T・米勒. 后现代公共行政——话语指向(中文修订). 楚艳红,曹沁颖,等译. 北京:中国人民大学出版社,2013.

[16] 陈崇山. 受众本位论. 北京:社会科学文献出版社,2008.

[17] 陈东云. 中国农村科普研究. 北京:科学普及出版社,2011.

[18] 陈国忠. 谈谈人民公社的商品流转和产品分配统计. 计划与统计,1959(5):23-24.

[19] 陈文波. 中国古代跳舞史. 清华大学学报:自然科学版,1925(1):439-440.

[20] 崔岩. 农业信息化组织体系研究. 杨凌:西北农林科技大学出版社,2007.

[21] 崔功豪,马润潮. 中国"自下而上"城市化的发展及其机制. 地理学,1999(2):106-111.

[22] 戴元光,金冠军. 传播学通论. 上海:上海交通大学出版社,2000:129-132.

[23] 丹尼尔・麦奎尔,斯文・温德尔. 大众传播模式论. 祝建华译. 上海:上海译文出版社,1987.

[24] 德弗勒·丹尼斯. 大众传播通论. 颜建军译. 北京:华夏出版社, 1989:372.

[25] 德鲁克. 卓有成效的管理者. 许是祥译. 北京:机械工业出版社,2009.

[26] 杜修旺,郭世钦. 人文教育的目标与途径. 高等教育研究学报,2003(1):12-13.

[27] 段京肃. 社会发展中的阶层分化与媒介的控制权和使用权. 厦门大学学报:哲学社会科学版,2004(1):48.

[28] 樊剑. 社会主义新农村建设中提升农民素质研究及对策[硕士论文]. 山西财经大学,2008-05-01.

[29] 丰西西,李晓莉. 腾讯微博用户数达 5.4 亿 日均活跃用户数超亿. 羊城晚报,2013-01-21.

[30] 冯华. 技能培训小于 1 成农民科学素质亟待提升. 人民日报,2006-01-20.

[31] 冯海英,简小鹰. 以农户为导向的信息需求分析. 合作经济与科技, 2006(12):34-35.

[32] 弗里德曼. 工业创新经济学. 华宏勋,等译. 北京:北京大学出版社,2004.

[33] 高亮之. 农业系统学基础. 南京:江苏科学技术出版社,1993:11-12.

[34] 高启杰. 农业技术创新若干理论问题研究. 南方经济,2004(7):46-47.

[35] 工业和信息化部村村通电话工程工作简报. http://www.miit.gov.cn/col/col4589/index.html,2009-12-29.

[36] 龚继红,钟淑宝,等. 以龙头企业创新服务为中心的农村科技服务系统建设. 科技进步与对策,2005(3):99-100.

[37] 郭庆光. 传播学教程. 北京:中国人民大学出版社, 1999:195.

[38] 郭作玉. 中国信息化趋势报告(五十七). 中国信息界,2006:10-11.

[39] 国家广播电影电视总局. 2010 年中国广播电影电视发展报告. 中国网,

2010-05-18.
[40] 国家统计局.2013年手机上网人数达5亿 互联网普及率45.8%.中国新闻网,2014-02-24.
[41] 管仲.管子.北京:北京燕山出版社,1995.
[42] 贺雪峰,谢丁.乡村建设的中心是文化建设.文史博览,2005(12):42.
[43] 洪卫,陶晓庆,等.首尝甜头的知名商标 一个"忘不了"授信一千万.浙江日报,2009-08-27.
[44] 洪秋兰.国内外农民信息行为研究综述.情报资料工作,2007(6):27-30.
[45] 黄建荣,周军.企-政-农:现代农业发展中农业科技传播的新途径——以广西平果县甘蔗种植为例.广西大学学报:社会科学版,2007(5):37-40.
[46] 黄晓钟,杨效宏,冯钢.传播学关键术语释读.成都:四川大学出版社,2005:92-95.
[47] 张怡.新世纪的观众收视研究.电视研究,2002(8):15-17.
[48] 惠平平.社会网络视角下的微博营销模式——以新浪"美好生活@中粮"微博营销为例.青年记者,2011(15):76-77.
[49] 凯瑟琳·米勒.组织传播.袁军,等译.北京:华夏出版社,2000:45-47.
[50] 柯甫志,张新阳,饶勇飞.青口县腊口镇与临海市涌泉镇的柑橘产业比较分析.浙江柑橘,2006,23(4):2.
[51] 雷娜.农民信息需求与供给研究[硕士论文].河北农业大学,2005.
[52] 李保峰.转型时期行业协会与政府关系探析[硕士论文].山东大学,2009.
[53] 李彬.传播学引论.北京:新华出版社,2003:268-269.
[54] 李承嘉.行动者网络理论应用于乡村发展之研究——以九份聚落1895—1945年发展为例.台湾地理学报,2005,39:1-30.

[55] 李里特. 新世纪的农业教育要重视培养新型农民. 中国农业大学学报，2001(1)：79.

[56] 李姗姗，漆国江. 孔子文化对当代大学生人文素养的影响. 毕节学院学报，2010(12)：105-107.

[57] 李小云. 谁是农村发展的主体. 北京：中国农业出版社，1998：3.

[58] 李小云，等. 普通发展学. 北京：社会科学文献出版社，2005.

[59] 联合国教科文组织. 学会生存. 上海：上海译文出版社，1979.

[60] 梁修才. 我国农民素质问题研究[硕士论文]. 贵州大学，2008.

[61] 林夏竹. 茶山智慧：农民的知识转化过程研究——基于一个西南村庄的实地调查[博士论文]. 中国农业大学，2010.

[62] 临海市人民政府. 以远程教育为平台，推进合作产业发展——记浙江"忘不了"柑橘专业合作社远程教育工作. http://www.linhai.gov.cn.

[63] 蔺玉红. 山西省首次打破国内三网融合的障碍. 光明日报，2007-07-24.

[64] 刘豪兴. 农村社会学. 北京：中国人民大学出版社，2004.

[65] 刘继忠. "三农"问题成因及对策的传播学分析. 中国农业大学学报：社会科学版，2007(1)：155-157.

[66] 刘倩倩. 大学生美德教育内涵新探. 黑河学刊，2009(3)：105.

[67] 刘仁圣，叶伏华. 江西农村三地传播状况的调查. 中国广播电视学刊，2001(10)：29-30.

[68] 刘旺华. 自下而上"造社会"梁漱溟的中国现代化道路探索. 江汉论坛，2011(1)：63-67.

[69] 刘向荣. 我国农业目前存在的信息不对称问题分析及其对策. 岭南学刊，2002，3：88-91.

[70] 刘晓红，卜卫. 大众传播心理研究. 北京：中国广播电视出版社，2001.

[71] 刘尧庭. 隋炀帝政权腐化与商业的关系. 新史学通讯，1953(11)：3-4.

[72] 鲁子问. 自下而上政策话语模式分析. 当代世界与社会主义，2008(6)：

112-115.
[73] 陆鸿图. 云雾之成因. 中国气象学会会刊,1930(5):15-16.
[74] 陆梅林. 方法论访谈——兼论一元论和多样化. 文艺争鸣,1986(2):51-52.
[75] 罗蕾. 自下而上——前沿科技引出的世纪新理念. 科学技术与辩证法,2007(4):96.
[76] 罗伯特·M·加涅. "自上而下"的学习和"自下而上"的学习. 沈力军译. 外国教育动态,1986(2):53-55.
[77] 罗炽,萧汉明. 易学与人生. 北京:中国书店,2004.
[78] 罗会祥. 微博流行的理由. 青年记者,2009(31):53-54.
[79] 迈克尔·科皮奇. 理论建构与假设检验:关于民主化的大样本与小样本研究. 刘冰译. 经济社会体制比较,2009(1):115.
[80] 麦田. 深入分析 Twitter:聚焦和扩散. 信息网络,2009(18):60-62.
[81] 麦金太尔. 德性之后. 龚群,等译. 北京:中国社会科学出版社,1995:241.
[82] 毛伟,王恩海. 2007 年中国农村互联网调查报告. 中国科学院计算机网络信息中心,2007.
[83] 门忠民. 论文明健康生活方式的建设. 陕西师范大学学报:哲学社会科学版,1996(4):62.
[84] 孟汇荣. 试论中国古典文学在大学通识教育中的作用. 文学界:理论版,2010(8):290.
[85] 彭兰. 微博预测. 青年记者,2009(31):54-55.
[86] 邵彩菊. 新农村建设背景下的农民素质问题研究. 当代经济,2007(5):66-67.
[87] 沈梅,杨萍. 信息不对称条件下的农村市场问题及对策分析. 情报科学,2005,3:359.
[88] 沈新艺,周勇. 是自上而下抑或自下而上:全球化视野下中国民间组织

模式的再考察.青海社会科学,2011(2):43-46.

[89] 师坚毅.对农村精神文化症候的系统审视.山西农业大学学报:社会科学版,2008(1):26-29.

[90] 石尚柏.让农民乐在其中——农民田间学校与传统培训之不同.农村工作通讯,2011(2):40-42.

[91] 斯蒂芬·李特约翰.人类传播理论.史安斌译.北京:清华大学出版社,2004:75.

[92] 宋怡,王怀明.我国农民素质对农业可持续发展的影响.农村经济与技术,2003(4):4-5.

[93] 孙立平.断裂:20 世纪 90 年代以来的中国社会.北京:社会科学文献出版社,2003:68-69.

[94] 谭英,王德海,谢咏才,等.贫困地区不同类型农户科技信息需求分析.中国农业大学学报:社会科学版,2003(3):37-38.

[95] 谭英,张铮,等.农民市场信息获取与发布的不对称性分析与对策.农业经济问题,2008(6):68-72.

[96] 谭英.乡村信息传播研究与社会调查——房山区张坊镇大峪沟村个案分析.北京:中国农业大学出版社,2007.

[97] 谭英.新农村"自下而上"信息传播范式研究.北京:中国农业大学出版社,2010.

[98] 谭英.中国乡村传播实证研究.北京:社会科学文献出版社,2007:246-249.

[99] 陶短房.反思"自下而上"的改革路径.廉政瞭望,2010(5):1.

[100] 王丹,王文生.农村信息化服务模式现状及特征比较.农业网络信息,2007(8):36-39.

[101] 王蕙,汪卫霞,张武强.我国农业信息化问题及对策研究.农业经济与科技,2008(11):14-15.

[102] 王春林. 我国农村人文贫困问题浅析. 东北农业大学学报：社会科学版，2006(12)：6-7.

[103] 王德海. 传播与沟通教程. 北京：中国农业大学出版社，2007：223-247.

[104] 王国良，李小云. 参与式扶贫培训教程. 北京：中国财政经济出版社，2003：10.

[105] 王金明，崔海英，关军. 个体隐性知识共享动因分析. 集团经济研究，2005(4)：112-113.

[106] 王悠悠. 农民专业合作社信息传播范式研究——浙江"忘不了"柑橘专业合作社为例[硕士论文]. 中国农业大学，2009.

[107] 王治河. 福柯. 长沙：湖南教育出版社，1999：159.

[108] 温家宝. 为实现千年发展目标而奋斗——在联合国千年发展目标高级别会议上的讲话. 新华网，2010-09-23.

[109] 北京大学哲学系外国哲学史教研室. 西方哲学原著选读(上). 北京：商务印书馆，1981.

[110] 肖金长. 我国农村成人人文素质教育的现状与对策研究——以赣南农村地区为例[硕士论文]. 南昌大学，2010.

[111] 许正林. 欧洲传播思想史. 上海：上海三联书店，2005：526-532.

[112] 李彦敏. "龙头企业+ 农户"模式：类型、问题与对策. 中国合作经济，2005(7)：46-48.

[113] 杨勣，高长春. 创新：一种基于主动变异的演化博弈策略. 天津商学院学报，2006(26)：6-11.

[114] 杨静慧. 自下而上——妇女参政途径新探. 中共乌鲁木齐市委党校学报，2007(2)：27-28.

[115] 杨军雄，应建勇. 访全省首家农村资金互助社负责人冯贻法. 浙江在线网，2010-01-12.

[116] 杨克念. 游泳池之消毒法比较观. 清华学报，1917，2(3)：123-124.

[117] 杨小兰. 农村经纪人信息传播范式研究——以北京市密云县套里村为例[硕士论文]. 中国农业大学,2009.

[118] 应县农业综合开发办. 农业开发使龙泉村插上了腾飞的翅膀. http://www.yingxian.gov.cn,2005-12-31.

[119] 俞虹. 当代社会阶层变迁与电视传播价值取向. 现代传播,2002(6):1-2.

[120] 约翰·奈斯比特,等. 中国大趋势. 魏平译. 中华工商联合出版社有限责任公司,2009.

[121] 约瑟夫·阿罗斯·熊彼特. 经济发展理论. 孔伟艳,朱攀峰,等编译. 北京:北京出版社,2008.

[122] 曾会明,吴纯勇. 山西"三网融合"调查. http://blog.sina.com.cn/s/blog_,2007.

[123] 张博. 面向农民的农业科技成果信息服务模式研究[硕士论文]. 中国农业科学院,2007.

[124] 张林,徐建国,石学根. 以品牌经营促进专业合作社发展. 浙江柑橘,2004(4):7.

[125] 张阳. 黄峻磊. 浅谈"微博"的兴起与网络营销价值. 商场现代化,2009(中旬刊):43.

[126] 张峥,谭英. 涉农企业与农户间多结点信息传播范式研究——以伊利集团为例. 新闻界,2009(6):38-40.

[127] 张汩红,陈伟. 农村经纪人应用电子商务介绍及发展建议. 经济师,2005(6):142-143.

[128] 张环宙,黄超超,周永广. 内生式发展模式研究综述. 浙江大学学报:人文社会科学版,2007(2):62-64.

[129] 张明正. 怎样培养创新型人才. 科学思维研究者张明正的博客,2006-08-07.

[130] 张曙光. WTO 呼唤现代农村信息经纪人. 科技情报开发与经济, 2002,12 (3):7-8.

[131] 张晓山. 促进以农产品生产专业户为主体的合作社的发展——以浙江省农民专业合作社的发展为例. 中国农村经济,2004(11):4.

[132] 张晓雯. 提高农民地位是解决“三农”问题的关键. 成都行政学院学报,2003,10(5):57-58.

[133] 张云德,王希玉. 中国民主化道路:“自上而下”与“自下而上”的统一. 甘肃理论学刊,2002(3):72-73.

[134] 张志峰. 自下而上:“教师体验”研究的方法论 ——学校管理研究的另一种思路. 当代教育论坛,2008(3):45-47.

[135] 赵迪,王德海. 受众本位论视角下的参与式农业推广. 安徽农业科学, 2010,38(11):5922-5944.

[136] 赵光霞. 2013 年我国微博使用率下降 移动即时通信发展迅速. 人民网,2014-01-16.

[137] 赵宏斌, 孙德茹,等. 高度重视新农村建设中的人文建设. 前进,2008 (9):49-50.

[138] 赵秀芳. 从公民话语权看弱势群体利益的维护. 理论与现代化, 2010 (3):10-14.

[139] 中国社会科学院语言研究所词典编辑室. 现代汉语词典. 北京:商务印书馆,1996:774.

[140] 周采. 历史研究视角的转移与战后西方教育史学. 清华大学教育研究, 2010,31(1):20-21.

[141] 周霖. 农民专业合作组织成长与市场进入壁垒的消解效应——关于农民专业合作社产权结构的市场效应研究. 中共浙江省委党校学报, 2007(5):52-59.

[142] 周爱军. 农村科技信息需求现状分析及服务策略研究[硕士论文]. 中

国农业科学院,2006-06-01.

[143] 周春霞. 论农村弱势群体的媒介话语权. 安徽大学学报:哲学社会科学版,2005,29(3):152.

[144] 周广喜. 现阶段农民科学素质的现状分析及其对策研究[硕士论文]. 苏州大学,2009.

[145] 周海涛. 农民话语权的表达与传媒作为. 新闻界,2004(3):46-47.

[146] 周南照. 21 世纪教育的四大支柱. 世界教育信息,2010(1):32-34.

[147] 朱勇. 人的社会价值与个人价值. 新疆经济报,2008-03-20.

[148] 朱启臻,杨汇泉. 谁在种地——对农业劳动力的调查与思考. 中国农业大学学报:社会科学版,2011(3):162-168.

[149] 左停,旷宗仁. 从“最后一公里”到“第一公里”——对中国农村技术和信息传播理念的反思. 中国农村经济,2009(7):46-47.

附　录

附录 1　龙泉村"胡萝卜村"个例分析

(一)信息来源

"胡萝卜第一村"的网络故事

http://www.sina.com.cn,2006 年 6 月 20 日 03:19 山西晚报

资料图片

编者按:应县龙泉村,这个既没有矿藏,也没有工厂的纯农业村靠着种胡萝卜甩掉了穷帽子。短短的 3 年内,该村完成了年人均收入从 800 元到 4 000 元的跃变。龙泉村走过的道路,正是探索新型农业经济的道路,其对网络信息的利用,对我省农村发展具有借鉴意义。

记忆

全村人想钱却没钱

2002年电视剧《刘老根》热映时，剧中“龙泉山庄”的村民们着实让应县龙泉村的人羡慕了一阵子。那时候，这个离应县县城仅有4公里的村庄，是远近闻名的告状专业村。

虽然拥有交通方便、土地广阔、耕地水浇地多等种植优势，但龙泉村村民每年人均收入仅有七八百元。看着那些因矿产资源而暴富的煤老板，龙泉村村民不掩饰发自心底的羡慕：“他们以前生活跟我们差不多，就是靠了煤，短短几年就坐上汽车，在城里买了楼房。”一辈子种地的刘大爷说。

村民对财富的渴望振动着村支书刘建银和他的班子。事实上，从2002年上任后，他一直在思考着“怎样才能让大家都挣上钱”。“村里地多水充足，基础这么好，但人均收入不到800元，到县里开会都觉得丢人。”这是刘建银当时的感受。

坎坷

2 000多亩胡萝卜烂在了地里

2003年的一天，刘建银在县城朋友家上网时，偶然注意到这样一条信息：日本一家经营胡萝卜种子的株式会社在中国的代理公司，两种名称分别为“改良系新黑田五寸”和“红映二号”的新品种，这可是让刘建银看到了希望。在朋友的帮助下，以前在网上“两眼一抹黑”的他利用电子邮件与对方取得联系，成功地引进了两个新品种。

当年，新种植的胡萝卜个大水分足，看着都喜人。村领导们带头，领着农民拉上品种最好的胡萝卜到县城里发传单、展览销售，但是却没有达到预想的效果。龙泉村的胡萝卜好，县里尽人皆知，但仅靠应县人的消费能力，龙泉村2 000多亩胡萝卜大多烂在了地里。

转折

建网站让外面知道咱

胡萝卜没销路，农民种植积极性受到打击，各种质疑声四起。就在无路可走的时候，刘建银想到了网络。“给龙泉村建一个网站，宣传焦点就是胡萝卜。”

在2004年胡萝卜上市前一个月，刘建银的“龙泉村”网站建了起来，当时全国胡萝卜市场普遍疲软，每斤价格降到1毛钱。刘建银通过网络宣传，却在这时把市场拓展到了广州、深圳，并且价格比市场价翻了一番。

胡萝卜大卖，尝到甜头的龙泉村民争相要求扩大种植量，2005年村里的胡萝卜种植面积从3 000多亩扩大到5 000多亩。

农民忙种地，支书刘建银忙着学网络技术，在原来简单的网站基础上，他增加了宣传龙泉村的视频录像，胡萝卜品种的详细介绍，从北京到应县龙泉村的详细乘车路线等信息，网站首页上，是这个村支书的手机号码和QQ号。从那以后，先后有韩国、日本、新加坡等地的外商通过网站跟他们取得了联系，并建立了固定经济合作关系。

发展

借力“村通工程”买卖越做越顺当

虽然网站建起来了，但村里没有通光缆，龙泉村的人们没有几个见过这个网页。为了维护网站、及时联系业务，刘建银得不断地奔波在县城和龙泉村之间。

2005年10月，“村通工程”的建设，解决了这些问题。5个多月时间，移动公司给龙泉村的800多户村民接入了有线IP电话、宽带、有线电视，并为龙泉村无偿提供了10台电脑供村民使用。

依托10台电脑，龙泉村首次建立了“农村网络文化站”，村民很自然地把这里当成了全村的一个交流中心。在交流学习中，龙泉人学会了利用网络自己开展业务。“我家去年毛收入已突破 5 万元，除去工本开销，纯收入也在 3 万元以上，预计今年的收入比去年还要高。”网络文化站的电脑前，村民老李大方地侃起富来。

通过网络了解外面的世界后，龙泉村的农业经济也飞速发展起来，目前全村光蔬菜恒储库就有 7 座，还有 20 多名蔬菜营销经纪人，村里建起了龙泉森林公园，其中新育经济林 500 亩，常绿林 400 亩，沙柳林 3 000 亩。建成了日加工能力分别为 100 吨的脱水蔬菜厂和包装纸箱厂，年蔬菜交易量达 800 万斤。

本报记者刘捷

（来源：山西新闻网　山西晚报网络编辑：闫芳芳）

（二）信息传播位能指数分析与评估

1.信息分量

按照本理论中对一条信息分量的评估要求，如该信息有多少价值要素（价值要素的数量多，分量就重），每一个价值要素相对应三个层面的信息是否符合要求等，笔者将该信息的内容与实地调研中得到的材料进行了对比与核实。

核实结果：首先该信息《“胡萝卜第一村”的网络故事》的价值要素比较多，有真实度、重要度、时新度、显著度等。在真实度方面，该信息从四个方面讲述了龙泉村依靠信息致富的故事，与笔者调查的内容一致；在真实度方面，该信息比较全面地反映了龙泉村贫穷的过去、建网站的过程、村民认知网络、利用网络发布信息到致富的过程，信息量比较大，使受众对该村有了比较全面的了解；在重要度和时新度方面，该信息介绍龙泉村当时（2006 年）

发展网络和该村从事胡萝卜种植前后与农民收入的现状;在显著度方面,该信息讲述了他们第一次接触网络信息服务时遇到的坎坷,以及学会利用互联网发布信息后所产生的惊人效果,一坎坷,一转折均充满了异常。为此该信息的信息分量值比较高。根据各项指标的分异程度打分(表 3-1),并将各级指标分值累加,即可得出该信息的信息分量指数为 98。

2. 信息传播速率

通过百度引擎收索该信息,据不完全统计,该信息自《山西晚报》首次播发后,先后由《新浪网》、山西新闻网、腾讯网、网易博客、山西电视台、我爱我村网站等媒介转载。转载的次数越多,其传播速率越大。

3. 信息收发平台

该信息首先发表在《山西晚报》,属于省级报纸,参见表 3-4 给出的信息平台类型 P 值为 8,和信息平台级别 F 值为 8,按人口规模给出 D 的分值,最后得出该信息的所投放的信息平台影响力。

附录 2　浙江涌泉柑橘产业合作社个例分析

(一)信息来源

50 元一千克　浙江临海中国最贵柑橘畅销

2010 年 11 月 30 日 10:02 来源:中国新闻网

中新网临海 11 月 30 日电(邵燕飞　赵小燕)又是一年橘子黄熟时。正当全国橘农正在为橘子的销路愁眉苦脸时,浙江省临海市的橘农们却卖得比谁都欢。“吃橘带皮”的涌泉蜜橘，号称“中国柑橘第一贵”，成了他们致富的“金疙瘩”。

据了解，今年普通的涌泉蜜橘每千克价格都在十几元左右，而精品蜜橘最高价可以卖到 50 元/千克。在国内橘子丰产之时，涌泉蜜橘价格居高不下凭什么？

“抛绿喷香雾，入口甘琼浆。”这是大多数人在吃了涌泉蜜橘的感叹。

据临海市涌泉镇党委书记陈晨介绍，柑橘栽培是临海的传统农业产业，在涌泉镇 33 个行政村中，村村都种有橘树，种植总面积达 3.95 万亩。而从品种上看，其中 90％是具有“无核，皮薄，肉脆，糖度高，化渣性好”特点的“早熟宫川”。

“中国老百姓有句俗话叫‘宁啃鲜桃一口，不吃烂杏一筐’，表达了老百姓对水果品质的追求。体现在柑橘上也是如此，只要品质好，价格高点也能接受。”陈晨告诉记者，近年来，为了提高柑橘品质，临海橘农一直努力向“科技种橘”的方向前进。

据他介绍，2003 年初，涌泉柑橘产业合作社等 7 家单位有关专家就赴韩国考察柑橘设施栽培技术，并投入 30 多万元，在涌泉大湾里橘场建立了 3 000 $米^2$ 的设施栽培试验点，经过不断地探索实践，在对蜜橘避雨控水，减少落花落果；防高温，减轻日灼；防冻，采摘期可延长到 2 月底；防虫害；果品色泽鲜艳，糖度提高 2～3 度等方面都取得了较好的成果。

让陈晨及临海的橘农们自豪不已的是，在浙江省农业吉尼斯柑橘擂台赛中，临海蜜橘以含糖度 15.5 度，力压黄岩蜜橘等知名品牌，获得浙江省农业吉尼斯柑橘擂台赛第一名，成为浙江省最甜的橘子。

柑橘作为大众水果，在国内的种植范围很广，一直卖不上价，市场竞争更是激烈。

“在这种情况下，有品质还要有品牌，才能突围而出。”浙江“忘不了”柑橘专业合作社理事长冯贻法告诉记者，只有做大、做优、做强柑橘产业，发展精品柑橘才是最终出路。

据他介绍，2002 年 10 月，由企业、贩销大户、橘果种植大户及当地技术人员共同成立了“临海市涌泉柑橘产业合作社”。通过对柑橘统一生产管理、统一技术标准、统一产品质量、统一包装、统一品牌、统一销售的“六统一”标准化生产经营，涌泉柑橘产业层次得到迅速提升。

此后，临海柑橘合作社不断增加，到目前为止，该市共有从事柑橘为主的农民专业合作社 48 家，社员 8 000 多户，连接基地 2 万亩，技术辐射面积 15 万亩。

同时，各个合作社开始往“品牌”方向使劲，不断创牌，出现了“忘不了”、“丰甜”等一些知名柑橘品牌。据临海市工商局广告商标科董永新科长介绍，仅涌泉镇一镇，2008 年柑橘品牌数目就达 100 多个。而随着品质加品牌的精品路线的不断深化，让冯贻法们最为自豪的是，临海的涌泉蜜橘不但不用愁销路，还创下了“中国柑橘第一贵”的神话。

(二)信息传播位能指数评估与分析

1.信息分量

笔者将该信息的内容与实地调研中得到材料进行了对比与核实。

核实结果：首先在真实度方面，与课题组成员调查的内容一致；其次，该信息《50 元一千克 浙江临海中国最贵柑橘畅销》的价值要素也比较多，而且新闻标题比较引人注目，50 元一千克的价格有较强的信息显著度。同时该信息在真实度、重要度、时新度、接近度方面都与实地调研的一手资料吻合。特别是在接近度方面，该信息抓住橘子销售时节，而且是“全国橘农正在为橘子的销路愁眉苦脸时”的时机，讲述浙江省临海市的橘农们却卖出好价钱的事实，引出“吃橘带皮”的涌泉蜜橘，号称“中国柑橘第一贵”的缘由，引发受众的好奇心和知晓欲，既具有新的事实、新的信息，也有普遍的兴趣。所以，根据各项指标的分异程度打分（表3-1），并将各级指标分值累加，该信息可得出的信息分量指数为101。

2.信息传播速率

通过百度引擎搜索该信息，据不完全统计，该信息中国新闻网、网易新闻网、南方网、农民合作社网、浙江农民信箱等媒介转载，按不同媒介的访问量累加评估，其关注度比较高。

3.信息收发平台

该信息首先发表在《中国新闻网》，信息平台种类《互联网》参考值 P 为9，信息平台级别国家级 F 为10，（参见表3-4的评估分值）按中国人口规模评估其影响范围对应值为10，最后得出该信息的所投放的信息平台影响力指数也比较大。

附录3 信息传播位能指数评估参考

关于2010年度中国互联网综合影响力指数评估的有关说明

中国优秀政府网站推荐及综合影响力评估由中国信息化研究与促进网主办，工信部情报所信息化研究与促进中心等单位提供支撑，北京太浩企软软件技术有限公司、北京拓尔思信息技术股份有限公司等提供技术支持。

2010年政府网站互联网综合影响力Tahaoo指数继续以四类主要评估指数为主要依据。为保证更客观更公正，我们将采集的搜索引擎统计数值扩展到全国所有的主流搜索引擎，并参考当今最权威的几大互联网分析排名，结合“网站 e 伴”互联网分析评测值经过综合平均加权计算后得出的评估结果。其中最核心的四大评估指数包括：

(1)网站信息传播指数

以各网站搜索信息的效果作为主要参考依据，反映出各政府网站的信息覆盖范围和被引用的频率，引用的相关指标包括结合百度、搜狐、搜狗、有道、谷歌等搜索引擎的反向链接数、收录条目数等。

(2)网民关注指数

以各网站访问分析数据为主要参考依据，反映网民浏览的次数、频率等，引用指标包括 Alexa 排名、中国网站排行并结合百度、搜狐、搜狗、有道、谷歌参数值。

(3)网民体验指数

以各网站的访问测试性能数据为主要参考依据，直接反映网站的运营质量和用户体验效果，引用的相关指标包括网站可靠性、响应时间、更新率、稳定性及 W3C 符合度等。

(4)老百姓评价指数

以各大主流媒体网站、主要论坛评价专区的评议情况作为主要参考依据，采用网站 e 伴互联网采集技术集中对前三项指标领先的政府网站的相关评价情况进行再次重叠运算。

中国信息化研究与促进网
工信部情报所信息化研究与促进中心
北京太浩企软软件技术有限公司
北京拓尔斯信息技术股份有限公司
2010 年 9 月 1 日

详情请咨询：010-62385883、62388956 或发送邮件至工作邮箱：egov@ceirp.cn

来源：http://www.ceirp.cn/gov/zhishu.html 中国信息化研究与促进网

附录 4 参与式农户媒介接触偏好评估法

1. 龙泉村村民获取生产和销售信息的渠道(排序)

先请大家说出获新技术的渠道,再按重要程度排序

	农户男	农户女	农户男	农户女	农户男	农户女	农户男		积分	排序
电视										
广播										
网站										
报纸										
杂志										
村委会										
朋友										
邻居										
电话										
经纪人										
……										

注:以 10 分为满分　　　　　　　　不选则为 0

对访谈结果作进一步的访谈

如:为什么选择电视渠道?优点、缺点有哪些?为什么选择互联网渠道?优点、缺点有哪些?

2. 农户发布信息的渠道

先请大家说出发布信息的渠道,再按重要程度排序

	农户男	农户女	农户男	农户女	农户男	农户女	农户男		积分	排序
大众媒体										
上网发布										
发宣传资料										
贴广告										
经济人										
打电话										
……										

注:以 10 分为满分　　　　不选则为 0

附录5　山西省朔州市应县龙泉村实地调研访谈提纲

一、知情人访谈

1.村里的信息基础设施是怎么建立起来的?

2.目前村网站使用情况如何?常来网站查找信息或发布信息的农民状况怎么样?是富裕农户,还是中等收入?或者有什么职业特点?

3.村两委在农村信息传播体系中发挥了怎样的作用?它是怎样做的?

4.龙泉村网络文化站的相关情况怎么样?信息员是谁?现在村子里有专职的信息员吗?

5.信息员的管理制度是什么?信息员的职责有哪些?信息员如何选出来的?

6.你觉得信息工作应该由村两委负责吗?

7.村两委应该对其进行怎么样的监督和管理呢?

8.你觉得需不需要支付信息员一定的工资,这个工资应该由谁负担?

9.村两委一般如何向村民传播信息?如何向上级传播信息?借助的渠道有哪些?

10.你认为建立以村两委为主体的信息传播范式可行吗?

11.这样一种范式特别需要注意的问题有哪些?村两委应发挥什么样的作用?

12.能否为这种范式提供一些好的建议和意见?

13.村两委与外界行政部门及媒体部门联系情况,常与哪些政府机构联系?与哪些媒介有来往?

15.应县、金城镇、龙泉村的信息传播现状(大众传播、组织传播以及人际传播)如何?

二、农户小组访谈

对象:富裕户一组、中等户一组、低收入型农户一组

1.你们现在获取信息主要靠什么?觉得信息够用吗?

2.如何将自己的需求发布出去?能够获得解决吗?

3.村两委一般如何向农民传播信息?通过什么方式?

4.你遇到问题会跟村两委咨询吗?都咨询哪些问题?村两委的答复及时准确吗?什么样的咨询方式?

5.你们一般都向谁咨询信息?

6.你们有没有向电视台、广播台、报纸、农技服务站等信息服务组织反映过自己需要的信息?

若有,有回应吗?若无,为什么不向他们反映?

7.你们村有没有信息员?你们认为有没有必要设立一个专职的信息员?

8.这个信息员应该做哪些事情呢?

9.如果设了这个信息员,你们愿意将自己需要的信息告诉他,让他帮你解决吗?

10.你觉得你最需要的信息主要是哪种?

11.信息员用什么样的渠道把信息告诉你比较好呢?

12.你们觉得谁来当这个信息员比较合适?应该怎么将这样的信息员选出来呢?

13.这个信息员的工作应该有谁来监督比较好呢?需不需要定一个具体的工作量?

14.你们觉得信息员需不需要发工资给他作为补偿?多少比较合适?

15.现场需做问卷:农户获取和发布信息的渠道打分排序等

三、个别农民访谈

1.你自己是如何发布信息,获取信息的?

2. 你觉得农村应该采取怎样的信息传播方式？详细了解他对农村信息服务方式的意见。

四、媒体访谈

对象：包括应县广播电视服务中心、应县农业网、乡镇农技站、农业局信息中心的负责人（通过他们可以了解整个县的农业信息建设情况）

访谈内容：

1. 了解组织的基本情况，信息服务内容、定位，对农信息服务情况。

2. 向他们要一份节目时间表/或几份报纸/或几本小册子等（对不同媒体）。

3. 你们是否需要农民的反馈信息？为什么？有专门的人去调查农民的信息需求吗？

4. 现在有没有农民给你们反映需要什么样的信息？你们是如何解决的？

5. 如果村设立信息员定期向你们提供农民所需求的信息，你们是否会根据这些需求信息调整自己的栏目设置？如何调整？

6. 要保障信息员发挥预期的作用，你觉得需要什么样的管理手段？村两委在信息员的管理上应起到什么样的作用？你们希望信息员做哪些事情？

7. 媒体单位在这样的一种信息模式中应该发挥什么样的作用呢？

8. 你觉得这样的一个范式能够实施吗？有没有需要完善的地方？

五、政府人员访谈

1. 政府在村庄信息化建设上主要做了哪些工作？起到了怎样的作用？

2. 政府在农村的信息化建设中应该发挥什么样的作用？

3. 你们今后会致力于做哪些方面的工作？

4. 龙泉村信息化建设进行得如何？

附录6 农民专业合作社信息服务功能的调查问卷

农民专业合作社信息服务功能的调查问卷

调查地点:__________ 调查日期:__________ 问卷编号:__________

1.性别:①男 ②女

2.年龄:①18～25岁 ②26～40岁 ③41～60岁 ④60岁以上

3.您的文化程度是:①小学以下 ②小学 ③初中 ④高中或中专 ⑤高中或中专以上

4.您是浙江"忘不了"柑橘专业合作社的社员吗?

①是 ②不是(直接跳至第7题)

5.您入会后在村民中的威信有变化吗?

①有 ②没有(直接跳至第7题)

6.您是通过哪些渠道或方式来提高威信的?(可多选)

①讲解技术 ②提供信息、政策 ③提供良种等农资 ④外出培训长见识扩大了交往 ⑤成为村干部 ⑥组织销售

7.您能经常接触到农业生产销售相关知识和信息吗?

①经常 ②偶尔 ③从不

8.您认为从哪些渠道获得的农业信息最有用?(可多选)

①广播电视 ②报刊书籍 ③互联网 ④村委会村信息员或农技员

⑤村能人　⑥农产品销售市场　⑦农民专业合作社

⑧种子或肥料公司等其他企事业单位　⑨科协等其他社会团体

9. 您认为掌握农业生产销售信息对家庭致富有多大作用？

①很重要　②有点作用　③没啥用

10. 您愿意投入适当时间去学习农业生产销售相关知识和信息吗？

①愿意　②不愿意　③说不清

11. 在农业生产中您最希望得到哪些方面的农业信息服务？（最多选三项）

①农业政策法规信息　②新品种、新技术等科技信息

③种子种苗化肥等农资信息　④病虫害防治生产操作技术培训信息

⑤价格行情、产品销路等市场信息　⑥天气预报及气象灾害应对措施信息

12. 近年来您在农业生产销售中获得过信息服务吗？

①获得过　②没有获得过（直接跳至第 15 题）

13. 您从哪些部门或渠道得到过信息服务的？

①政府相关部门　②浙江"忘不了"柑橘专业合作社

③种子或肥料公司等其他企事业单位　④科协等其他社会团体

14. 请分别对提供农业信息服务的这些部门的服务打分（1～7 分，由低到高排列，请在相应的分值上打"√"）

部门	不满意						满意
政府相关部门	1	2	3	4	5	6	7
浙江"忘不了"柑橘专业合作社	1	2	3	4	5	6	7
种子或肥料公司等其他企事业单位	1	2	3	4	5	6	7
科协等其他社会团体	1	2	3	4	5	6	7

15. 您最希望哪些服务主体为自己的农业生产提供信息服务？

①政府相关部门　②农民专业合作社　③种子或肥料公司等其他企事业单位　④科协等其他社会团体

16. 您愿意参加具有哪些服务功能的合作社?(可多选)

①供应农业生产资料　②技术服务　③机耕灌溉

④农产品加工储藏　⑤病虫害防治　⑥提供生产销售信息

⑦农产品供销　⑧资金融通　⑨农业保险

17. 您知道今年四川广元旺苍暴发的柑橘大实蝇疫情(柑橘蛆虫风波)是怎么回事吗?

①很了解　②大概知道　③听说过　④不知道

18. 知道这件事情后,您担心自己的柑橘质量和销路吗?

①很发愁　②有点担心　③不担心

19. 这场"柑橘风波"对你今年的柑橘销售影响大吗?

①影响很大　②有一定影响　③影响不大　④没啥影响

附录7　对浙江"忘不了"柑橘专业合作社信息服务的访谈提纲

一、浙江"忘不了"柑橘专业合作社基本情况

1. 浙江"忘不了"柑橘专业合作社的成立背景:成立合作社的最初目的是什么? 合作社成立后实际发挥了哪些作用?

2. 与过去相比浙江"忘不了"柑橘专业合作社这几年的信息服务状况怎样? 变化过程怎样?

3. 合作社的发展状况如何? 入社人员增加了还是减少了?

4. 合作社是否有专职信息员? 信息员的职责有哪些?

二、社员小组访谈:合作社向内部传播信息的状况

1.社员能享受到合作社提供的哪些服务?作为社员又必须完成哪些义务或者任务?

2.平常的时候,如果社员有什么困难,有什么需求,有什么意见,可以通过什么方式向合作社反映?是否有专门的管理人员负责收集和处理这些信息?

3.平常的时候,如果合作社有什么事情要告知社员,是以什么方式往下传达的?对于社员是否收到准确的通知以及有什么意见是否有反馈的制度?比如明天有专家来给社员培训,社员如何知晓?

4.当紧急情况发生的时候,比如霜冻、台风等气象灾害发生时,如何对社员进行紧急指导?

5.合作社的计算机网络建设情况,社员能否自由无偿地利用这些资源?是否对社员进行过计算机操作和上网方面的培训?管理人员是否都会操作计算机?社员是否知道浙江农民信箱?能否自己上网搜索和发布信息?

6.合作社是否有社员培训制度,去年一年中都举办过哪些培训?能否提供制度、课程列表等?这些培训内容是社员要求的,还是合作社自己设计的,还是政府等部门安排的?社员对培训的积极性如何?是否满意?

7.合作社是否有固定出版的面向社员的刊物、工作简报、技术手册等资料?可否具体介绍一下,并提供一部分资料?

8.合作社是否存在技术股?社员是否无偿享有合作社的新技术?

9.合作社是否会将收集到的市场行情价格信息定期提供给社员?

10.合作社对社员的技术培训是统一培训为主还是田间地头实际指导为主?是否有专门的技术员制度或者技术指导制度?如何保证每一个社员都掌握新技术?是否有研讨班、咨询电话等反馈机制?是否形成了自己的技术和信息的服务组织网络?

11. 请重点介绍一下《田间档案记录制度》和《社员小组制度》。

12. 合作社的示范基地能起到什么样的作用？是如何运作的？

13. 合作社是否有类似于企业的管理制度，以保证命令的准确有效传达？是否建立各种激励机制和惩罚机制？是否经常对管理人员进行培训？是否有意打造某种合作社文化？

三、浙江“忘不了”柑橘专业合作社向外部发布信息的状况

1. 品牌形象的塑造也是合作社向市场和客户群发布信息的一个重要方式和渠道。浙江“忘不了”柑橘专业合作社是如何打造和维护自己的“忘不了”品牌的？是否有自己的广告预算，宣传计划？涌泉镇就有5个大的柑橘品牌，如何应对品牌的竞争？

2. 合作社通过哪些方式和渠道宣传过自己？（请对网络宣传、广播电视广告宣传、报纸杂志广告宣传、农业节目宣传、新闻媒体报道宣传、活动宣传、展销会洽谈会宣传、路边广告牌宣传、汽车等户外媒体宣传等各种渠道发表看法）。

3. 涌泉镇开通了中国无核蜜橘网，您经常浏览这个网站吗？这个网站上的信息对您的帮助大吗？

4. 合作社是否有人专门负责浙江省农民信箱的工作，定时通过网站发布信息？

5. 合作社应该如何向政府、专业协会等有关部门反映农民（社员）的意见和建议？浙江“忘不了”柑橘专业合作社是怎么做的？

6. 浙江“忘不了”柑橘专业合作社是如何收集市场信息的？信息来源有哪些？

7. 浙江“忘不了”柑橘专业合作社是如何掌握最新技术动态的？信息来源有哪些？

8. 浙江“忘不了”柑橘专业合作社如何处理与各级政府的关系？与村委会的关系？与现实和潜在的客户之间的关系？与银行、保险公司等金融机构的关系？与竞争对手的关系？

9. 浙江“忘不了”柑橘专业合作社是否参加了临海合作社联合社？联合社可以提供哪些服务？您得到过哪些服务？您如何看待和评价联合社这种形式的组织？联合社在信息共享和信息整合上是否将起到不可替代的作用？

10. 如何看待农产品产地编码制度？浙江“忘不了”柑橘专业合作社是否实行了这一制度？

11. 合作社配送中心是否也实行“三配送”模式，即不但配送农产品，还实现信息和技术的双向配送？具体是怎么做的？这个配送中心属于合作社的吗？

四、关于合作社信息服务功能的状况

1. 合作社是否应该承担信息服务的职能？浙江“忘不了”柑橘专业合作社的信息服务为社员及当地农民带来了哪些经济效益和社会效益？

2. 浙江“忘不了”柑橘专业合作社的信息服务功能是否得到了有效的发挥？

3. 浙江“忘不了”柑橘专业合作社有效发挥信息服务功能的原因或者优势在哪里？或者说浙江“忘不了”柑橘专业合作社应该如何改进其信息服务职能？

4. 农民专业合作社要想有效发挥其服务功能，应该具备怎样的条件（至少列举三个条件）或者建立怎样的机制（至少列举三种机制）？如何适应环境？建立怎样的利益分配机制？打造怎样的合作社文化？

5. 目前的农民专业合作社普遍存在什么问题？我国农民专业合作社的未来发展方向是什么？